논리적 사고
Logical Thinking

논리적 사고
Logical Thinking

이 책은 저자가 몸담고 있는 한국교통대학교에서 주관하는 교양과
목인 〈논리적 사고〉의 강의 교재로 사용할 목적으로 집필되었다. 그
때문에 책의 구성과 내용이 일반적인 교양서와 차이가 있다. 교실에
서 강의로 상세하게 전달해야 할 내용은 큰 그림만 그리고 넘어갔기
때문에 몇몇 부분에서 책의 서술이 불친절하다고 느낄 독자도 있을
것이다. 너그러운 양해를 구한다.

다섯 개 장의 내용은 유기적인 연결을 유지하면서도, 강의실에서
는 학생들의 관심이나 배경 등에 따라 각 장을 독립적으로 활용하는
것이 가능하게끔 구성하려 의도했다. 이 책을 사용하여 강의를 진행
하는 교수는 책 전체를 다루지 않고 강의에 필요한 부분만을 선별해
서 활용하여도 된다. 책에 수록된 연습문제의 지문들은 철학을 중심
으로 다양한 학문 분야에 관련된 양질의 글을 담고 있으므로, 강의를
진행하는 교수는 그 지문만을 활용하여 읽기자료나 토론주제 등의
용도로 활용해도 좋을 것이다.

새 판은 다음의 부분들을 개선하였다.

첫째, 연습문제로 활용하는 PSAT와 LEET 시험의 기출문제들을

보다 최근의 기출문제들로 대폭 교체하였다. 또한 문제의 수도 크게 늘려서, 학습자와 교수자를 위한 선택의 폭을 넓혔다.

둘째, 본문의 서술을 전반적으로 개정하였으며 특히 초판이 담고 있었던 중요한 착오들을 수정하였다.

셋째, 연습문제들을 본문 사이에 삽입하여 본문의 내용과 연습문제 사이의 연계를 보다 뚜렷이 나타냈다.

이 책의 집필에 참고한 문헌들을 빠짐없이 명시해야 마땅하나 독자들의 가독성을 고려하여 참고문헌 목록의 수록은 생략하기로 했다. 이 점 역시 양해를 구한다. 그러나 그 무엇보다도 가장 소중하게 활용한 자료는 단언컨대 내가 가르치는 한국교통대학교 학생들과 주고받았던 문답과 토론이다. 그들의 적극적인 수업 참여와 날카로운 피드백이 없었더라면 이 개정판은 나올 수 없었을 것이다. 한국교통대학교 학생들에게 특별한 감사의 말씀을 올린다.

첫 판도 그랬지만 새 판 또한 다가오는 학기부터 교재로 활용해야 한다는 압박 속에서 작업이 진행되었기에 어쩔 수 없이 급하게 쓰일 수밖에 없었다는 점을 변명 아닌 변명으로 늘어놓는다. 그만큼 부족한 점도 많은 부끄러운 책이다. 독자들의 조언과 정정을 구한다. 끝으로 촉박한 일정에도 불구하고 좋은 책을 만드는데 애써주신 한올 출판사 관계자분들께 진심어린 감사의 말씀을 올린다.

2019년 10월

김동현

제 5 장

오류

제**1**장

논리적
사고

1 ___ 논리, 논리학, 논리적 사고

논리(論理)는 논할 논(論)과 이치 이(理)가 합쳐진 말이다. 글자 그대로 읽으면 '논하는 이치'라는 뜻이 된다. 한자 '論'은 다시 말씀 언(言)과 묶을/생각할 륜(侖)의 결합으로 분석된다. 한자 조어를 그대로 따른다면, 논하는 이치란 '말과 생각의 이치'이다. 즉 논리학은 말과 생각의 이치를 탐구하는 학문이다.

그러나 논리가 모든 종류의 말과 생각을 다루지는 않는다. 예술작품을 감상할 때 느끼는 감동이나, 사랑의 충동, 혹은 아름다운 시 구절을 논리로 풀어낼 수는 없을 것이다. 논리에서 탐구하는 말과 생각은 이성적 사고이다. 더 자세하게는, 논리에서 이치를 탐구하는 '말과 생각'이란, 언어로 표현이 가능하고, 그리고 그 표현된 말 사이의 관계를 분석함으로써 그 말에 담긴 생각의 합당함을 판가름할 수 있는 그런 종류의 말과 생각이다.

이 점은 논리를 가리키는 영어 단어 "logic"의 어원인 그리스어 단어 "로고스(logos)"를 살펴보아도 비슷하게 나타난다. 로고스는 본래 '말'이라는 뜻이지만 '질서', '섭리'라는 뜻도 있다. 우리에게 친숙한 성경 구절인 "한 처음에 말씀이 있었다."는 그리스어 로고스를 직역한 것으로서 세상이 생겨나기 이전부터 창조주의 창조 설계가 먼저 있었다는 뜻으로 이해될 수 있다. 그런데 그리스인들이 로고스라는 용어로 지칭하는 '말'은 '인간의 언어'에 국한된다. 꿀벌의 춤이나 개의 꼬리 흔듦 같은 것도 나름 동족 간 신호 체계로 이해될 수 있지만, 그런 것들은 로고스라고 하지 않는다. 그렇다면 인간의 언어와 동물의 신호 체계 사이의 차이는 무엇인가? 인간에게는 동물에게 없는 이성이 있다. 인간의 언어는 이성적 사고를 담는 수단이다. 그래서 로고스는 '감성(pathos)'에 대비되는 '이성'이라는 의미도 가진다. 즉, 논리(logic)가 연구하는 말과 생각의 이치란 곧 로고스의 이치, 즉 이성적 사고를 담은 말의 이치이다.

논리가 탐구하는 말과 생각의 '이치'는 말과 말 사이의 관계이다. 좀 더 정확히는, 논증을 구성하는 전제와 결론 사이의 관계가 논리의 탐구 주제이다. 한 가지 주의할 점은 그렇다고 논리가 '글자 놀음'만 하는 학문은 아니라는 점이다. 우리는 흔히 논리학은 종이 위에 쓰여 있는 글자만 맞추는 따분한 학문이며, 종이 바깥의 세상 돌아가는 사안에 대해서는 중립적이거나 무관심하다고 생각하는 경향이 있다. 물론 논리학의 규칙들이 화제-중립적(topic-neutral)인 것은 맞다. 하지만 말의 관계의 탐구는 세상의 실제 모습에 대한 이해를 필수적으로 전제한다. 아래 [예]의 두 말 사이의 관계는 적절한 뒷받침 관계이지만, 이것을 오로지 말의 관계만 연구해서는 알 수 없다. 경제와 현실 사회에 대한 이해가 먼저 선행해야만 파악이 가능하다. 이처럼 논리에서 연구하는 '말의 관계'는 세상의 실제 모습에 대한 주시를 반드시 수반한다.

🔊 예 example

통화량이 늘어나면 물가가 상승한다.
따라서 인플레가 심할 때 중앙은행은 통화량을 증가시키는데 신중해야 한다.

2 ___ 논리적 사고를 공부하는 목적

논리학은 고대 그리스에서 철학자들이 자신들의 논변을 펼치고 상대방의 논변을 논박하는 과정에서 등장했다. 논리학이 철학과 함께 시작된 이유는, 철학은 자신의 주장이 말과 생각의 이치에 부합함을 보임으로써 그 생각이 옳다는 것을 드러내는 학문이기 때문이다. 경험 과학에서는 자신의 주장이 옳음을 경험을 통해 드러내는 것이 가능하다. 가령 "무거운 물체와 가벼운 물체를 동시에 떨어트리면 지면에 동시에 도달한다."와 같은 주장은 실험과 관찰을 해 봄으로써 그 진위를 확인할 수 있다. 하지만 "용기는 지식의 일종이다."와 같은 철학의 주장은 그런 방법으로 옳고 그름을 가릴 수는 없다. 철학에서 어떤 주장이 옳음을 보이는 방법은 또 다른 말을 동원하여 그 주장을 뒷받침하는 것 외에는 없다. 다시 말해 철학에서 상대방으로 하여금 나의 주장을 받아들이게끔 하려면, 자신의 주장이 말의 관계에서 합당하다는 것을 즉 논리에 맞는다는 것을 보여야 한다. 이것이 논리학이 철학과 함께 등장하게 된 배경이다.

이와 같은 역사적 기원을 다음의 몇 가지 사례를 통해 살펴보자.

 2015학년도 법학적성시험

다음 대화를 분석한 것으로 옳지 않은 것은?

> 소크라테스: 자네 생각으로는 어떤 이는 좋은 것을 원하지만 Ⓐ 어떤 이는 나쁜 것을 원한다는 건가?
> 메논: 네.
> 소크라테스: 나쁜 것을 원하는 자는 ㉠ 나쁜 것을 좋은 것인 줄로 여기고서 원하는 자인가, 아니면 나쁜 것인 줄 알면서도 원하는 자인가?
> 메논: 양쪽 다 있습니다.

소크라테스: 나쁜 것인 줄 알면서도 원하는 자는 ⓛ 그 나쁜 것이 자신에게 이로울 줄로 여기고서 원하는 자인가, 아니면 해로울 줄 알고서 원하는 자인가?

메논: 두 부류 다 있습니다.

소크라테스: 또한 그 나쁜 것이 자신에게 이로울 것으로 여기는 자들은 그 나쁜 것이 나쁜 줄을 아는 자일까?

메논: 적어도 그건 전혀 아닐 것입니다.

소크라테스: 그렇다면 그는 나쁜 것을 원하는 자는 아니네. 나쁜 줄 몰라서 그게 좋은 줄로 여긴 거니까 실상 그런 사람은 ⓒ 좋은 것을 원하는 자임이 명백하네.

메논: 적어도 그들은 그런 것 같습니다.

소크라테스: 한편 자네 주장처럼, ⓔ 나쁜 것이 해로울 줄로 여기면서도 그 나쁜 것을 원하는 자는, 그것으로 해서 자신이 해로움을 당할 것임을 알고 있을까?

메논: 그야 물론입니다.

소크라테스: 그러나 이들은 해로움을 당하는 자를 비참한 자로 간주하겠지?

메논: 그것 또한 필연적입니다.

소크라테스: 하지만 ⓜ 비참하기를 원하는 자가 있을까?

메논: 없을 것으로 생각됩니다.

소크라테스: 그렇다면 Ⓑ 아무도 나쁜 것을 원하지는 않네.

메논: 참으로 맞는 말씀입니다.

— 플라톤, 「메논」 —

① 메논은 Ⓐ에 대한 견해를 바꾸었다.
② 메논은 나쁜 것이 나쁜 줄을 아는 자에 ⓛ이 포함되지 않는다고 인정하였다.
③ 소크라테스는 ⓛ과 ⓛ을 모두 ⓒ에 포함시켰다.
④ 메논은 ⓔ이 있을 수 있다는 견해를 유지하였다.
⑤ ⓜ이 있다면 메논은 Ⓑ에 동의할 필요가 없다.

정답 | ④

해설 | '나쁜 것을 원하는' 사람들은 주변에 많이 있는 것처럼 보인다. 알코올이나 약물에 탐닉하거나 부도덕한 행위를 즐기는 사람도 있다. 그러나 소크라테스는 그들이 무엇을 원하는가를 명료하

게 파헤쳐 들어감으로써 "나쁜 것을 원하는 사람은 없다."는 결론에 도달한다. 소크라테스는 이를 위해 알코올중독자에 관한 통계수치나 그들로 인해 발생하는 사회적 비용을 근거로 제시하는 것이 아니라, 대화 상대방인 메논도 받아들일만한 말들로부터 자신의 주장이 말의 이치에 맞게 도출됨을 보이고 있다. 플라톤의 대화편에 담긴 소크라테스의 대화들은 가장 고전적이면서도 모범적인 철학 논변이다.

①은 적절하다. 메논은 처음에는 "어떤 이는 나쁜 것을 원한다."고 생각했지만, 결국 "아무도 나쁜 것을 원하지 않는다."는 소크라테스의 결론을 받아들인다. ②를 다시 서술하면, "나쁜 것을 좋은 것인 줄로 여기고서 원하는 자는, 사실은 나쁜 것이 나쁜 줄을 아는 자가 아니다."가 된다. 그런데 소크라테스의 다섯 번째 발언이 바로 이 서술에 해당하며, 이에 대해 메논은 "적어도 그들은 그런 것 같습니다."라고 인정한다. ③도 적절하다. 지문 중반부까지의 소크라테스의 논증은, ⊙과 ⓒ 둘 다 좋은 것을 원하는 사람일 수밖에 없다는 것이다. 즉 ⊙과 ⓒ 모두 ⓒ에 포함된다. ④는 적절하지 않다. 메논은 지문의 후반부에서 자기 스스로 비참해지기를 바라는 사람은 없으므로 @과 같은 사람도 없을 것이라는 소크라테스의 말을 인정한다. ⑤는 적절하다. 만약 @과 같은 사람이 있다면, @과 같은 사람도 있는 것이 가능하다. 그와 같은 사람은 진정한 뜻에서 나쁜 것을 원하는 사람이다. 그런 경우 메논은 B에 동의할 필요가 없다.

2015학년도 법학적성시험

다음으로부터 추론한 것으로 옳지 않은 것은?

존재하는 것 중에는 '좋은 것'도 있고, '나쁜 것'도 있으며, '좋지도 나쁘지도 않은 것'도 있다. 덕, 예컨대 분별력과 정의는 좋은 것이다. 이것의 반대, 즉 우매함과 부정의는 나쁜 것이다. 반면에 유익하지도 해롭지도 않은 것은 덕도 아니며 덕의 반대도 아니다. 건강, 즐거움, 재물, 명예, 그리고 이것들의 반대인 질병, 고통, 가난, 불명예가 바로 그런 것이다. 이것들은 선호되거나 선호되지 않을 수는 있어도, 좋은 것도 아니고 나쁜 것도 아니다. 오히려 이것들은 차이가 없는 것이다. 여기서 '차이가 없는 것'은 행복에 대해서도, 불행에 대해서도 어떤 기여도 하지 않는 것을 의미한다. 왜냐하면 이런 것이 없어도 행복할 수 있기 때문이다. 이런 것을 얻는 과정에서 행복하거나 불행할 수는 있을지라도 말이다. 차갑게 만드는 것이 아니라 뜨겁게 만드는 것이 뜨거운 것의 고유한 속성인 것처럼, 해를 끼치는 것이 아니라 유익하게 하는 것이 좋은 것의 고유한 속성이다. 그런데 건강과 재물은 해를 끼치지도 않고 유익하게 하는 것도 아니다. 건강과 재물은 좋게 사용될 수도 또한 나쁘게 사용될 수도 있다. 좋게 사용될 수도 있고 나쁘게 사용될 수도 있는 것은 좋은 것이 아니다.

－ 디오게네스, 『철학자 열전』 －

① 건강의 반대, 즉 질병은 좋은 것이 아니다.
② 재물을 얻는 과정에서 행복할 수 있다.
③ 나쁜 것이 아닌 것은 좋은 것이다.
④ 건강과 재물은 좋은 것이 아니다.
⑤ 분별력은 나쁘게 사용될 수 없다.

정답 ┃ ③

해설 ┃ 이 글의 디오게네스는 알렉산더 대왕과의 일화로 유명한 견유학파(犬儒學派)의 철학자가 아니라, 3세기 그리스의 철학사가인 디오게네스 라에르티오스를 가리킨다. 이 글을 이해하려면 촘촘한 독해가 필요한데 특히 개념의 세분화를 눈여겨 보아야 한다.
①은 옳은 서술이다. 이 글에 의하면 질병은 좋은 것도 나쁜 것도 아니다. 그러므로 질병은 좋은 것에 포함되지 않는다. ② 역시 옳다. 재물은 '차이가 없는 것'이다. 이런 것을 얻는 과정에서 행복할 수도 불행할 수도 있다고 디오게네스는 인정한다. ④도 옳다. 건강, 즐거움. 재물, 명예 등은 좋지도 나쁘지도 않은 것이라고 분류되기 때문이다. 한편, 지문의 마지막 문장을 통해서, 좋은 것은 좋게 사용될 수도 있고 나쁘게 사용될 수도 있는 것이 아니라는 것을 알 수 있다. 즉, 좋게 사용되든 나쁘게 사용되든 어느 하나에만 해당한다. 분별력은 좋은 것인데 둘 중 어느 쪽일까? 글의 중간 부분을 통해, 좋은 것의 고유한 속성은 유익하게 하는 것임을 알 수 있다. 그러므로 좋은 것은 좋게 사용될 수밖에 없다. 따라서 ⑤도 옳은 서술이다.
잘못된 서술은 ③이다. 글의 도입부에서 디오게네스는 존재하는 것을 '좋은 것', '나쁜 것', '좋지도 나쁘지도 않은 것'이렇게 세 종류로 구분한다. 그러므로 나쁜 것에 해당하지 않는다고 해서 반드시 좋은 것이라는 보장은 없다.

2014학년도 법학적성시험

ⓐ～ⓒ에 관한 진술로 옳은 것만을 〈보기〉에서 있는 대로 고른 것은?

필로누스: 우리가 감각을 통해 뜨거움이나 차가움을 지각할 때, 그 뜨거움이나 차가움은 우리 마음 바깥의 사물에 있는 것일까, 아니면 그것들은 우리의 마음에 의해 지각되는 것으로만 존재하는 것일까? 자네

는 뜨거움이나 차가움에 관해서 어떻게 생각하는가?

하일라스: 강렬한 뜨거움이나 차가움은 통증으로 지각되네. 통증이란 지독한 불쾌감의 일종이므로, 강렬한 뜨거움과 강렬한 차가움은 지독한 불쾌감에 불과하네. ⓐ 그러므로 강렬한 뜨거움과 강렬한 차가움은 사물에 있는 것이 아니네. 그러나 그보다 덜한 정도의 뜨거움이나 차가움은 통증과는 무관한 것이네. 우리는 그것들을 뜨거움이나 차가움으로 지각할 뿐 아니라 '더 뜨거운 것'과 '덜 뜨거운 것' 등을 구별하여 지각하네. ⓑ 그러므로 이런 정도의 뜨거움은 사물에 있다고 여겨지네.

필로누스: 우리 모두가 인정하듯이, 어떤 것이 동시에 차기도 하고 뜨겁기도 할 수는 없네. 그러면 이제 자네의 한 손은 뜨겁고 다른 한 손은 차다고 가정해 보세. 그리고 두 손을 모두 한꺼번에 미지근한 물에 넣었다고 해 보세. 그러면 뜨겁던 손에는 그 물이 차갑게 느껴지고 차갑던 다른 한쪽 손에는 뜨겁게 느껴질 것이야. 그 물에서 자네의 한 손은 뜨거움을 느끼고 다른 한 손은 차가움을 느끼는 것이네. ⓒ 그러므로 자네의 손이 느끼는 뜨거움과 차가움이 그 물에 있다고 말할 수는 없네.

◆ 보 기 ◆

ㄱ. ⓐ의 추리는 "쾌감이나 불쾌감은 그것들을 지각하는 주체에만 존재하는 것이다."라는 것을 전제하고 있다.

ㄴ. ⓑ의 추리는 "사물의 성질 중에 인간이 지각할 수 없는 것이 있다."라는 것을 전제하고 있다.

ㄷ. ⓒ의 추리는 "어떤 주장이 불합리한 귀결을 갖는다면 그 주장은 참일 수 없다."는 원리를 이용하고 있다.

① ㄴ   ② ㄷ   ③ ㄱ, ㄴ

④ ㄱ, ㄷ   ⑤ ㄱ, ㄴ, ㄷ

정답 | ④

해설 | 이 대화에 등장하는 필로누스와 하일라스는 근대 영국의 철학자 조지 버클리의 『하일라스와 필

로누스가 나눈 세 편의 대화,에 등장하는 가상의 인물들이다. 지문은 그리스 철학의 논쟁 방식이 근대 철학에서도 계속 이어져오고 있음을 보여준다. 특히 주목할 것은, 두 사람이 서로가 암묵적으로 받아들이는 전제가 무엇인가를 분석한다는 점이다.

ㄱ은 옳다. "강렬한 차가움과 뜨거움은 불쾌감이다."로부터 "강렬한 차가움과 뜨거움은 사물에 있지 않다."를 이끌어내기 위해서는 ㄱ과 같은 전제가 있어야 한다.

ㄴ은 옳지 않다. ⓑ 이전의 서술로부터 ⓑ를 이끌어내기 위해 필요한 전제는 "우리가 구별할 수 있는 종류의 지각은 사물에 있다."이다. 하지만 ㄴ에 제시된 전제는 이와는 무관한 내용이다.

ㄷ은 옳다. 필로누스는 하일라스의 주장인 ⓑ를 전제하고서 그로부터 "같은 미지근한 물이 차가움과 뜨거움을 동시에 가진다."는 암묵적인 귀결을 이끌어내고 있다. 이 귀결은 당연히 불합리하므로 하일라스의 주장 ⓑ가 논박된다.

지금까지 살펴본 것처럼 철학자들은 어떤 생각이 옳은지를 점검하기에 앞서서 먼저 그 생각을 담은 말을 뜯어본 후 그 말들 사이의 관계를 따져본다. '철학하기'와 '말의 이치 돌아보기'가 함께 등장한 이와 같은 역사적 배경은, 우리가 논리적 사고를 공부해야 하는 이유를 보여준다.

논리적 사고를 공부하는 첫 번째 그리고 가장 중요한 목적은 사고의 명료화이다. 사고의 명료화는 다음의 세 가지 질문에 대한 답을 내놓는 작업이다.

① 나(혹은 당신)는 정확히 무엇을 생각하고 있는가?
② 나(혹은 당신)의 말 또는 글이 나타내는 생각은 정확히 무엇인가?
③ 나와 당신이 각자의 생각을 담기 위해 쓰는 말은 적절한가?

사고의 명료화는 비판을 위한 무기가 아님에 주의할 필요가 있다. 논리적 사고는 나 스스로의 사고를 반성하고, 상대방의 사고를 보다 적극적으로 이해하기 위한 수단이다.

논리적 사고를 공부하는 두 번째 목적은 나의 주장을 상대방에게 납득시키고, 상대방의 잘못된 주장을 반박하기 위해서이다. 우리가 논증을 분석, 평가하고 전제와 결론 사이의 관계를 살펴보는 목적이 이를 위해서이다.

논리적 사고를 공부하는 세 번째 목적은 말을 올바르게 구사하기 위해서이다. 실용적인 측면에서는 나의 생각을 상대방에게 효과적으로 표현하기 위해서이다. 우리가 대학과 현업에서 하는 글쓰기, 말하기, 토론, 발표 등은 모두 말로 이루어지는 활동이다. 말을 올바르게 구사한다는 것은 유창한 달변을 뜻하지 않는다. 말과 말 사이의 관계가 적절할 때 우리는 그 말이 올바르게 구사되었다고 평가한다. 논리적 사고는 말 사이의 관계의 적절성을 평가하는 연습이기도 하다.

3 ___ 논리적 사고의 활용

고대 그리스의 소피스트들은 '궤변론자'라는 악명이 높다. 그들이 그런 악명을 얻게 된 이유는 그들의 말 구사가 오로지 논쟁에서 이기는 것만을 목적으로 했기 때문이다. 상대주의자들이었던 소피스트들은 절대적인 진리는 없으며 논쟁에서 이기는 쪽이 곧 진리라고 생각했다. 그들이 갈고 닦은 쟁론술(爭論術)은 수단과 방법을 가리지 않고 상대방을 논파하는 기술이다. 그러나 우리는 논리적 사고를 소피스트들처럼 무기로 활용하려 들어서는 안 된다. 논리적 사고는 상대방을 논쟁에서 이기기 위한 수단이 아니라, 문제를 해결하고 합리적인 판단을 하며 스스로의 사고를 돌아보는 수단이어야 한다.

실제 현실에서 논리는 만능이 아니다. 아무리 논리적으로는 완벽한 논증이라 하더라도 사람들을 설득하고 합의를 이끌어내는 데는 실패하는 경우가 허다하다. 논리적인 사고에 의해 정보를 추려내는 것과, 그 정보를 다른 사람에게 어떻게 전달하느냐는 별개의 문제이기 때문이다. 중세 대학의 교양 7과(septem artes liberales)에서 변증론과 수사학을 함께 가르친 이유가 바로 그것이다. 날카롭게 날이 선 논리만으로 모든 것을 이뤄낼 수는 없다. 그 논리가 담긴 말을 상대방을 배려하면서 전달하는 수사적 말하기의 역할도 그와 동등하게 중요하다.

논리적 사고를 공부하면 우리는 실제로 논리적인 사람이 될까? 그럴 수 있다면 더없이 좋겠지만, 그와 같은 기대는 책으로 자전거 타는 법을 공부하면 자전거를 탈 수 있을 것이라고 기대하는 것만큼이나 부적절하다. 논리적 사고는 경험으로 체득해야 하는 생활의 양식이다. 이 책에서 전달하는 지식들은 원활한 체득을 돕기 위한 밑바탕에 해당한다. 아무 것도 모르는 상태에서 자전거를 타기를 혼자 연습하는 것보다는, 자전거를 타는 요령에 대한 설명을 듣고 나서 그에 따라 연습하는 편이 조금이라도 덜 넘어지고 다칠 것이다. 논리적 사고를 공부하는 동기는 단순한 지식의 습득을 위해서가 아니라 현실 속 사고에서 실제로 활용하기 위해서라는 점을 잊지 말아야 한다.

 2017년도 국가공무원 5급, 외교관후보자, 지역인재 7급

다음 ㉠에 따를 때 도덕적으로 허용될 수 없는 것만을 〈보기〉에서 모두 고르면?

우리는 어떤 행위를 그것이 가져올 결과가 좋다는 근거만으로 허용할 수는 없다. 예컨대 그 행위 덕분에 더 많은 수의 생명을 구할 수 있다는 사실만으로 그 행위를 허용할 수는 없다는 것이다. ㉠ A원리에 따르면 어떤 행위든 무고한 사람의 죽음 자체를 의도하는 것은 언제나 그른 행위이고 따라서 도덕적으로 허용될 수 없다. 여기서 의도란 단순히 자기 행위의 결과가 어떨지 예상하고 그 내용을 이해한다는 것을 넘어서, 그 행위의 결과 자체가 자신이 그 행위를 선택하게 된 이유임을 의미한다.

예를 들어 우리가 제한된 의료 자원으로 한 명의 환자를 살리는 것과 다수의 환자를 살리는 것 사이에서 선택을 해야만 할 경우, 비록 한 명의 환자가 죽게 되더라도 다수의 환자를 살리는 것이 도덕적으로 허용될 수도 있다. 이때 그의 죽음은 피치 못할 부수적인 결과였기 때문이다. 하지만 만일 그 한 명의 환자를 치료하지 않은 이유가 그가 죽은 후 그의 장기를 장기이식을 기다리는 다른 여러 사람에게 이식하기 위한 것이었다면 그 행위는 허용될 수 없다.

◆ 보 기 ◆

ㄱ. 적국의 산업시설을 폭격하면 그 근처에 거주하는 다수의 민간인이 처참하게 죽게 되고 적국 시민이 그 참상에 공포심을 갖게 되어, 전쟁이 빨리 끝날 것이라는 기대감에 폭격하는 행위

ㄴ. 뛰어난 심장 전문의가 어머니의 임종을 지키기 위해 급하게 길을 가던 중 길거리에서 심장마비를 일으킨 사람을 발견했으나 그 사람을 치료하지 않고 어머니에게 가는 행위

ㄷ. 브레이크가 고장 난 채 달리고 있는 기관차의 선로 앞에 묶여 있는 다섯 명의 어린이를 구하기 위해 다른 선로에 홀로 일하고 있는 인부를 보고도 그 선로로 기관차의 진로를 변경하는 행위

① ㄱ   ② ㄴ   ③ ㄱ, ㄴ
④ ㄱ, ㄷ   ⑤ ㄴ, ㄷ

정답 ┃ ①

해설 ┃ ㄱ에서 적국의 산업시설을 폭격하는 행위를 선택한 이유는 인근의 민간인 다수를 죽이기 위해서이다. 그들의 죽음 자체를 의도한 것이므로 A원리에 따라서 도덕적으로 허용될 수 없다. 반면에 ㄴ의 심장전문의는 도덕적으로 허용될 수 없는 행위를 하기는 하나, 그것이 도덕적으로 허용될 수 없는 이유가 A원리에 의해서는 아니다. 심장마비로 쓰러진 사람의 죽음 자체를 의도했던 것은 아니기 때문이다. ㄷ에서 기관사가 선로를 바꾸는 행위를 한 것도 반대편 선로의 인부 한 명의 죽음 자체를 의도했기 때문은 아니다. 그리고 지문의 두 번째 단락에 의하면 그 인부의 죽음은 용인될 수 있다.

A원리를 일반화한 원리가 이중 효과 원리이다. 이중 효과 원리란, 의도한 결과와 의도하지 않은 결과에는 차등적인 도덕적 책임이 부가되며, 지문에서 이야기하는 한 명의 환자의 죽음과 같은 부수적인 결과는 의도하지 않은 피해이므로 용인될 수 있다는 원리이다. 이중 효과 원리는 일견 너무나 합당해서 더 이상 명료화할 것도 없어 보인다. 하지만 다음을 보면 문제가 그리 간단치 않음을 알게 된다.

다음으로부터 추론한 것으로 옳은 것만을 〈보기〉에서 있는 대로 고른 것은?

'죽이는 것'과 '죽게 내버려 두는 것'의 실제 적용 기준에 대해 다음 주장들이 제안되었다.

갑: '죽이는 것'은 죽음에 이르는 사건 연쇄를 시작하는 것이고, '죽게 내버려 두는 것'은 죽음에 이르는 사건 연쇄의 진행을 막지 않거나, 죽음에 이르는 사건 연쇄의 진행을 막는 장애물을 제거하는 것이다.

을: '죽이는 것'은 죽음에 이르는 사건 연쇄를 시작하거나, 죽음에 이르는 사건 연쇄의 진행을 막는 장애물을 제거하는 것이다. 반면에 '죽게 내버려 두는 것'은 죽음에 이르는 사건 연쇄의 진행을 막지 않는 것이다.

병: 죽음에 이르는 사건 연쇄를 시작하는 경우 '죽이는 것'이며, 죽음에 이르는 사건 연쇄의 진행을 막지 않는 경우 '죽게 내버려 두는 것'이다. 죽음에 이르게 되는 사건 연쇄의 진행을 막는 장애물을 제거할 경우, 그 장애물이 자신이 제공한 것이라면 '죽게 내버려 두는 것'이고 다른 사람이 제공한 것이라면 '죽이는 것'이다.

〈사례〉

㈎ A는 수영장에서 물에 빠져 허우적거리는 아이를 발견하였다. A가 구조 요원에게 이 사실을 알렸더라면 그 아이는 죽지 않았을 것이다. A는 ㉠ 구조 요원에게 알리지 않았고 그 아이는 죽었다.

㈏ 어떤 환자가 심각한 병에 걸려 의사가 제공한 생명 유지 장치의 도움으로 생명을 유지하고 있었다. 그 장치의 도움이 없었다면 환자는 곧 죽었을 것이다. 그런데 B가 의사 몰래 병실에 들어와 ㉡ 장치를 꺼 버렸고 그 환자는 죽었다.

㈐ 어떤 사람이 생명 유지에 필요한 특정한 물질을 투입받지 못할 경우 죽게 되는 심각한 병에 걸렸다. 그 물질을 자신이 가지고 있음을 알게 된 C는 자신의 몸과 그 환자의 몸을 튜브로 연결하여 그 물질을 전달하였다. 며칠 동안 그 물질을 전달하고 있던 C는 마음이 변하여 ㉢ 튜브를 제거하였고, 그 직후에 그 환자는 죽었다.

ㄱ. ㉠ 행위는 갑과 을에 따르면 '죽게 내버려 두는 것'이고 병에 따르면 '죽이는 것'이다.

ㄴ. ㉡ 행위는 갑에 따르면 '죽게 내버려 두는 것'이고 을과 병에 따르면 '죽이는 것'이다.

ㄷ. ㉢ 행위는 갑과 병에 따르면 '죽게 내버려 두는 것'이고 을에 따르면 '죽이는 것'이다.

① ㄱ　　　　　　② ㄷ　　　　　　③ ㄱ, ㄴ

④ ㄴ, ㄷ　　　　　⑤ ㄱ, ㄴ, ㄷ

정답 | ④

해설 | 앞 문제의 보기 ㄷ을 돌아보자. 기관사는 인부의 죽음을 의도하지는 않았다. 그렇다면 이중 효과 원리에 따라 기관사는 인부의 죽음에 대한 책임으로부터 완전히 벗어날까? 이중 효과 원리에서 말하는 '부수적인 피해'에 직접적인 살인 행위까지 포함될 수는 없다. 살인은 명백히 윤리적으로 비난받아 마땅하기 때문이다. 그럼 위 ㄷ의 기관사는 인부를 죽인 것일까 아니면 그저 죽게 내버려 둔 것일까? 윤리적 책임을 올바르게 따지기 위해서는 의도한 결과와 의도하지 않은 결과 사이의 구별 뿐 아니라, '죽이는 것'과 '죽게 내버려두는 것'사이의 구분 기준도 필요함을 알 수 있다.

(가)에서 A는 죽음에 이르는 사건 연쇄를 시작하지는 않았다. ㉠은 사건 연쇄의 진행을 막는 것에도 장애물을 제거하는 것에도 해당하지 않는다. 그러므로 갑, 을, 병 모두에게 ㉠은 '죽게 내버려두는 것'이다. 그러므로 ㄱ은 틀린 서술이다.

(나)에서 환자가 죽은 것은 결국 심각한 병에 걸린 탓이다. 다만 그 죽음에 이르는 연쇄에서 생명유지 장치가 장애물이었을 뿐이다. 그런데 B는 장치를 끔으로써 환자의 죽음에 이르는 사건 연쇄의 장애물을 제거하였다. 그러므로 갑에 의하면 ㉡은 '죽게 내버려두는 것', 을에 의하면 '죽이는 것', 병에 의하면 그 장치를 처음에 B가 제공한 것은 아니므로 '죽이는 것'이다. 그래서 ㄴ은 옳은 서술이다.

(다)에서 환자가 죽은 것은 역시 병에 걸린 탓이다. C가 그의 몸과 연결한 튜브는 연쇄의 장애물인데, C 스스로 그 장애물을 설치하였다가 다시 C 스스로 그 장애물을 제거하였다. 그러므로 갑에 의하면 ㉢은 '죽게 내버려두는 것'이고, 을에 의하면 '죽이는 것', 그리고 병에 의하면 '죽게 내버려두는 것'이다. 그래서 ㄷ은 옳은 서술이다.

4 _ 논리적 사고의 실제

그렇다면 현실 속에서 논리는 어떻게 활용되고 있을까? 사실 논리는 생활 속 어디에나 있다. 예를 들어 어린 아기가 엄마에게 아이스크림을 먹고 싶다고 말한다. 엄마는 "점심밥을 다 먹으면 아이스크림을 먹을 수 있단다."라고 대답한다. 엄마의 말을 들은 아기는 점심밥을 얼른 깨끗이 비우고 엄마는 아기에게 아이스크림을 준다. 3장에서 살펴보겠지만, 엄마와 아기 모두 전건 긍정식이라는 타당한 연역 추론의 형식을 따라 사고하고 있다. 이처럼 논리는 우리가 생각하고 말하고 행동하는 매 순간마다 우리도 모르는 사이에 활용되고 있다. 논리적 사고가 현실에서 적용되는 사례들을 살펴보자.

 2019학년도 법학적성시험

다음으로부터 추론한 것으로 옳은 것만을 〈보기〉에서 있는 대로 고른 것은?

> 질병의 원인을 어떻게 추정할 수 있을까? 19세기 과학자 K가 제안한 단순한 초기 가설에 따르면, 어떤 병원균의 보균 상태가 아님에도 어떤 질병이 발병하거나 그 병원균의 보균 상태임에도 그 질병이 발병하지 않는다면, 그 병원균은 그 질병의 원인이 아니다. 이를테면 결핵 환자들 중에 어떤 병원균의 보균자인 사람도 있고 아닌 사람도 있다면 그 병원균을 결핵의 원인으로 추정할 수 없으며, 어떤 병원균의 보균자들 중에 결핵을 앓고 있는 사람도 있고 아닌 사람도 있다면 그 병원균 역시 결핵의 원인으로 추정할 수 없다는 것이다. 이를 엄밀하게 표현하면 아래와 같다.
>
> 다음 두 조건을 모두 만족하는 경우에, 병원균 X를 질병 Y의 원인으로 추정할 수 있다.
>
> 조건 1 : Y를 앓는 모든 환자가 X의 보균자이다.
> 조건 2 : 누구든 X의 보균자가 되면 그 때 반드시 Y가 발병한다.

◆ 보 기 ◆

ㄱ. 질병 D를 앓는 모든 환자들이 병원균 α와 β 둘 다의 보균자이고, 누구
든 α와 β 둘 다의 보균자가 되면 그 때 반드시 D가 발병하는 경우, α도
조건 2를 만족하고 β도 조건 2를 만족한다.

ㄴ. 질병 D를 앓는 환자에게서 병원균 α와 β가 함께 검출되는 경우가 없다
면, α와 β 중 기껏해야 하나만 위 두 조건을 모두 만족할 수 있다.

ㄷ. 질병 D를 앓는 모든 환자에게서 병원균 α와 β 중 적어도 하나가 검출된
다면, α와 β 중 적어도 하나는 조건 1을 만족한다.

① ㄱ   ② ㄴ   ③ ㄱ, ㄷ

④ ㄴ, ㄷ   ⑤ ㄱ, ㄴ, ㄷ

정답 | ②

해설 | 논리적 사고가 활용되는 첫 번째 영역은 과학적 추론이다. 위 문제는 과학과 공학 연구에서 논
리가 적용되는 예를 보여준다.

ㄱ과 같은 실험결과를 받아든 공학도들은 ㄱ이 옳은 서술이라고 착각하기 쉽다. 그러나 이는 α
와 β 중 어느 하나가 D와 관련이 없는 병원균일 가능성을 간과한데서 비롯한 오류이다. 가령 α
는 D의 발병과 무관하지만 우연히 혹은 다른 이유 때문에 β와 항상 함께 발견되는 것에 불과하
다면, β는 조건 2를 만족할 것이지만 α는 조건 2를 만족하지 않을 것이다.

ㄴ은 무엇을 뜻할까? α와 β가 함께 검출되는 경우가 없다는 것은 둘 중 어느 하나만 검출되거
나 어느 것도 검출되지 않는다는 것을 뜻한다. 그렇다면 α와 β 둘 다가 조건 2를 만족하는 경우
는 없을 것이다. α만 조건 2를 만족하거나, β만 조건 2를 만족하거나, α와 β 둘 다 조건 2를 만
족하지 않거나, 셋 중 하나이다. 그래서 ㄴ은 옳은 서술이 된다.

ㄷ은 틀린 서술이다. 예를 들어서, 만약 질병 D를 앓는 환자들 가운데 절반은 α만 검출되고 나
머지 절반은 β만 검출된다고 하자. 이 경우 α와 β 모두 조건 1을 만족하지 못하게 된다. 이처럼
실험 결과의 의미와 함축을 파악하는 능력은 공학 연구 수행을 위한 기본 소양이다.

2017년도 국가공무원 5급 및 7급 민간경력자

다음 글의 ㉠을 약화하는 증거로 가장 적절한 것은?

1966년 석가탑 해체 보수 작업은 뜻밖에도 엄청난 보물을 발견하는 계기
가 되었다. 이때 발견된 다라니경은 한국뿐만 아니라 전세계의 이목을 끌

었다. 이 놀라운 발견 이전에는 770년에 목판 인쇄된 일본의 불경이 세계사에서 최고(最古)의 현존 인쇄본으로 여겨졌다. 그러나 이 한국의 경전을 조사한 결과, 일본의 것보다 앞서 만들어진 것으로 밝혀졌다.

불국사가 751년에 완공된 것이 알려져 있으므로 석가탑의 축조는 같은 시기이거나 그 이전일 것임에 틀림없다. 이 경전의 연대 확정에 도움을 준 것은 그 문서가 측천무후가 최초로 사용한 12개의 특이한 한자를 포함하고 있다는 사실이었다. 측천무후는 690년에 제위에 올랐고 705년 11월에 죽었다. 측천무후가 만든 한자들이 그녀의 사후에 중국에서 사용된 사례는 발견되지 않았다. 그러므로 신라에서도 그녀가 죽은 뒤에는 이 한자들을 사용하지 않았을 것이라는 추정이 가능하다. 이러한 증거로 다라니경이 늦어도 705년경에 인쇄되었다고 판단할 수 있다.

그러나 이 특이한 한자들 때문에 몇몇 중국의 학자들은 ㉠ '다라니경이 신라에서 인쇄된 것이 아니라 중국 인쇄물이다.'라고 주장하였다. 그들은 신라가 그 당시 중국과 독립적이었기 때문에 신라인들이 측천무후 치세 동안 사용된 특이한 한자들을 사용하지는 않았을 것이라고 주장한다. 그러나 중국인들의 이 견해는 『삼국사기』에서 얻을 수 있는 명확한 반대 증거로 인해 반박된다. 『삼국사기』는 신라가 695년에 측천무후의 역법을 도입하는 등 당나라의 새로운 정책을 자발적으로 수용하고 있었음을 보여준다. 그러므로 신라인들이 당시에 중국의 역법 개정을 채택했다면 마찬가지로 측천무후에 의해 도입된 특이한 한자들도 채용했을 것이라고 추정하는 것이 합리적이다.

① 서역에서 온 다라니경 원전을 처음으로 한역(漢譯)한 사람은 측천무후 시대의 중국의 국사(國師)였던 법장임이 밝혀졌다.

② 측천무후 사후에 나온 신라의 문서들에 측천무후가 발명한 한자가 쓰이지 않았음이 밝혀졌다.

③ 측천무후 즉위 이후 중국의 문서에 쓸 수 없었던 글자가 다라니경에서 쓰인 것이 발견되었다.

④ 705년경에 중국에서 제작된 문서들이 다라니경과 같은 종이를 사용한 것이 발견되었다.

⑤ 다라니경의 서체는 705년경부터 751년까지 중국에서 유행하였던 것으로 밝혀졌다.

정답 ▏ ③

해설 ▏ 역사학과 같은 인문학 영역에서도 논리적 사고는 필수적으로 요구된다. 특히, 지금의 우리에게 남아있는 제한된 역사적 증거를 바탕으로 당시의 역사적 사실에 관한 정보를 이끌어내는 것은 전형적인 귀납 추론이다.

①은 한문으로 인쇄된 다라니경이 중국과의 관련이 깊음을 보여주는 증거이므로 ㉠을 강화하는 증거이다. ②는 ㉠이 참일 확률에 영향을 주지 않는 무관한 증거이다. ㉠은 다라니경의 제작국에 대한 가설이므로, 중국과 신라 사이의 차이를 드러내는 증거여야만 ㉠의 확률에 영향을 줄 것이다. 하지만 증거 ②와 지문의 정보에 따르면, 중국과 신라는 공히 측천무후 재위 기간 동안 그 한자들을 사용하고 그 이후에는 사용하지 않았을 것이므로, 두 나라 사이의 차이는 없다. ④는 명백히 ㉠을 강화하는 증거이며, ⑤ 역시 ㉠에 유리한 증거이다. 다라니경의 서체가 제작 직후부터 중국에서 유행했다는 것은 다라니경이 중국에서 인쇄되었음을 지지하는 증거이다.

③은 ㉠의 주장을 약화시킨다. 황제의 이름에 들어가는 한자는 사용이 금지된다. 측천무후의 이름에 쓰인 한자가 다라니경에서 발견되었다면 이는 그의 재위 기간에 간행된 다라니경이 중국 인쇄물이 아니라는 증거가 되므로 ㉠ 주장을 약화시킬 것이다. 실제로 다라니경에는 측천무후의 즉위 이전의 이름인 "비출 조(照)"가 포함되어 있는데, 이는 다라니경이 신라의 인쇄물임을 뒷받침하는 결정적인 증거로 인정받고 있다.

2014학년도 법학적성시험

다음 글로부터 추론한 것으로 옳은 것만을 〈보기〉에서 있는 대로 고른 것은?

대통력(大統曆)은 한 해를 12개월, 한 달을 큰달(대. 30일) 혹은 작은달(소. 29일)로 하되, 19년 중 7년은 윤달을 추가하여 1년을 13개월로 하였다. 윤달의 이름은 다음과 같이 정했다. 예를 들어 어느 해의 넷째 달을 윤달로 정하면 그 달은 '윤3월'로 불렀다. 윤달을 어떤 달에 넣을 것인지의 결정은 절기와 깊은 관계가 있었다.

절기(節氣)란 동지점을 기점으로 태양이 지나는 황도(黃道)를 15도 간격으로 24개의 기준점으로 나눈 것인데, 12개의 '중기(中氣)'와 12개의 나머지 절기로 구분된다. 달의 이름이 무엇이 될지는 '중기'의 포함 여부와 어떤 '중기'가 포함되는지에 따라 결정되었다. 예를 들어 '중기' 중 하나인 동지를 포함한 달은 11월이 되는 식이었다.

11월		12월		정월		2월		3월
…동지 – 소한 –	**대한** – 입춘 –	**우수** – 경칩 –	**춘분** – 청명 –	**곡우** …

(굵은 글씨는 각 달의 '중기')

대통력에서는 '중기' 간의 시간 간격이 태양년의 1년을 12로 나눈, 약 30.4일로 일정하다고 간주하였다. 이 간격은 30일보다 컸으므로, 간혹 어떤 달의 끝에 '중기'가 오고 다음 '중기'가 한 달을 건너뛰어 다다음 달의 처음에 오는 일이 생긴다. 이런 경우 '중기'가 없는 달을 윤달로 삼는데, 이를 무중치윤법^(無中置閏法)이라고 한다.

효종^(孝宗) 초년 조선에서는 대통력을 썼는데, 효종 1년^(경인년)에서 효종 2년 ^(신묘년)에 걸쳐 윤달의 위치와 달의 대소는 다음과 같았다.

경인년: 10월^(대), 11월^(소), 윤11월^(소), 12월^(대)
신묘년: 정월^(소), 2월^(대)

─────── ◆ 보 기 ◆ ───────

ㄱ. 대통력에서는 같은 달에 24절기 중 3개의 절기가 함께 들어 있을 수 없다.
ㄴ. 경인년 윤11월에는 24절기 중 소한만 들어 있을 것이다.
ㄷ. 신묘년 2월에는 24절기 중 경칩과 춘분이 들어 있을 것이다.

① ㄱ   ② ㄷ   ③ ㄱ, ㄴ
④ ㄴ, ㄷ   ⑤ ㄱ, ㄴ, ㄷ

정답 ┃ ③

해설 ┃ 일상생활 곳곳의 밑바탕에 놓인 논리는 우리에게 너무나 익숙한 탓에 무심코 지나치기 쉽다. 이 문제는 우리가 매일 보는 달력에 적힌 24절기와 윤달 속에 숨은 논리를 보여준다.

ㄱ은 옳은 서술이다. 중기 사이의 시간 간격은 30.4일로 일정한데 그 사이에 중기가 아닌 절기가 하나 들어간다. 그리고 큰달이라 해도 30일이다. 이로부터 같은 달 안에 들어갈 수 있는 절기의 최대치는 2임을 알 수 있다.

ㄴ도 옳은 서술이다. 경인년에는 11월 다음에 윤11월이 이어진다. 11월은 중기인 동지가 포함되는데 윤11월은 윤달로서 중기가 없으므로 그 다음 중기인 대한은 12월에 포함된다. 그러므로 윤11월에는 동지와 대한 사이의 절기인 소한만 포함될 수 있다.

ㄷ은 틀린 서술이다. 경인년의 대한은 12월 초였고 12월이 큰달이므로 입춘도 12월에 포함될 것이다. 그런데 그 다음 해인 신묘년 정월과 2월 모두 윤달이 아니다. 즉 정월에는 우수, 2월에는 춘분이 포함된다. 그리고 중기 사이가 30.4일임을 감안하면, 우수 역시 정월 초여야 한다. 그러므로 우수와 춘분 사이의 중간에 놓인 절기인 경칩은 2월이 아닌 정월에 놓이게 된다.

다음 글에 대한 분석으로 적절한 것만을 〈보기〉에서 모두 고르면?

"1 더하기 1은 2이다."와 "대한민국의 수도는 서울이다."는 둘 다 참인 명제이다. 이 중 앞의 명제는 수학 영역에 속하는 반면에 뒤의 명제는 사회적 규약 영역에 속한다. 그리고 위 두 명제 모두 진리 표현 '~는 참이다'를 부가하여, "1 더하기 1은 2라는 것은 참이다.", "대한민국의 수도는 서울이라는 것은 참이다."와 같이 바꿔 말할 수 있다. 이 '~는 참이다'라는 진리 표현에 대한 이론들 중에는 진리 다원주의와 진리 최소주의가 있다.

진리 다원주의에 의하면 ㉠ 수학과 사회적 규약이라는 서로 다른 영역에 속한 위 두 명제들의 진리 표현은 서로 다른 진리를 나타낸다. 한편, ㉡ 진리 표현은 명제가 속한 영역에 따라서 다른 진리를 나타낸다는 주장은 진리가 진정한 속성일 때에만 성립한다. 만약 진리가 진정한 속성이 아니라면 영역의 차이에 따라 진리를 구별하는 것은 무의미할 것이기 때문이다. 그러므로 진리 다원주의는 ㉢ 진리가 진정한 속성이라는 것을 받아들여야 한다. 한편, ㉣ 언어 사용을 통해 어떤 속성에 대한 모든 것을 알 수 있다면, 그것은 진정한 속성이 아니다. 진리가 진정한 속성이라면 언어 사용을 통해 진리에 관한 모든 것을 알 수 있는 것은 아니다. 진리 최소주의자들은 ㉤ 우리는 언어 사용을 통해 진리에 관한 모든 것을 알 수 있다고 주장한다. 그러므로 만약 진리 최소주의가 옳다면 어떤 결론이 따라 나오는지는 명확하다.

◆ 보 기 ◆

ㄱ. ㉠과 ㉡은 함께 ㉢을 지지한다.
ㄴ. ㉣과 ㉤은 함께 ㉢을 반박한다.
ㄷ. ㉠, ㉡, ㉣은 함께 ㉤을 반박한다.

① ㄱ 　　　　② ㄷ 　　　　③ ㄱ, ㄴ
④ ㄴ, ㄷ 　　　⑤ ㄱ, ㄴ, ㄷ

해설 | 논리적 사고가 활용되는 중요한 영역은 독서이다. 책을 읽을 때는 문장과 문장 사이의 논리적 관계를 파악해 가면서 읽어야만 책의 내용을 온전히 이해할 수 있다. ㄱ이 옳은 이유는, ⓒ이 "만약 ㉠이 성립한다면 ⓒ도 반드시 성립한다."는 것을 의미하기 때문이고, ㄴ이 옳은 이유는, ⓔ이 "만약 ⓑ이 성립한다면 ⓒ의 부정도 반드시 성립한다."는 것을 의미하기 때문이다. 그리고 ㄷ이 옳은 이유는, ㉠과 ⓒ으로부터 ⓒ이 도출되는데, ⓔ은 "만약 ⓒ이 성립한다면, ⓑ의 부정도 반드시 성립한다."는 것을 함축하기 때문이다.

2017학년도 법학적성시험

다음 논쟁에 대한 분석으로 옳은 것만을 〈보기〉에서 있는 대로 고른 것은?

남성 우월주의를 표방하는 단체에 소속된 회원 백여 명이 도심에 모여 나체로 행진하는 시위를 하겠다는 계획을 밝혔다. 이를 두고 다음과 같은 논쟁이 벌어졌다.

갑: 다른 사람에게 직접적인 물리적 위해를 줄 것이 분명히 예상되는 경우를 제외한다면, 어떤 행위도 할 수 있는 권리가 보장되어야 해. 자신의 의사를 밝히는 행위 자체가 다른 사람에게 물리적 위해를 준다고는 볼 수 없지.

을: 그렇다면 예를 들어 인종차별을 옹호하는 단체가 시위를 하겠다는 것도 허용해야 할까? 공동체 구성원의 다수가 비도덕적이라고 여기는 가치를 떠받드는 행위를 금지하는 것은 당연해.

병: 인종차별이 정당하다고 주장하면서 시위를 하면 많은 사람들로부터 공격을 받기 쉽지 않을까?

갑: 그런 경우라면 시위자를 공격하는 사람의 행위를 막아야지, 시위 자체를 막아서는 안 되지.

을: 물리적 충돌이 생기는 건 불행한 일이지만 문제의 핵심은 아니야. 왜 그런 일이 생겨나겠어? 결국 대다수 사람들이 보기에 비도덕적인 견해를 공공연하게 지지하니까 직접적인 물리적 위해를 서로 주고받게 되는 거지.

병: 직접적인 물리적 위해가 중요한 게 아니란 점에는 동의해. 하지만 내

가 보기에 한 사람의 행동이 다른 사람들에게 불쾌하게 받아들여지는 지가 중요하지. 그들의 주장이 옳다 해도 이 시위를 막아야 하는 것은 그 행위가 충분히 불쾌하게 받아들여지기 때문이야. 만약 사람들의 눈에 잘 띄지 않는 장소와 시간에 시위를 한다면 다른 이야기가 되겠지.

◆ 보 기 ◆

ㄱ. 시위대가 시민들로부터 물리적 위해를 받을 가능성이 시위 허용 여부를 결정하는 데 중요한 요소인지에 대해서 갑과 을은 의견을 달리한다.

ㄴ. 시위대의 주장이 대다수 시민의 윤리적 판단에 부합하는지가 시위 허용 여부를 결정하는 데 중요한 요소인지에 대해서 을과 병은 의견을 달리한다.

ㄷ. 나체 시위를 불쾌하게 여길 사람이 시위를 회피할 수 있을 가능성이 시위 허용 여부를 결정하는 데 중요한 요소인지에 대해서 갑과 병은 의견을 달리한다.

① ㄱ   ② ㄴ   ③ ㄱ, ㄷ
④ ㄴ, ㄷ   ⑤ ㄱ, ㄴ, ㄷ

정답 | ④

해설 | 논리적 사고는 토론에서도 중요하게 활용된다. 토론에서는 상대방의 발언에 담긴 주장을 정확히 파악하고 그 주장을 뒷받침하는 근거들을 재구성하는 과정이 필수적이다.

을은 시민들로부터의 물리적 위해 가능성이 시위 허용 여부를 결정하는데 중요한 요소가 아니라는 입장임을 을의 두 번째 발언을 통해 확인할 수 있다. 갑 역시 이를 중요하게 여기지 않는다. 그러므로 ㄱ은 적절치 않다.

ㄴ은 적절하다. 을은 시위대의 주장이 대다수 시민의 윤리적 판단에 부합하는지가 시위 허용 여부 결정에 중요하다는 입장인 반면, 병은 설령 윤리적 판단에 부합하더라도 시민들에게 불쾌감을 준다면 시위를 막아야 한다는 입장이다.

ㄷ도 적절하다. 갑은 나체 시위를 불쾌하게 여기는 사람들이 시위를 회피할 수 있는가에 관계없이 그런 시위를 허용해야 한다는 입장이다. 반면에 병은 불쾌감을 주는 시위는 금지해야 하지만 다른 사람들의 눈에 띄지 않게 한다면 허용할 수 있다는 입장이다. 따라서 ㄷ의 조건이 갑에게는 중요한 요소가 아니지만 병에게는 중요한 요소이다.

다음으로부터 추론한 것으로 옳은 것만을 〈보기〉에서 있는 대로 고른 것은?

다음과 같이 10개의 숫자가 사각형 안에 적혀 있다.

1	2	3
4	5	6
7	8	9
	0	

숫자가 적혀 있는 두 사각형이 한 변을 서로 공유할 때 두 숫자가 '인접'한 다고 하자. 서로 다른 6개의 숫자를 한 번씩만 사용하여 만든 암호에 대하여 다음 정보가 알려져 있다.

- 4와 인접한 숫자 중 두 개가 사용되었다.
- 6이 사용되었다면 9도 사용되었다.
- 8과 인접한 숫자 중 한 개만 사용되었다.

───── ◆ 보 기 ◆ ─────

ㄱ. 8이 사용되었다.
ㄴ. 2와 3은 모두 사용되었다.
ㄷ. 5, 6, 7 중에 사용된 숫자는 한 개이다.

① ㄱ   ② ㄴ   ③ ㄱ, ㄷ
④ ㄴ, ㄷ   ⑤ ㄱ, ㄴ, ㄷ

정답 | ⑤

해설 | 논리적 사고는 상황판단 능력, 즉 주변 상황과 정보를 재구성하는 능력과도 밀접하게 연결된다. 주어진 정보를 다른 사람들이 미처 보지 못하는 방식으로 재구성하여 그로부터 새로운 통찰을 이끌어내는 능력은 논리적 사고의 중요한 부분이다.
4와 인접한 숫자는 1, 5, 7인데 그 중 두 개가 사용되었다. 그리고 8과 인접한 숫자는 5, 7, 9, 0

인데 그 중 한 개만 사용되었다. 이로부터 4와는 인접하지 않지만 8과는 인접하는 숫자인 9, 0은 사용되지 않았음을 알 수 있다. 그리고 8과 인접한 숫자인 5와 7 중에서 어느 하나만 사용되었을 것이다. "6이 사용되었다면 9도 사용되었다."라는 조건과, 9가 사용되지 않았다는 것으로부터, 6 역시 사용되지 않았다는 것도 알 수 있다.

그런데 10개의 숫자 가운데 사용되지 않은 숫자는 네 개다. 위 추론에 의해서, 우리는 그 사용되지 않은 네 개가 6, 9, 0, 그리고 5와 7 중 어느 하나임을 알 수 있다. 따라서 〈보기〉의 ㄱ, ㄴ, ㄷ이 모두 옳다는 것 역시 알 수 있다.

제**2**장

논증

논증은 논리적 사고의 핵심이다. 논리적 사고를 공부한다는 것은 좋은 논증을 제시하는 법과 나쁜 논증을 회피하는 법을 배우는 것과 같다.

이 장에서는 논증에 관한 여러 중요한 사항들을 살펴본다. 그리고 연역과 귀납의 경우에서 각각 어떨 때 좋은 논증이 되는가를 이어지는 장들에서 차례로 살펴볼 것이다.

1 논증이란?

논증은 전제와 결론으로 이루어진 말 묶음이다. 결론은 논지(論旨) 혹은 주장이라고도 부르며, 논증을 제시하는 사람이 궁극적으로 주장하는 내용이다. 전제는 논거(論據) 혹은 근거라고도 부르며, 논증의 주장을 뒷받침하는 역할을 한다. 귀납 논증에서는 전제를 증거(evidence), 결론을 가설(hypothesis)이라고 부르는 경우도 많다.

논증을 제시하는 목적은 나의 주장을 적절한 근거에 의거해서 논증을 제시받는 사람에게 납득시키기 위해서이다. 그리고 좋은 논증인지의 여부는 전제가 결론을 올바르게 뒷받침하는가의 여부에 따라 결정된다. 연역과 귀납은 그러한 뒷받침 관계의 두 종류이다. 논증은 전제와 결론으로 이루어진 말 묶음이므로, 연역과 귀납은 결국 논증의 두 종류이기도 한 셈이다.

> 논증 = 전제 (논거, 근거) + 결론 (논지, 주장)

하나의 논증에서 전제는 여러 개일 수도 있지만, 논증 하나 당 결론은 반드시 하나이다. 만약 어떤 글에서 결론이 두 개가 있다면, 그 글 안에는 논증도 두 개가 있다. 다만 하나의 논증 안에서 전제들 사이의 뒷받침 관계가 있을 수는 있다.

논증은 다른 말로는 추론이라고도 한다. 둘은 결국 같은 용어이며, 이 책에서도 두 용어는 혼용된다. 추론이 전제와 결론으로 이루어진 사고 과정인 반면에, 논증은 그 사고를 말 또는 글로 나타낸 것이라는 차이가 있을 뿐이다.

논증을 제시함은 나의 주장과 함께 그것을 뒷받침할 근거를 제시함이다. 그래서 논증에 포함될 수 있는 주장이 있고 없는 주장이 있다. 우리는 1장에서 논리학은 말과 말 사이의 관계에 관한 이치를 탐구하는 학문임을 살펴보았다. 논증에서 전제와 결론 사이의 관계 역시 말과 말 사이의 관계이다. 따라서 말을 가지고 뒷받침을 하는 것이 애당초 불가능한 주장은 논증의 결론이 될 수 없다. 음식이나 음악 등에 대한 각자의 기호나 취향이 그렇다. 그 맛이나 소리가 그 사람에게 어떻게 느껴지는지는 주관적인 느낌의 문제이기 때문이다. "취향은 논쟁할 것이 못 된다."(De gustibus non est disputandum)는 서양의 오래된 격언이 이를 대변한다.

생각해 볼 문제

최근 사회적으로 가장 이슈가 되는 논란은 무엇인가? 그것은 논증의 적절한 대상이 될 수 있는가? 그 이유가 무엇인지 각자 의견을 나누어 보자.

논증을 이루는 말은 모두 명제이다. 다시 말해 논증은 오직 명제로만 구성된다. 명제가 무엇인지를 이해하기 위해서는 먼저 문장에 대해 알아야 한다. 논리적 사고에서 말하는 문장이란 완결된 사고를 표현하기 위해 단어를 문법(정확히는 구문론적 규칙)에 맞게 나열한 말 배열이다. 다음의 ①~④는 문장이지만 ⑤~⑥은 문장이 아니다. 완결된 사고를 표현하지 않거나, 문법에 맞지 않게 단어가 나열되어 있기 때문이다.

예 example

① 한국의 수도는 충주이다.　　④ 당신의 이름은 무엇입니까?
② 가서 문을 닫아라.　　　　　⑤ …는 학생이다.
③ 앗, 뜨거워!　　　　　　　⑥ 그다지 콩이 빠른 심오하다 그리고.

위 문장들 중에서 ①과 같이 참 또는 거짓이 될 수 있는 문장을 특별히 명제라고 부른다. 전형적으로는 평서문 형태의 주장적 내용을 지닌 문장이 명제인 경우가 많다. 주의할 점은, 참 또는 거짓인지의 여부가 아직 결정되지 않은 문장, 혹은 실제로 거짓인 문장, 혹은 참 또는 거짓인지를 현실에서는 아무도 모르는 문장도, 참 또는 거짓이 될 수 있기만 하다면 그 문장들은 명제라는 점이다. 그래서 아래의 문장들은 모두 명제이다.

예 example

대한민국과 북한은 서기 2037년에 통일된다.
안중근 의사는 훙커우 공원에서 도시락 폭탄을 던졌다.
지금 이 순간, 전 세계 바다 속에 있는 모든 고등어의 마릿수는 짝수이다.
전 세계에 현존하는 가장 음악성이 뛰어난 뮤지션은 지드래곤이다.

물론 우리가 일상적인 말과 글을 통해 주고받는 논증 안에는 명제가 아닌 말도 자주 포함이 되곤 한다. 예를 들면 "~다."로 끝나지 않는 표현이 그러하다. 그러한 표현들은 글이나 대화를 매끄럽게 만들기 위한 부가적인 표현으로서 실제로는 논증의 진정한 일부분이 아니다. 혹은 외견상으로는 명제가 아닌 것처럼 보이지만 내용상으로는 명제로 재구성될 수 있는 표현인 경우도 있다.

너 이거 알아? : 명제

논리적 사고에서의 명제는 '참 또는 거짓이 될 수 있는 문장'으로 이해하면 충분하다. 그러나 원래 철학에서 명제는 참 또는 거짓일 수 있는 문장이 의미하는 사고 내용을 가리킨다. 예를 들어 아래의 표현들은 문장으로서는 두 개이지만 명제로서는 한 개이다.

"눈은 희다."

"Snow is white."

문장이나 발화는 특정한 시공간을 점유하는 구체적 대상이다. 우리는 이 문장이 이 종이 위에 쓰여 있다고 특정할 수 있고, 저 발화가 저 사람의 입에서 그 시간에 발화되었다고 말할 수 있다. 반면에 철학 용어로서의 명제는 추상적 대상이다. 문장이나 발화가 의미하는 사고 내용 자체는 눈으로 볼 수도 손으로 만져볼 수도 없다. 이러한 명제의 존재를 인정한다면, 우리는 우주가 생겨난 이래로 지금까지 그 누구에 의해서도 말해진 적도 생각되어 본 적도 없는 미지의 문장이 의미하는 내용도 추상적 대상으로서의 명제로서 어떤 방식으로든 존재한다고 인정해야 할 것이다. 단지 아무도 그 명제를 아직 만나본 적이 없을 뿐이다.

현대의 몇몇 철학자들은 명제가 불필요한 혼란만 야기하는 개념이며 철학에서 추방되어야 한다고 주장한다. 하지만 언어철학의 주된 작업이 문장 표현의 의미를 분석하고 그 의미의 본성을 규명하는 작업이기 때문에, 여전히 많은 철학자들이 명제의 개념을 긍정한다. 예컨대 "눈은 희다."와 "Snow is white."라는 서로 다른 두 문장이 같은 의미를 나타낸다는 사실은 명제 개념에 의거해서 가장 명료하고 손쉽게 설명될 수 있다.

2 ___ 논증과 다른 말 묶음

전제와 결론 중 어느 하나라도 없으면 논증이 아니다. 단, 전제나 주장이 없는 것과 생략된 것은 구별해야 한다. 논증에 포함된 모든 전제와 주장을 하나도 빠짐없이 나열하는 논증은 현실에선 거의 찾아보기 어렵다. 실제로 우리가 주고받는 논증은 전제와 결론의 일부를 생략하는 것이 보통이다. 하지만 그렇다고 해서 그 말 묶음이 논증이 아니게 되는 것은 아니다.

전제와 결론 중 어느 하나가 없는 말 묶음은 다음과 같다.

1) 의견

주장은 있지만 그 주장을 뒷받침하는 적절한 근거를 제시하지 않는 경우이다.

모든 의견이 비논리적인 사고에 해당하지는 않는다. 우리가 일상적으로 주고받는 많은 주장들이 적절한 근거제시를 동반하지 않는다. 다음의 예에서와 같이 보통은 자신의 주장이 무엇인지를 상대방에게 알리는 것만으로도 대화에 충분하다.

> **예 example**
>
> "내가 보기엔, 손연재 선수의 기량이 요즘 들어 많이 하락하는 것 같아."
> "대한민국은 언젠가는 세계 일류국가가 될 거야. 난 그렇게 믿어."

그러나 자신의 주장을 상대방에게 납득시킬 근거를 제시할 필요가 명백한 경우도 있다. 그런 경우에는 결론만 있고 전제는 없는 의견만을 제시하는 것은 논리적이지 못하다. 가령 아래의 예에서 의견을 제시받는 상대방은 왜 이 의견에 동의해야 하는지 전혀 납득하지 못할 것이다. 이런 식의 주장 제시는 의견이 아닌 억지에 지나지 않는다.

예 example

내 말이 옳아. 왜 옳은지는 설명을 못하겠네. 그냥 필이 온달까. 어쨌든 내가 옳다고.

2) 서술

있는 그대로의 사실을 가감 없이 서술 혹은 기술하는 글에는 주장도 근거도 담겨 있지 않다. 따라서 서술은 논증이 아니다. 예를 들어, 미국의 대선 후보 선출 과정인 코커스를 묘사하는 다음의 글은 논증이 아니다.

2019년도 국가공무원 5급 공채, 외교관후보자, 지역인재 7급

다음 글로부터 추론한 것으로 옳은 것은?

미국 대통령 후보 선거제도 중 '코커스'는 정당 조직의 가장 하위 단위인 기초선거구의 당원들이 모여 상위의 전당대회에 참석할 대의원을 선출하는 당원회의이다. 대의원 후보들은 자신이 대통령 후보로 누구를 지지하는지 먼저 밝힌다. 상위 전당대회에 참석할 대의원들은 각 대통령 후보에 대한 당원들의 지지율에 비례해서 선출된다. 코커스에서 선출된 대의원들은 카운티 전당대회에서 투표권을 행사하여 다시 다음 수준인 의회선거구 전당대회에 보낼 대의원들을 선출한다. 여기서도 비슷한 과정을 거쳐 주(州) 전당대회 대의원들을 선출해내고, 거기서 다시 마지막 단계인 전국 전당대회 대의원들을 선출한다. 주에 따라 의회선거구 전당대회는 건너뛰기도 한다.

1971년까지는 선거법에 따라 민주당과 공화당 모두 5월 둘째 월요일까지 코커스를 개최해야 했다. 그런데 민주당 전국위원회가 1972년부터는 대선후보 선출을 위한 전국 전당대회를 7월 말에 개최하도록 결정하면서 1972년 아이오와주 민주당의 코커스는 그 해 1월에 열렸다. 아이오와주 민주당 규칙에 코커스, 카운티 전당대회, 의회 선거구 전당대회, 주 전당대회, 전국 전당대회 순서로 진행되는 각급 선거 간에 최소 30일의 시간적 간격을 두어야 한다는 규정이 있었기 때문이다. 이후 아이오와주에서 공화당이 1976년부터 코커스 개최시기를 1월로 옮기면서, 아이오와주는 미국의 대선후보 선출 과정에서 민주당과 공화당 모두 가장 먼저 코커스를 실시하는 주가 되었다.

아이오와주의 선거 운영 방식은 민주당과 공화당 간에 차이가 있었다. 공화당의 경우 코커스를 포함한 하위 전당대회에서 특정 대선후보를 지지하여 당선된 대의원이 상위 전당대회에서 반드시 같은 후보를 지지해야 하는 것은 아니었다. 반면 민주당의 경우 그러한 구속력을 부여하였다. 그러나 2016년부터 공화당 역시 상위 전당대회에 참여하는 대의원에게 같은 구속력을 부여함으로써 기층 당원의 대통령 후보에 대한 지지도가 전국 전당대회에 참여할 주(州) 대의원 선출에 반영되도록 했다.

① 주 전당대회에 참석할 대의원은 모두 의회선거구 전당대회에서 선출되었다.

② 1971년까지 아이오와주보다 이른 시기에 코커스를 실시하는 주는 없었다.

③ 1972년 아이오와주 민주당의 주 전당대회 선거는 같은 해 2월 중에 실시되었다.

④ 1972년 아이오와주에서 민주당 코커스와 공화당 코커스는 같은 달에 실시되었다.

⑤ 1976년 아이오와주 공화당 코커스에서 특정 후보를 지지한 대의원은 카운티 전당대회에서 다른 후보를 지지할 수 있었다.

정답 | ⑤

어떤 사람은 위 글이 코커스에 관한 개인의 주장을 담고 있다고 말할지도 모른다. 그러나 사실을 있는 그대로 기술하는 말 묶음이 주장이 되기는 어렵다. 예를 들어 누군가가 "나는 6.25 전쟁이 1950년에 발발했다고 주장한다."라고 말한다면 어색하게 들릴 것이다. 우리 모두 6.25 전쟁이 1950년에 발발했다는 것이 엄연한 사실임을 알고 있기 때문이다. 일반적으로 말해서, 의사소통에 참여하는 사람들 모두가 어떤 말 묶음이 사실을 기술하려는 의도로 제시되고 있다는 것을 인지하는 경우, 그 말 묶음은 주장이 되기에 부적절하다. 반면 15세기 유럽에서 지동설을 믿는 천문학자가 "지구는 태양 주위를 돈다."고 주장한다고 하자. 그의 주장은 오늘날의 시각에서 보면 사실을 나타내지만, 당시 그와 논쟁을 벌이는 상대방들은 그것이 사실이라는 것을 몰랐을 것이다. 그런 상황에서 "지구는 태양 주위를 돈다."는 주장이 되기에 적합하다. 요약하면, 논증의 결론이 될 수 있는 명제는 사실을 기술하는 명제가 아니라, 논증을 제시하는 사람이 참이라고 믿는 생각을 나타내려 의도한 명제여야 한다.

3 ___ 논증과 설명

논증의 결론은 사실이 아닌 생각이어야 한다. 그런데 논증과 유사하게 말이 말을 뒷받침하지만, 생각이 아닌 사실이 뒷받침을 받는 말 묶음도 있다. 그것은 설명이다.

설명은 논증과 더불어 논리적 사고에서 대단히 중요한 말 묶음이다. 그 이유는 두 가지이다. 첫째, 우리의 생활 속에서 논리적 사고를 가장 많이 활용하는 두 영역이 바로 논증과 설명이다. 우리가 학교에서 하는 보고서 과제를 생각해 보자. 거의 모든 보고서 과제가 지정된 주제에 관해 논증 아니면 설명을 작성할 것을 요구한다. 직장에서의 보고서 작성이나 프레젠테이션 등도 마찬가지이다. 둘째, 설명은 논증과 구별이 쉽지 않을 정도로 유사하다. 그래서 우리가 논증에 관해서 공부한 논리적 사고는 설명에서도 동일하게 적용 가능하다.

논증과 설명을 비교하면 다음과 같다.

하지만 논증과 설명은 구분하기 어려운 경우가 많다. 어떤 말이 실제로 일어난 사실을 나타내는지 아니면 단지 누군가의 생각을 나타내는 것인지의 구분이 쉽지 않기 때문이다.

예 example

(고잉메리호를 점검한 후) "그랜드라인 최고의 조선공들인 우리 갈레라 조선소의 조선공들의 견해에서 볼 때, 이 배는 더 이상 수리가 불가능하다. 고잉메리호의 용골이 손상되었거든. 용골이 손상된 배는 항해가 불가능하다. 용골은 통짜 나무로 만들고, 세상에 똑같이 자라는 나무는 없기 때문에 고잉메리호와 똑같은 배를 다시 만드는 것도 불가능해. 그러므로 고잉메리호는 이제 더 이상 바다에 나갈 수 없다."

역사적 사실을 전하는 글이 논증과 설명이 잘 구별되지 않는 전형적인 경우이다. 예를 들어 아래 글은 스파르타에 관한 사실을 있는 그대로 기술하는 글이라고 볼 수도 있지만, 다른 한편으로는 우리에게 전해진 역사적 기록이나 증거를 바탕으로 하여 역사학자들이 주장하는 내용을 담은 글이라고 볼 수도 있다.

기원전 1200년경 남하해 온 도리아 민족이 선주민을 정복하여 생긴 것이 스파르타이다. 지배계급과 피지배계급이 스파르타만큼 확실히 분리되고 지속된 도시국가는 없었다. 스파르타에서 지배계급과 피지배계급의 차이는 권력의 유무 이전에 민족의 차이였다.

우선, 지배계급은 '스파르타인'으로 1만 명 남짓한 자유시민과 그 가족뿐이다. 순수한 혈통을 가진 스파르타인들의 유일한 직업은 군인이었고, 참정권도 이들만이 가지고 있었다. 두 번째 계급은 상공업에만 종사하도록 되어 있는 '페리오이코이'라고 불리는 자유인이다. 이들은 도리아인도, 선주민도 아니었으며, 도리아 민족을 따라와 정착한 타지방 출신의 그리스인이었다. 이들은 시민권을 받지 못했으므로 참정권과 선거권이 없었지만, 병역 의무는 주어졌다. 그리스의 도시국가들에서는 일반적으로 병역에 종사하는 시민에게 참정권이 주어졌다. 하지만, 페리오이코이는 일개 병졸로만 종사했으므로, 스파르타인이 갖는 권리와는 차이가 있었다. 스파르타의 세 번째 계급은 '헬로트'라고 불리는 농노들로, 도리아인이 침략하기 전에 스파르타 지역에 살았던 선주민이다. 이들의 유일한 직업은 스파르타인이 소유한 농장에서 일하는 것으로, 비록 노예는 아니었지만 생활은 비참했다. 이들은 결혼권을 제외하고는 참정권, 사유재산권, 재판권 같은 시민의 권리를 전혀 가지지 못했고, 병역의 의무도 없었다.

생각해 볼 문제

동일한 사안을 놓고 어떤 사람은 "그건 사실이야."라고 말하는 반면에, 다른 사람은 "그건 당신의 생각일 뿐이야."라고 말하는 것을 우리 주위에서 자주 만날 수 있다. 그러한 사안의 예를 각자 찾아보자.

대부분의 설명은 '왜-질문(why-question)'에 대한 답변으로서 제시된다. 논증과 유사한 종류의 설명도 왜-질문에 대한 답변으로서의 설명이다. 하지만 '어떻게-질문(how-question)'에 대한 답변으로서 제시되는 설명은 논증과 상이하다. 설명은 다음의 몇 가지 종류로 나누어지는데, 그 중 ①~③이 왜-질문을 위한 설명, ④가 어떻게-질문을 위한 설명에 해당한다.

① 인과적 설명

인과적 원인을 설명항에서 제시함으로써 이루어지는 설명이다. ("인과"는 "원인과 결과"의 준말이다.) 인과적 설명은 설명의 종류 가운데 가장 흔한 형태로서, 보통은 '설명'이라고 하면 인과적 설명을 가리키는 경우가 많다.

> 지구가 온난화되고 있는 원인은, 대기 중 이산화탄소 비율이 증가했기 때문이다.
> 제가 오늘 지각을 한 이유는, 학교에 오는 도중에 버스가 사고가 났기 때문입니다.

② 목적론적 설명

목적론적 설명은 설명되는 사건이 일어난 목적을 설명항에서 제시함으로써 이루어지는 설명이다. 이 설명은 아리스토텔레스의 이른바 목적론적 세계관을 전제한다. 목적론적 세계관에 의하면, 세상에는 맹목적으로 일어나는 일은 없으며 모든 일에는 반드시 목적이 있다. 그리고 그 목적이 바로 그 일을 발생시키는 원인이다.

목적론적 세계관은 현대 과학에서는 더 이상 받아들여지지 않는 관점이다. 하지만 목적론적 설명은 이해의 증진에 효과적이기 때문에 지금도 생물학 영역을 비롯한 많은 영역에서 유용하게 활용되고 있다. 뿐만 아니라 인간이 목적을 가지고 의도적으로 발생시킨 현상에 대해서는 목적론적 설명이 여전히 정당하게 작동한다.

포유동물이 혈액 순환을 하는 이유는 신체의 항상성을 유지할 목적에서이다. 경찰이 광화문 광장에 컨테이너 장벽을 설치한 이유는 오늘 저녁에 있을 시위를 차단할 목적에서이다.

[2015년 5급 및 7급 민간경력자

다음 글의 결론을 지지하지 않는 것은?

지구와 태양 사이의 거리와 지구가 태양 주위를 도는 방식은 인간의 생존에 유리한 여러 특징을 지니고 있다. 인간을 비롯한 생명이 생존하려면 행성은 액체 상태의 물을 포함하면서 너무 뜨겁거나 차갑지 않아야한다. 이를 위해 행성은 태양과 같은 별에서 적당히 떨어져 있어야 한다. 이 적당한 영역을 '골디락스 영역'이라고 한다. 또한 지구가 태양의 중력장 주위를 도는 타원 궤도는 충분히 원에 가깝다. 따라서 연중 태양에서 오는 열에너지가 비교적 일정하게 유지될 수 있다. 만약 태양과의 거리가 일정하지 않았다면 지구는 여름에는 바다가 모두 끓어 넘치고 겨울에는 거대한 얼음 덩어리가 되는 불모의 행성이었을 것이다.

우리 우주에 작용하는 근본적인 힘의 세기나 물리법칙도 인간을 비롯한 생명의 탄생에 유리하도록 미세하게 조정되어 있다. 예를 들어 근본적인 힘인 강한 핵력이나 전기력의 크기가 현재 값에서 조금만 달랐다면, 별의 내부에서 탄소처럼 무거운 원소는 만들어질 수 없었고 행성도 만들어질 수 없었을 것이다. 최근 들어 물리학자들은 이들 힘을 지배하는 법칙이 현재와 다르다면 우주는 구체적으로 어떤 모습이 될지 컴퓨터 모형으로 계산했다. 그 결과를 보면 강한 핵력의 강도가 겨우 0.5% 다르거나 전기력의 강도가 겨우 4% 다를 경우에도 탄소나 산소는 우주에서 합성되지 않는다. 따라서 생명 탄생의 가능성도 사라진다. 결국 강한 핵력이나 전기력을 지배하는 법칙들을 조금이라도 건드리면 우리가 존재할 가능성은 사라지는 것이다.

결론적으로 지구 주위 환경뿐만 아니라 보편적 자연법칙까지도 인류와 같은 생명이 진화해 살아가기에 알맞은 범위 안에 제한되어 있다고 할 수 있다. 만일 그러한 제한이 없었다면 태양계나 지구가 탄생할 수 없었을 뿐만 아니라 생명 또한 진화할 수 없었을 것이다. 우리가 아는 행성이나 생명이 탄생할 가능성을 열어두면서 물리법칙을 변경할 수 있는 폭은 매우 좁다.

① 탄소가 없는 상황에서도 생명은 자연적으로 진화할 수 있다.
② 중력법칙이 현재와 조금만 달라도 지구는 태양으로 빨려 들어간다.
③ 원자핵의 질량이 현재보다 조금 더 크다면 우리 몸을 이루는 원소는 합성되지 않는다.
④ 별 주위의 '골디락스 영역'에 행성이 위치할 확률은 매우 낮지만 지구는 그 영역에 위치한다.
⑤ 핵력의 강도가 현재와 약간만 달라도 별의 내부에서 무거운 원소가 거의 전부 사라진다.

정답 | ①

해설 | 지문의 결론은 마지막 단락에 있다. 이 글을 읽고 나면, 지구에서 생명체가 탄생하게끔 우주 전체가 미세 조정되어 있다는 사실이 맹목적인 우연이 아닌 어떤 목적을 가지고 설계된 결과라는 생각이 들지도 모른다. 하지만 그와 같은 생각은 현대 과학에서는 받아들여지지 않는다. 다만 그런 생각이 우리의 일상적인 직관과 잘 부합하는 것도 사실이다. 목적론적 설명이 우리의 이해를 증진시키는 힘이 큰 이유도 그 때문이다.

②, ③, ⑤는 우주의 법칙이 지금과 조금만 달랐더라도 지구와 같은 행성도 존재할 수 없었을 것이며, 그 행성에서 생명체가 탄생할 수도 없었다는 정보이다. 그러므로 지문의 결론을 지지한다. ④는 지문의 첫 번째 문단 내용의 일부분이라고 볼 수 있는데, 이 글에서 첫 번째와 두 번째 문단이 마지막 문단의 근거 제시의 역할을 한다. 그러므로 ④ 역시 마지막 문단을 지지하는 근거로 볼 수 있다. 반면에 ①은 탄소가 없으면 생명이 탄생할 가능성이 사라진다는 두 번째 문단의 내용과 충돌하기 때문에 지문의 결론을 지지하는 근거가 될 수 없다.

③ 일반적 사실에 부합시키는 설명

설명하고자 하는 개별적 사실이 보다 일반적 사실에 포함됨을 보임으로써 이루어지는 설명이다. 과학에서 자주 사용되는 '통합(unification)으로서의 설명'이 대표적이다. "이 당구공의 움직임은 법칙 'F=m

×a'의 개별 사례에 해당한다."와 같은 방식이 그것이다.

> 외부 방사능에 노출되지 않은 C14 원자가 3/4이 붕괴되었다면 그것은 11,460년
> 이 지났을 것이다. 왜냐하면 일반적으로 외부 방사능에 노출되지 않은 C14 원자
> 는 5,730년 주기 안에 1/2이 붕괴하기 때문이다.

④ 과정이나 절차를 알려주는 설명

설명의 목적은 청자의 이해를 증진시키기 위해서이다. 앞의 세 종
류의 설명이 왜-질문에 대한 답변을 통해서 이해를 증진시키는 반면
에, 이 설명은 과정이나 절차를 '어떻게' 수행하는가에 관한 이해를
증진시킨다. 따라서 ④는 논리적 사고와는 다소 거리가 있는 종류의
설명이라 하겠다.

> 김치찌개를 맛있게 끓이는 방법은 다음과 같아요. 먼저 김치를 볶아 주세요. 볶
> 을 때는 올리브유를 쓰는 것이 가장 좋아요. 김치가 약간 흐물흐물해지기 시작하
> 면…

어떤 설명이 좋은 설명인가의 평가는 논증의 평가에서 적용되는
기준들을 그대로 적용하면 대체로 무리가 없다. 그 외에 설명에 대해
서만 적용되는 몇 가지 추가적인 판정 기준들이 있는데, 그것들은 뒤
에 귀납 논증 부분에서 살펴보기로 한다.

4 ___ 논증의 재구성

이제 논증을 평가할 차례이다. 어떤 논증이 좋은 논증인지 아니면 만족스럽지 않은 논증인지를 평가하기 위해서는, 다음의 세 단계의 사전 작업이 선행되어야 한다. 이 세 단계는 우리가 평가하고자 하는 논증이 정확히 어떤 논증인가를 명료하게 확정하는 작업에 해당한다. 이러한 사전 작업을 '논증의 재구성'이라고 부른다.

> [1단계] 논증의 쟁점이 무엇인지 파악한다.
> [2단계] 논증에서 무엇이 전제이고 결론인지를 파악한다.
> [3단계] 만약 생략된 전제나 결론이 있다면 채워 넣는다.

1) 쟁점의 파악

논증을 올바르게 평가하려면 논증의 쟁점이 무엇인지를 우선 파악해야 한다. 쟁점이 무엇인가에 따라 논증에서 드는 근거 또는 주장이 적절한가의 평가도 달라지기 때문이다. 우리는 논술을 할 때 지문을 잘 읽고 논술할 쟁점을 파악한다. 혹은 조별 토론을 준비하는 과정에서 토론 주제의 논점이 무엇인지를 함께 분석하기도 한다. 이러한 활동이 모두 쟁점 파악에 해당한다.

논증의 쟁점을 파악할 때는 그 논증이 누구의 관점에서 제기되고 있는지를 주의해서 살펴보아야 한다. 가령 "일본의 식민지 역사는 차가운 머리로 냉철하게 바라보아야 한다."는 주장은 한국인의 관점에서 제시될 때와 일본인의 관점에서 제시될 때 각각 다른 쟁점에 속한 다른 주장으로 간주될 수 있다. 아울러 그 논증이 제시되는 목적이 무엇인지에도 주의를 기울여야 한다.

2) 전제와 결론 찾기

그 다음으로는 논증의 전제와 결론이 무엇인지를 파악해야 한다. 전제와 결론을 찾을 때에는 전제지시어와 결론지시어를 주목하면 다소간 도움이 된다.

전제지시어	전제임을 나타내는 표현	'왜냐하면', '~이기 때문이다.', '그 근거는', '~이므로', 등등.
결론지시어	결론임을 나타내는 표현	'따라서', '그러므로', '결론적으로', '~라고 주장한다.', 등등.

그렇다고 전제지시어와 결론지시어에만 의존해서는 안 된다. 왜냐하면 전제지시어나 결론지시어가 있음에도 실제로는 논증의 전제나 결론이 아닌 경우가 있기 때문이다. 게다가 아주 많은 경우에서 전제지시어나 결론지시어가 생략되기도 한다. 그리고 글 안에서 전제가 반드시 결론보다 앞에 나오는 것도 아님을 잊지 말자.

 2019학년도 법학적성시험

다음 논증의 구조를 가장 적절하게 분석한 것은?

ⓐ 행복을 추구하는 인간의 성향도, 자비심과 같은 도덕적 감정도 보편적 윤리의 토대가 될 수 없다. ⓑ 행복 추구의 동기가 올바른 삶을 살아야 하는 당위의 근거가 될 수는 없다. ⓒ 우선 윤리적으로 살면 언제나 행복해진다는 것은 참이 아니다. ⓓ 더욱이 행복한 삶을 산다는 것과 올바른 삶, 선한 삶을 산다는 것은 완전히 다른 것이기에, ⓔ 옳고 그름의 근거를 구할 때 자기 행복의 원칙이 기여할 부분은 없다. ⓕ가장 중요한 점은 행복 추구의 동기가 오히려 도덕성을 훼손하고 윤리의 숭고함을 파괴해 버린다는 것이다. ⓖ 자기 행복의 원칙에 따라 행하라는 명법은 이

해타산에 밝아지는 법을 가르칠 뿐 옳고 그름의 기준과 그것의 보편성을 완전히 없애버리니 말이다. ⓗ 인간 특유의 도덕적 감정은 자기 행복의 원칙보다는 윤리의 존엄성에 더 가까이 있긴 하지만 여전히 도덕의 기초로서 미흡하다. ⓘ 개인에 따라 무한한 차이가 있는 인간의 감정을 옳고 그름의 보편적 잣대로 삼을 수는 없다.

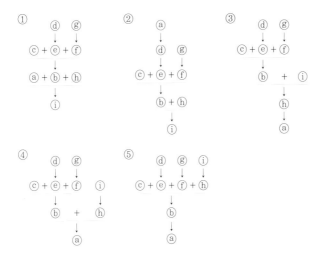

해설 | 일단 ⓓ와 ⓔ, ⓖ와 ⓕ 사이의 뒷받침 관계는 문장 안의 접속 표현을 통해서 쉽게 알 수 있다. 그리고 ⓒ의 "우선", ⓓ의 "더욱이", ⓕ의 "가장 중요한 점은"등의 표현을 통해서, ⓒ, ⓓ, ⓕ가 ⓑ의 세 가지 근거 제시가 된다는 것도 알 수 있다. 그런데 ⓐ를 보자. ⓐ는 윤리의 토대는 행복의 추구도 도덕적 감정도 될 수 없다는 것이다. 즉, ⓐ를 뒷받침하려면 "윤리의 토대는 행복의 추구가 아니다."와 "윤리의 토대는 도덕적 감정이 아니다."가 필요하다. ⓑ가 그 중 앞의 것에 해당한다. 그리고 뒤의 내용을 나타내는 문장이 ⓗ이다. 즉 ⓑ와 ⓗ가 합쳐져서 ⓐ를 지지함을 찾을 수 있다. 그리고 ⓗ의 주제는 도덕적 감정이라는 인간의 감정이 도덕의 기초로 미흡하다는 것인데, 왜 그런지 이유를 제시하는 말은 ⓘ이다. 그러므로 정답은 ④이다.

다음 논증의 구조를 분석한 것으로 가장 적절한 것은? (단, ↓는 '위의 문장이 아래 문장을 지지함'을, ⓐ+ⓑ는 'ⓐ와 ⓑ가 결합됨'을 의미함)

ⓐ 만약 어떤 사람에게 다가온 신비적 경험이 그가 살아갈 수 있는 힘으로 밝혀진다면, 그가 다른 방식으로 살아야 한다고 다수인 우리가 주장할 근거는 어디에도 없다. 사실상 신비적 경험은 우리의 모든 노력을 조롱할 뿐 아니라, 논리라는 관점에서 볼 때 우리의 관할 구역을 절대적으로 벗어나 있다. ⓑ 우리 자신의 더 '합리적인' 신념은 신비주의자가 자신의 신념을 위해서 제시하는 증거와 그 본성에 있어서 유사한 증거에 기초해 있다. ⓒ 우리의 감각이 우리의 신념에 강력한 증거가 되는 것과 마찬가지로, 신비적 경험도 그것을 겪은 사람의 신념에 강력한 증거가 된다. ⓓ 우리가 지닌 합리적 신념의 증거와 유사한 증거에 해당하는 경험은, 그러한 경험을 한 사람에게 살아갈 힘을 제공해줄 것이 분명하다. ⓔ 신비적 경험은 신비주의자들에게는 살아갈 힘이 되는 것이다. ⓕ 신비주의자들의 삶의 방식이 수정되어야 할 '불합리한' 것이라고 주장할 수는 없다.

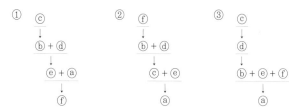

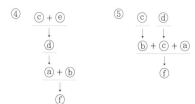

해설 | 논증은 뒷받침을 하는 말과 뒷받침을 받는 말이 합쳐진 말 묶음이다. 말과 말 사이에 뒷받침 관계가 있으려면, 우선 그 말들의 내용끼리 서로 관련이 있어야 한다. 핵심 키워드의 공유는 말 사이의 내용이 서로 관련된다는 중요한 단서이다. ②~⑤는 서로 관련이 없는 말들 사이에 화살표가 있기 때문에 적절하지 않은 그림이다.

그럼 왜 정답이 ①인지 알아보자. ⓓ의 쉼표 앞부분은 ⓔ와 쉼표 뒷부분은 ①와 내용이 거의 같음을 알 수 있다. 즉 ⓓ는 "만약 ⓔ라면 ①이다."라고 말하고 있다. 이로부터 ⓔ와 ⓐ가 합쳐져서 ①가 도출됨을 알 수 있다. 그런데 ⓔ는 ⓓ의 쉼표 뒷부분의 서술과 내용이 거의 일치한다. 즉, 일반인들과 신비주의자들의 신념이 유사한 증거에 기초한다면 ⓔ가 성립한다는 것이 ⓓ의 내용인 것이다. 그러므로 ⓓ와 ⓑ가 합쳐져서 ⓔ를 도출한다는 것도 확인할 수 있다. 그리고 ⓑ, 즉 두 종류의 신념이 유사한 증거에 기초한다는 진술을 뒷받침하는 말은 ⓒ이다.

2017년도 국가공무원 5급 및 7급 민간경력자

다음 글의 ㉠~㉢을 〈정보〉로 평가한 것으로 적절한 것은?

'사람 한 명 당 쥐 한 마리', 즉 지구상에 사람 수 만큼의 쥐가 있다는 통계에 대한 믿음은 1백년쯤 된 것이지만 잘못된 믿음이다. 이 가설은 1909년 뵐터가 쓴 『문제』라는 책에서 비롯되었다. 영국의 지방을 순회하던 뵐터에게 문득 이런 생각이 떠올랐다. "1에이커(약 4천 제곱미터)에 쥐 한 마리쯤 있다고 봐도 별 무리가 없지 않을까?" 이것은 근거가 박약한 단순한 추측에 불과했지만, 그는 무심코 떠오른 이런 추측에서 추론을 시작했다. 뵐터는 이 추측을 ㉠ 첫 번째 전제로 삼고 영국의 국토 면적이 4천만 에이커 정도라는 사실을 추가 전제로 고려하여 영국에 쥐가 4천만 마리쯤 있으리라는 ㉡ 중간 결론에 도달했다. 그런데 마침 당시 영국의 인구가 약 4천만 명이었고, 이런 우연한 사실을 발판 삼아 그는 세상 어디에나 인구 한 명 당 쥐도 한 마리쯤 있을 것이라는 ㉢ 최종 결론을 내렸다. 이것은 논리적 관점에서 타당성이 의심스러운 추론이었지만, 사람들은 이 결론을 이상하리만큼 좋아했다. 쥐의 개체수를 실제로 조사하는 노고도 없이 '한 사람 당 쥐 한 마리'라는 어림값은 어느새 사람들의 믿음으로 굳어졌다. 이 믿음은 국경마저 뛰어넘어, 미국의 방역업체나 보건을 담당하는 정부 기관이 이를 참고하기도 했다. 지금도 인구 약 900만인 뉴욕시에 가면 뉴욕시에 900만 마리쯤의 쥐가 있다고 믿는 사람을 어렵잖게 만날 수 있다.

◆ 정 보 ◆

(가) 최근 조사에 의하면 뉴욕시에는 약 30만 마리의 쥐가 있는 것으로 추정된다.
(나) 20세기 초의 한 통계조사에 의하면 런던의 주거 밀집 지역에는 가구 당 평균 세 마리의 쥐가 있었다.
(다) 사람들이 자기 집에 있다고 생각하는 쥐의 수는 실제 조사를 통해 추정된 쥐의 수보다 20% 정도 더 많다.
(라) 쥐의 개체수 조사에는 특정 건물을 표본으로 취해 쥐구멍을 세고 쥐 배설물 같은 통행 흔적을 살피는 방법과 일정 면적마다 설치한 쥐덫을 활용하는 방법 등이 있는데, 다양한 방법으로 조사한 결과가 서로 높은 수준의 일치를 보인다.

① (가)는 ⓒ을 약화한다.
② (나)는 ⊙을 강화한다.
③ (다)는 ⓒ을 강화한다.
④ (라)는 ⓛ을 약화한다.
⑤ (나)와 (다)가 참인 경우, ⓛ은 참일 수 없다.

해설 | 뵐터의 논증은 지문 안에 '첫 번째 결론', '중간 결론'등으로 재구성되어 주어진다.
ⓒ은 세상 어디에나 쥐의 숫자와 사람의 숫자가 같다는 명제이다. 그런데 지문의 끝부분에서 뉴욕시 인구가 900만 명임을 알 수 있으므로, (가)는 ⓒ과 충돌하는 정보임을 알 수 있다. 그러므로 (가)는 ⓒ을 약화한다.
(나)에 의하면 1909년 당시 런던의 주거 밀집 지역의 한 가구에는 세 마리의 쥐가 있을 것이며, ⊙에 의하면 1에이커 당 쥐가 1마리이므로, 그 가정의 면적은 약 3에이커가 되어야 할 것이다. 그러나 지문에서 말하듯, 1에이커는 4천 제곱미터나 되므로 주거 밀집 지역의 한 가구의 주택 면적이 3에이커나 될 것이라고 생각할 수는 없다. 그러므로 (나)는 ⊙을 약화하는 정보이다.
(다)는 우리가 상상하는 쥐의 숫자와 실제 조사 결과 사이의 격차에 관한 정보이다. 반면에 ⓒ은 사람의 숫자와 쥐의 숫자 사이의 일치에 관한 정보이다. 이 둘은 내용 상 서로 무관하다. 따라서

(다)는 ⓒ을 강화도 약화도 하지 않는다.

같은 이유에서, (라)도 ⓒ을 강화도 약화도 하지 않는다. 다양한 조사 방법에 의한 추정치가 일치한다는 정보는, 1909년이라는 특정 시점에 영국이라는 특정 국가의 쥐의 숫자에 관한 명제의 참 또는 거짓에 영향을 주지 않는다.

ⓔ가 잘못된 진술인 이유는, ⓒ이 우연히 맞을 가능성이 있기 때문이다. 비록 뷜터의 논증은 엉터리이지만 그럼에도 ⓒ은 운 좋게 참이 될 수도 있다. 이 가능성은 정보 (나), (다)가 주어진 경우에도 배제되지 않는다.

3) 생략된 전제와 결론을 채워 넣기

우리의 모든 사고는 개별적으로 존립하지 않는다. 하나의 생각은 다른 생각들과 거미줄처럼 얽혀 있다. 하지만 그 복잡한 거미줄을 논증을 제시할 때마다 우리가 매번 상대방에게 일일이 알려줄 수는 없다. 그래서 논증의 제시는 불가피하게 많은 거미줄의 생략을 수반한다. 하지만 바로 그 생략된 거미줄을 찾아내는 것이 생각의 타래를 더듬어 가는데 대단히 중요하다. 한 생각 뒤에 놓인 또 다른 생각이 무엇인지를 찾아내는 것은 논리적 사고에서 가장 중요한 과정 중의 하나라 해도 과언이 아니다.

다음의 논증에서 생략된 전제는 무엇일까?

> 예 example
>
> 오늘 우리는 설문지를 50장을 배포했는데 그 중 2장이 무응답으로 돌아왔다.
> 따라서 응답되어 수거된 설문지는 48장이다.

위 논증을 제시하는 사람이 생략하고 있는 전제는 "배포한 50장의 설문지가 모두 수거되었다."임을 쉽게 찾을 수 있을 것이다. 그 생략된 전제를 채워 넣으면 논증이 완결된 형태로 재구성된다.

그런데 위 논증을 아래와 같이 재구성한다면 적절할까?

오늘 우리는 설문지를 50장을 배포했는데 그 중 2장이 무응답으로 돌아왔다.
[숨은 전제] 배포된 설문지 가운데 20장이 수거되지 않았다.
따라서 응답되어 수거된 설문지는 48장이다.

이렇게 재구성된 논증은 당연히 나쁜 논증이다. 50장에서 무응답 2장과 수거되지 않은 20장을 뺀 나머지가 48장이 될 수가 없기 때문이다. 이렇게 재구성된 논증을 바탕으로, 우리는 논증을 제시한 사람이 간단한 뺄셈도 하지 못하는 바보여서 저런 엉터리 논증을 제시했고 생각해야 할까? 그렇지 않다. 숨은 전제는 나쁜 논증이 되는 방향으로 채워 넣어서는 안 된다. 논증의 재구성은 언제나 그 논증이 가장 좋은 논증이 되는 방향으로 이루어져야 한다. 이 원칙을 자비의 원리(The Principle of Charity)라고 부른다. 자비의 원리는 보다 일반적으로는, 우리가 상대방의 논증이나 말, 글 등을 이해할 때에는 항상 상대방의 합리성을 극대화시키는 방향으로 이해해야 한다는 원리이다. 즉, 상대방이 적어도 나만큼은 합리적이라고 가정해야 한다는 것이다.

우리가 자비의 원리를 따라야 하는 이유는, 상대방의 합리성을 가정하지 않으면 그와의 정상적인 의사소통이 불가능하기 때문이다. 예를 들어, 시끄러운 장소에서 친구와 함께 길을 찾고 있다고 하자. 주변이 너무나 시끄러워서 친구의 말이 잘 들리지 않는다. 그런데 친구가 나에게 하는 말이 내 귀에 "우리 예쁜 죽이러 가자!"처럼 들렸다고 하자. 친구는 별안간 예쁜 사람들에 대한 증오심이 솟아나서 나에게 살인 범죄에 참여할 것을 권유하고 있는 것일까? 내가 친구를 그런 정신 나간 사람으로 여긴다면 나는 친구의 말을 제대로 해석할 수 없을 것이다. 내가 친구와 정상적인 의사소통을 하기 위해서는 친구의 합리성을 극대화해야 하는 방향으로 친구의 음성을 해석해야 한다. 친구는 합리적인 사람이므로, 길을 찾고 있는 이 상황에서 나에게 뭔가 도움을 주려고 애쓰고 있을 것이다. 이 가정 하에서, 나는 친구가 의도했던 말이 "우리 육 번 출구로 가자!"였다고 올바르게 해석할 수 있다.

논리적 사고의 목적은 상대방의 말이나 생각을 적극적으로 이해하는 것이며 논증의 평가도 그러한 이해의 하나이다. 그러나 상대방의 말에 담긴 생각을 올바르게 해석할 수 없다면 그의 논증을 평가할 수조차 없어질 것이다. 즉, 논리적 사고는 원활한 의사소통을 전제로 한다. 자비의 원리는 의사소통을 위한 필수 전제이다. 논리적 사고에서 자비의 원리를 따라야 하는 이유가 그 때문이다.

숨은 전제를 채워 넣을 때 따라야 하는 또 하나의 원칙은, 숨은 전제는 항상 다른 전제와 결론에 있는 말을 바탕으로 발견되어야 한다는 것이다. 논증을 재구성하는 사람이 자기 마음대로 창작해서 채워 넣으려 들면 곤란하다. 다음의 예를 보자.

다음 글의 빈 칸에 들어갈 진술로 가장 적절한 것은?

우리의 지각 경험은 우리 마음 밖에 있는 외부 세계의 존재에 대한 믿음을 정당화할 수 있는가? 회의주의자들은 그렇지 않다고 말한다. 당신은 눈 앞에 있는 무언가를 관찰하고 있다. 자세히 보니 당신 눈 앞에 있는 것은 손인 것처럼 보인다. 이런 경험, 즉 앞에 있는 대상이 손인 것처럼 보이는 지각 경험은 앞에 손이 있다는 믿음을 정당화하는가? 회의주의자들에 따르면, 이 질문에 대한 답은 당신이 현재 가지고 있는 다른 믿음에 의존한다. 가령, "앞에 있는 것은 진짜 손이 아니라 잘 꾸며진 플라스틱 손이다.", 혹은 "그것은 정교한 홀로그램이다.", 혹은 ^(심지어) "당신은 통 속에서 전기 자극을 받고 있는 뇌일 뿐이다."등과 같은 회의적 대안 가설들을 생각해 보자. 이런 회의적 대안 가설들이 거짓이라는 믿음은 정당화될 수 있는가? 이런 정당화는 무척 어려운 듯이 보인다. 우리는 손처럼 보이는 지각 경험을 설명해낼 수 있는 수많은 대안 가설들을 만들어낼 수 있으며, 그 모든 가설들이 거짓이라는 것에 대한 증거를 획득하기란 매우 어렵다. 이에, 모든 회의적 대안 가설이 거짓이라는 믿음은 정당화될 수 없다. 이런 점에 비추어, 회의주의자들은 손인 것처럼 보이는 지각 경험이 손이 있다는 것에 대한 믿음을 정당화하지 못한다고 주장한다. 이와 같은 회의주의자들의 논증은 다음을 추가로 전제하고 있다.

┌─────────────────────────┐
│   │
└─────────────────────────┘

이 글에서 제시된 회의주의자들의 전제는 "회의적 대안 가설들이 거짓이라는 믿음은 정당화될 수 없다."이고, 결론은 "따라서 우리의 지각 경험은 외부 세계의 존재에 대한 믿음을 정당화하지 못한다." 이다. 지문의 내용이 다소 철학적이므로 조금 어렵게 느껴질 수 있지만, 회의주의자들의 전제와 결론을 이어주는 말이 빈 칸에 추가되어야 결론이 나올 수 있다는 것쯤은 쉽게 알아볼 수 있을 것이다. 그러므로 빈 칸에 들어갈 숨은 전제는 "회의적 대안 가설들이 거짓이라는 믿음이 정당화될 수 없다면, 지각 경험은 외부 세계의 존재에 대한 믿음을 정당화하지 못한다."이다. 이것은 다소 긴 문장이지만, 잘 살펴보면 "만약 회의주의자들의 전제가 옳다면, 그들의 결론도 옳다."고 말하는 문장임을 알 수 있다.

 2015학년도 법학적성시험

(A)에 들어갈 두 진술로 적절한 것을 〈보기〉에서 고른 것은?

> 인간 다수의 이익을 위해서 영장류를 포함한 동물 소수에게 고통을 가하는 동물 실험은 도덕적으로 정당화될 수 있는가? 인간이 아닌 동물은 도덕적 고려의 대상이 될 수 없다는 주장은 논외로 하겠다. 도덕적 고려의 대상이 되어야 하는지는 고통을 느끼는 감각 능력이 있는지에 달려 있기 때문이다. 어떤 종에 속하는지에 상관없이 고통을 느낄 수 있는 개체들의 이익은 서로 동등하게 고려되어야 한다.
>
> 동물 실험을 크게 두 가지 경우로 나눠 생각할 수 있다. 하나는 인간의 사소한 이익을 위해서 동물이 상당한 고통을 겪는 경우이고, 다른 하나는 인간의 상당한 이익을 위해서 동물이 상당한 고통을 겪는 경우이다. 화장품이나 식용 색소와 같은 제품을 개발하기 위해서 하는 동물 실험이 전자에 속한다. 이를 통해서 생기는 이익은 동물에게서 박탈되는 이익에 비해 사소하기에 이런 동물 실험은 도덕적으로 정당화될 수 없다. 그렇다면 후자의 경우는 어떤가? 나는 후자의 동물 실험도 도덕적으로 정당화될 수 없다고 생각한다. 동물은 대개의 인간과는 달리 자신의 먼 미래를 계획할 수 없다는 이유에서 인간의 이익이 동물의 이익보다 더 크지만, 그렇다고 해도 동물 실험을 통해서 동물에게 고통을 줌으로써 그 이익을 박탈할 수는 없다. 다음 두 진술을 함께 받아들임으로써 나의 주장은 정당화된다.
>
> | (A) |
> |---|

(가) 갓난아기는 자신의 먼 미래를 계획할 수 없다.

(나) 갓난아기는 누린 이익이 없으므로 박탈될 이익도 없다.

(다) 다른 인간의 이익을 위해서 갓난아기의 이익을 박탈할 수 없다.

(라) 동물 실험을 통해서 얻게 될 인간의 상당한 이익과 그 실험에서 박탈될
    동물의 이익은 상쇄된다.

(마) 이익을 포기하는 것이 도덕적으로 정당한 행위라고 해서 다른 사람에게
    이를 하라고 명령할 수는 없다.

① (가)와 (다)　　　　　　　　② (가)와 (라)

③ (나)와 (다)　　　　　　　　④ (나)와 (마)

⑤ (라)와 (마)

정답 | ①

해설 | 이 논증의 결론은 '전자의 동물 실험'과 '후자의 동물 실험'이 모두 정당화될 수 없다는 것이다.
'전자의 동물 실험'이 정당화될 수 없는 근거는 두 번째 단락 전반부에 제시되어 있다. 그렇다
면 '후자의 동물 실험'즉 인간의 상당한 이익을 위해서 동물이 상당한 고통을 겪는 경우가 정당
화될 수 없다는 근거는 무엇일까? 지문에서 제시된 근거는, '먼 미래를 계획할 수 없는 존재의
이익보다 계획할 수 있는 존재의 이익이 더 크지만, 그렇더라도 뒤의 존재가 앞의 존재의 이익
을 박탈하는 것은 정당화될 수 없다.'는 원칙이다. 이 원칙이 적용되는 사례가 그 원칙을 뒷받
침하는 근거가 될 수 있다. (가)와 (다)를 합친 것이 바로 그러한 사례의 하나이다.

2016년 5급 공채, 외교관후보자, 지역인재 7급

다음 글의 ㉠으로 가장 적절한 것은?

A: 요즘 자연과학이 발전함에 따라 뇌과학을 통해 인간에 대해 탐구하
　려는 시도가 유행하고 있지만, 나는 인간의 본질은 뇌세포와 같은 물
　질이 아니라 영혼이라고 생각해. 어떤 물질도 존재하지 않지만 나 자
　신은 영혼 상태로 존재하는 세계를, 나는 상상할 수 있어. 따라서 나
　는 존재하지만 어떤 물질도 존재하지 않는 세계는 가능해. 나는 존재
　하지만 어떤 물질도 존재하지 않는 세계가 가능하다면, 나의 본질은

물질이 아니야. 따라서 나는 본질적으로 물질이 아니라고 할 수 있어. 나의 본질이 물질이 아니라면 무엇일까? 그것은 바로 영혼이지. 결국 물질적인 뇌세포를 탐구하는 뇌과학은 인간의 본질에 대해 알려 줄 수 없어.

B: 너는 ㉠ 잘못된 생각을 암묵적으로 전제하고 있어. 수학 명제를 한 번 생각해 봐. 어떤 수학 명제가 참이라면 그 명제가 거짓이라는 것은 불가능해. 마찬가지로 어떤 수학 명제가 거짓이라면 그 명제가 참이라는 것도 불가능하지. 그럼 아직까지 증명되지 않아서 참인지 거짓인지 모르는 골드바흐의 명제를 생각해 봐. 그 명제는 '2보다 큰 모든 짝수는 두 소수의 합이다.'라는 거야. 분명히 이 명제가 참인 세계를 상상할 수 있어. 물론 거짓인 세계도 상상할 수 있지. 그렇지만 이 수학 명제가 참인 세계와 거짓인 세계 중 하나는 분명히 가능하지 않아. 앞에서 말했듯이, 그 수학 명제가 참이라면 그것이 거짓이라는 것은 불가능하고, 그 수학 명제가 거짓이라면 그것이 참이라는 것은 불가능하기 때문이야.

① 인간의 본질은 영혼이거나 물질이다.
② 우리가 상상할 수 있는 모든 세계는 가능하다.
③ 우리가 상상할 수 없는 어떤 것도 참일 수 없다.
④ 물질이 인간의 본질이 아니라는 것은 상상할 수 없다.
⑤ 뇌과학이 다루는 문제와 수학이 다루는 문제는 동일하다.

정답 | ②

해설 | 논증의 재구성에서 중요한 작업은 상대방이 생략한 전제를 간파하는 것이다. 이 문제는 A의 논증에서 생략된 숨은 전제가 무엇인지를 찾아내는 연습이다.

A의 논증을 재구성하면 다음과 같다.

[전제 1] 어떠한 물질도 없고 나의 영혼이 존재하는 세계는 상상 가능하다.
[전제 2] (전제 1로부터) 그러한 세계가 존재하는 것은 가능하다.
[전제 3] 만약 그러한 세계가 존재하는 것이 가능하다면, 나의 본질은 물질이 아니다.
[전제 4] (숨은 전제) 만약 나의 본질이 물질이 아니라면 나의 본질은 영혼이다.
[결 론] (전제 2, 3, 4로부터) 나의 본질은 영혼이다.

이 논증은 전제 2, 3, 4로부터 결론을 도출하는데 문제가 없다. 문제는 전제 2가 정당한가이다. 전제 2는 전제 1로부터 파생된 것이다. 그런데 전제 1로부터 전제 2가 도출되기 위해서는 "어떤 세계든지 존재한다고 상상 가능하다면 그 세계가 존재하는 것이 가능하다."라는 전제가 추가로 필요하다. 따라서 답은 ②이다.

그리고 B의 논증은 전제 ②를 왜 받아들일 수 없는가를 모순관계에 의거하여 보이고 있다. 모순관계에 관한 자세한 내용은 5장에서 다시 살펴볼 것이다.

다음 논증에 대한 평가로 적절한 것만을 〈보기〉에서 모두 고르면?

> 평범한 사람들은 어떤 행위가 의도적이었는지의 여부를 어떻게 판단할까? 다음 사례를 생각해보자.
>
> 사례 1 : "새로운 사업을 시작하면 수익을 창출할 것이지만, 환경에 해를 끼치게 될 것입니다"라는 보고를 받은 어느 회사의 사장은 다음과 같이 대답했다. "환경에 해로운지 따위는 전혀 신경 쓰지 않습니다. 가능한 한 많은 수익을 내기를 원할 뿐입니다. 그 사업을 시작합시다." 회사는 새로운 사업을 시작했고, 환경에 해를 입혔다.
>
> 사례 2 : "새로운 사업을 시작하면 수익을 창출할 것이고, 환경에 도움이 될 것입니다"라는 보고를 받은 어느 회사의 사장은 다음과 같이 대답했다. "환경에 도움이 되는지 따위는 전혀 신경 쓰지 않습니다. 가능한 한 많은 수익을 내기를 원할 뿐입니다. 그 사업을 시작합시다." 회사는 새로운 사업을 시작했고, 환경에 도움이 되었다.
>
> 위 사례들에서 사장이 가능한 한 많은 수익을 내는 것을 의도했다는 것은 분명하다. 그렇다면 사례 1의 사장은 의도적으로 환경에 해를 입혔는가? 사례 2의 사장은 의도적으로 환경에 도움을 주었는가? 일반인을 대상으로 한 설문조사 결과, 사례 1의 경우 '의도적으로 환경에 해를 입혔다'고 답한 사람은 82%에 이르렀지만, 사례 2의 경우 '의도적으로 환경에 도움을 주었다'고 답한 사람은 23%에 불과했다. 따라서 특정 행위 결과를 행위자가 의도했는가에 대한 사람들의 판단은 그 행위 결과의 도덕성 여부에 대한 판단에 의존한다고 결론 내릴 수 있다.

◆ 보 기 ◆

ㄱ. 위 설문조사에 응한 사람들의 대부분이 환경에 대한 영향과 도덕성은 무관하다고 생각한다는 사실은 위 논증을 약화한다.

ㄴ. 위 설문조사 결과는, 부도덕한 의도를 가지고 부도덕한 결과를 낳는 행위를 한 행위자가 그런 의도 없이 같은 결과를 낳는 행위를 한 행위자보다 그 행위 결과에 대해 더 큰 도덕적 책임을 갖는다는 것을 지지한다.

ㄷ. 두 행위자가 동일한 부도덕한 결과를 의도했음이 분명한 경우, 그러한 결과를 달성하지 못한 행위자는 도덕적 책임을 갖지 않지만 그러한 결과를 달성한 행위자는 도덕적 책임을 갖는다고 판단하는 사람이 많다는 사실은 위 논증을 강화한다.

① ㄱ
② ㄴ
③ ㄱ, ㄷ
④ ㄴ, ㄷ
⑤ ㄱ, ㄴ, ㄷ

정답 | ①

해설 | 이 문제의 핵심은 다음과 같이 재구성된 논증에서 생략된 전제인 [전제 2]를 찾아내는 것이다.

[전제 1] 설문조사 결과, 사람들은 사례 1의 사장은 의도적으로 환경에 해를 입혔지만 사례 2의 사장은 의도적으로 환경에 도움을 주지 않았다고 생각한다.

[전제 2] (숨은 전제) 환경에 도움을 주는 결과는 도덕적이며, 환경에 해를 입히는 결과는 부도덕하다.

[결론] 사람들은 행위 결과의 도덕성 여부를 통해서 행위의 의도성 여부를 판단한다.

ㄱ은 적절한 평가이다. 대부분의 사람들이 [전제 2]가 거짓인 전제라고 생각한다면 [전제 2]의 신빙성은 떨어질 것이며 그에 따라 위 논증도 흔들릴 것이다.

반면에 ㄴ과 ㄷ은 적절하지 않은 평가이다. 그 이유는 ㄴ과 ㄷ에 포함된 진술들이 모두 위 논증과 무관한 탓에 위 논증을 강화도 약화도 하지 않기 때문이다. 위 논증에서 사례 1과 2의 사장들은 모두 도덕적인 혹은 부도덕한 의도를 가지고 사업을 벌인 것도 아니고, 그 사업의 결과가 도덕적이거나 부도덕하기를 의도했던 것도 아니다. 그러므로 ㄴ과 ㄷ에 제시된 조건은 사례 1과 2에 제시된 조건에 해당하지 않는다.

다음 글의 ⓐ와 ⓑ에 들어갈 말을 〈보기〉에서 골라 적절하게 나열한 것은?

갈릴레오는 망원경으로 목성을 항상 따라다니는 네 개의 위성을 관찰하였다. 이 관찰 결과는 지동설을 지지해 줄 수 있는 것이었다. 당시 지동설에 대한 반대 논증 중 하나는 다음과 같은 타당한 논증이었다.

(가) _____ ⓐ _____ .
(나) 달은 지구를 항상 따라다닌다.
따라서 (다) 지구는 공전하지 않는다.

갈릴레오의 관찰 결과는 이 논증의 (가)를 반박할 수 있는 것이었다. 왜냐하면 목성이 공전한다는 것은 당시 천동설 학자들도 받아들이고 있었고 그의 관찰로 인해 위성들이 공전하는 목성을 따라다닌다는 것이 밝혀지는 셈이기 때문이다. 그런데 문제는 당시의 학자들이 망원경을 통한 관찰을 신뢰하지 않는다는 데 있었다. 당시 학자들 대부분은 육안을 통한 관찰로만 실제 존재를 파악할 수 있다고 믿었다. 따라서 갈릴레오는 망원경을 통한 관찰이 육안을 통한 관찰만큼 신뢰할 만하다는 것을 입증해야 했다. 이를 보이기 위해 그는 '빛 번짐 현상'을 활용하였다.

빛 번짐 현상이란, 멀리 떨어져 있는 작고 밝은 광원을 어두운 배경에서 볼 때 실제 크기보다 광원이 크게 보이는 현상이다. 육안으로 금성을 관찰할 경우, 금성이 주변 환경에 비해 더 밝게 보이는 밤에 관찰하는 것보다 낮에 관찰하는 것이 더 정확하다. 그런데 낮에 관찰한 결과는 연중 금성의 외견상 크기가 변한다는 것을 보여준다.

그렇다면 망원경을 통한 관찰이 신뢰할 만하다는 것은 어떻게 보일 수 있었을까? 갈릴레오는 밤에 금성을 관찰할 때 망원경을 사용하면 빛 번짐 현상을 없앨 수 있다는 것을 강조하면서 다음과 같은 논증을 펼쳤다.

(라) ___ ⓑ ___ 면, 망원경에 의한 관찰 자료를 신뢰할 수 있다.
(마) ___ ⓑ ___ .
따라서 (바) 망원경에 의한 관찰 자료를 신뢰할 수 있다.

결국 갈릴레오는 (마)를 입증함으로써, (바)를 보일 수 있었다.

◆ 보 기 ◆

ㄱ. 지구가 공전한다면, 달은 지구를 따라다니지 못한다
ㄴ. 달이 지구를 따라다니지 못한다면, 지구는 공전한다
ㄷ. 낮에 망원경을 통해 본 금성의 크기 변화와 낮에 육안으로 관찰한 금성의 크기 변화가 유사하다
ㄹ. 낮에 망원경을 통해 본 금성의 크기 변화와 밤에 망원경을 통해 본 금성의 크기 변화가 유사하다
ㅁ. 낮에 육안으로 관찰한 금성의 크기 변화와 밤에 망원경을 통해 본 금성의 크기 변화가 유사하다

	ⓐ	ⓑ
①	ㄱ	ㄷ
②	ㄱ	ㅁ
③	ㄴ	ㄷ
④	ㄴ	ㄹ
⑤	ㄴ	ㅁ

정답 | ②

해설 | 첫 번째 논증이 타당하기 위해서는 ⓐ에 ㄱ이 들어가야 한다. "만약 A이면 B이다."와 "B가 아니다."로부터 "A가 아니다."가 타당하게 추론되기 때문이다. 두 번째 논증을 재구성하려면 지문의 내용을 이해해야 한다. 금성의 크기는 낮에 육안으로 관측한 것이 밤에 육안으로 관측한 것보다 더 정확하다. 금성의 외견상 크기는 변화한다. 그리고 밤에 망원경을 사용하면 빛 번짐 현상을 없앨 수 있다. 이러한 사실들로 미루어, ⓑ에 들어갈 말은 ㅁ임을 알 수 있다.

2017년도 국가공무원 5급 및 7급 민간경력자 일괄채용

다음 글의 결론을 이끌어내기 위해 추가해야 할 전제만을 〈보기〉에서 모두 고르면?

젊고 섬세하고 유연한 자는 아름답다. 아테나는 섬세하고 유연하다. 아름다운 자가 모두 훌륭한 것은 아니다. 덕을 가진 자는 훌륭하다. 아테나는 덕을 가졌다. 아름답고 훌륭한 자는 행복하다. 따라서 아테나는 행복하다.

━━━━ 보 기 ━━━━

ㄱ. 아테나는 젊다.
ㄴ. 아테나는 훌륭하다.
ㄷ. 아름다운 자는 행복하다.

① ㄱ
② ㄷ
③ ㄱ, ㄴ
④ ㄴ, ㄷ
⑤ ㄱ, ㄴ, ㄷ

정답 | ①

해설 | 결론을 연역적으로 타당하게 도출하기 위해 반드시 추가해야 할 전제를 찾는 것도, 논증에서 생략된 전제를 찾는 작업의 하나이다. 결론인 "따라서 아테나는 행복하다."를 타당하게 도출하기 위해서는, 아테나가 아름답고 훌륭하다는 것이 참이어야 한다. 그런데 아테나는 덕을 가졌으므로, 아테나는 훌륭하다는 것을 알 수 있다. 그래서 우리에게 필요한 전제는 "아테나가 아름답다."이다. "아테나가 아름답다."를 이끌어내기 위해서는, 아테나가 젊고 섬세하고 유연하다는 것이 참이어야 한다. 그런데 지문에서 주어진 전제에 의하면, 아테나는 섬세하고 유연하다. 그렇다면 아테나가 젊다는 전제가 추가되면, 아테나가 아름답다는 전제가 성립할 것이다. 그러므로 추가해야 할 전제는 ㄱ이다.

2019년도 국가공무원 5급 공채, 외교관후보자, 지역인재 7급

다음 글의 ㉠에 들어갈 진술로 가장 적절한 것은?

흔히들 과학적 이론이나 가설을 표현하는 엄밀한 물리학적 언어만을 과학의 언어라고 생각한다. 그러나 과학적 이론이나 가설을 검사하는 과정에는 이러한 물리학적 언어 외에 우리의 감각적 경험을 표현하는 일상적 언어도 사용될 수밖에 없다. 그런데 우리의 감각적 경험을 표현하는 일상적 언어에는 과학적 이론이나 가설을 표현하는 물리학적 언어와는 달리 매우 불명료하고 엄밀하게 정의될 수 없는 용어들이 포함되어 있다. 어떤 학자는 이러한 용어들을 '발롱엔'이라고 부른다.

이제 과학적 이론이나 가설을 검사하는 과정에 발롱엔이 개입된다고 해

보자. 이 경우 우리는 증거와 가설 사이의 논리적 관계가 무엇인지 결정할 수 없게 될 것이다. 즉, 증거가 가설을 논리적으로 뒷받침하고 있는지 아니면 논리적으로 반박하고 있는지에 관해 미결정적일 수밖에 없다는 것이다. 그 이유는 증거를 표현할 때 포함될 수밖에 없는 발룽엔을 어떻게 해석할 것인지에 따라 증거와 가설 사이의 논리적 관계에 대한 다양한 해석이 나오게 될 것이기 때문이다. 발룽엔의 의미는 본질적으로 불명료할 수밖에 없다. 즉, 발룽엔을 아무리 상세하게 정의하더라도 그것의 의미를 정확하고 엄밀하게 규정할 수는 없다는 것이다.

논리실증주의자들이나 포퍼는 증거와 가설 사이의 관계를 논리적으로 정확하게 판단할 수 있고 이를 통해 가설을 정확히 검사할 수 있다고 생각했다. 그러나 증거와 가설이 상충하면 가설이 퇴출된다는 식의 생각은 너무 단순한 것이다. 증거와 가설의 논리적 관계에 대한 판단을 위해서는 증거가 의미하는 것이 무엇인지 파악하는 것이 선행되어야 하기 때문이다. 따라서 우리가 발룽엔의 존재를 염두에 둔다면, '□□□□□㉠□□□□□'라고 결론지을 수 있다.

① 과학적 가설과 증거의 논리적 관계를 정확하게 판단할 수 있다는 생각은 잘못된 것이다.
② 과학적 가설을 정확하게 검사하기 위해서는 우리의 감각적 경험을 배제해야 한다.
③ 과학적 가설을 검사하기 위한 증거를 표현할 때 발룽엔을 사용해서는 안 된다.
④ 과학적 가설을 표현하는 데에도 발룽엔이 포함될 수밖에 없다.
⑤ 증거가 의미하는 것이 무엇인지 정확히 파악해야 한다.

정답 | ①

해설 | 이번에는 생략된 결론을 찾는 연습을 해 보자. 지문의 논증은 다음과 같이 재구성된다.

[전제 1] 과학적 가설의 검사에는 우리의 감각적 경험을 표현하는 일상적 언어가 포함될 수밖에 없다.
[전제 2] 우리의 감각적 경험을 표현하는 일상적 언어에는 발룽엔이 포함된다.
[전제 3] 과학적 가설의 검사에 발룽엔이 포함된다면, 우리는 증거와 가설 사이의 논리적 관계가 무엇인지를 결정할 수 없다.

[결론] (숨은 결론) 따라서 우리는 증거와 가설 사이의 논리적 관계가 무엇인지를 결정할 수 없다.

위 결론에 해당하는 것은 ①이다. ②는 [전제 1]과, ③은 [전제 1] 및 [전제 2]와 충돌하므로 결론이 될 수 없다. ④는 지문을 통해서는 알 수 없는 내용이기 때문에 결론이 될 수 없다. 지문은 과학적 가설의 검사에서는 발룽엔이 포함된다고 말하지만, 그 가설의 표현에서도 발룽엔이 포함될 수밖에 없는지의 여부는 알 수 없기 때문이다. 그리고 ⑤는 지문의 두 번째 단락의 내용, 즉 증거의 표현에는 발룽엔이 포함될 수밖에 없고 그 의미는 아무리 상세하게 정의하더라도 정확히 규정할 수 없다는 내용과 충돌하기 때문에 역시 결론이 될 수 없다.

 2019학년도 법학적성시험

다음으로부터 추론한 것으로 옳은 것만을 〈보기〉에서 있는 대로 고른 것은?

8개의 축구팀 A, B, C, D, E, F, G, H가 다음 단계 1~3에 따라 경기하였다.

단계 1 : 8개의 팀을 두 팀씩 1, 2, 3, 4조로 나눈 후, 각 조마다 같은 조에 속한 두 팀이 경기를 하여 이긴 팀은 준결승전에 진출한다.

단계 2 : 1조와 2조에서 준결승전에 진출한 팀끼리 경기를 하여 이긴 팀이 결승전에 진출하고, 3조와 4조에서 준결승전에 진출한 팀끼리 경기를 하여 이긴 팀이 결승전에 진출한다.

단계 3 : 결승전에 진출한 두 팀이 경기를 하여 이긴 팀이 우승한다.

무승부 없이 단계 3까지 마친 경기 결과에 대하여 갑, 을, 병, 정이 아래와 같이 진술하였다.

갑: A는 2승 1패였다.
을: E는 1승 1패였다.
병: C는 준결승전에서 B에 패했다.
정: H가 우승하였다.

그런데 이 중에서 한 명만 거짓말을 한 것으로 밝혀졌다.

─────── ◆ 보 기 ◆ ───────

ㄱ. 을의 진술은 참이다.

ㄴ. 갑이 거짓말을 하였으면 H는 준결승전에서 E를 이겼다.

ㄷ. H가 1승이라도 했다면 갑 또는 병이 거짓말을 하였다.

① ㄴ ② ㄷ

③ ㄱ ㄴ ④ ㄱ ㄷ

⑤ ㄱ ㄴ ㄷ

정답 | ⑤

해설 | 생략된 결론을 찾아내는 능력은, 주어진 정보로부터 함축되는 추가 정보를 찾아내는 능력과도 밀접히 관련된다.

ㄱ. 지문의 주어진 조건에 의하면, 갑, 병, 정의 말 중 적어도 하나는 반드시 거짓이어야 한다. 그 이유는 다음과 같다.

갑의 발언: A가 결승까지 올라갔다는 것을 의미한다.

병의 발언: B가 결승에 올라왔다는 것을 의미한다.

정의 발언: H가 결승에 올라와서 우승했다는 것을 의미한다.

이들의 말이 모두 참이라면 결승에 올라온 팀은 3팀이 될 것이다. 하지만 이는 가능하지 않다. 그리고 넷 중 단 한 명만이 거짓말을 했으므로, 을의 말은 반드시 참이다. 따라서 ㄱ은 옳다.

ㄴ. 갑이 거짓말을 했다고 가정하자. 이 경우, 나머지 세 명의 말은 모두 참말이다. 이로부터 준결승 두 경기의 대진은 C대 B, E대 H였고, B와 H가 결승에서 만나 H가 우승했음을 알 수 있다.

ㄷ. H가 1승을 했다는 것은 H가 준결승에 올라갔다는 것을 의미한다. 그런데 준결승에 올라와야 하는 4 팀이다. 을의 말은 반드시 참이기 때문에, H 외에 다른 한 팀은 E이다. 그렇다면 나머지 두 팀은 어디인가? 만약 갑의 말이 참이라면 A가 준결승에 올라온 나머지 두 팀 가운데 하나이다. 만약 병의 말이 참이라면 준결승에 올라온 나머지 두 팀은 C와 B이다. 그래서 만약 갑의 말이 참이라면 병의 말은 반드시 거짓이 되고, 병의 말이 참이라면 갑의 말은 반드시 거짓이 된다.

따라서 ㄱ, ㄴ, ㄷ이 모두 옳게 추론된다.

---

5 ___ 개념

논증의 재구성을 마쳤으면, 이제 전제가 결론을 잘 뒷받침하는가의 여부를 평가할 차례이다. 하지만 그에 앞서 개념을 먼저 살펴볼 필요가 있다. 논증을 평가하는 중요한 시작점이 바로 그 논증에서 사용되는 주요 개념에 대한 분석이기 때문이다.

1) 개념이란

개념은 언어적 표현^(특히 단어)의 의미이다. 개념은 논리적 사고에서 대단히 중요하다. 그 이유는 두 가지이다. 첫째, 아주 많은 경우에서 논쟁은 결국 단어의 의미를 둘러싼 논쟁이다. 가령 우리에게 친숙한 인공유산 합법화 찬반 토론은 "인간"이나 "살해" 등의 핵심 단어의 의미를 어떻게 이해해야 적절한가의 논쟁으로 이어진다. 둘째, 개념은 우리가 세상을 경험하고 인식하고 추론하는 틀을 반영한다. 상대방이 그 단어를 가지고 어떤 개념을 나타내는가를 면밀히 관찰하면 그 사람이 세상을 인식하는 사고의 구조를 엿볼 수 있다. 예를 들어 만약 어떤 사람이 "좋은 가수"라는 단어를 은연중에 '음원차트에 높은 순위를 올리는 가수'라는 개념으로 사용한다면, 그 사람은 대중음악을 비즈니스의 시각에서 바라보는 사람일 개연성이 높다.

 생각해 볼 문제

다음 단어의 개념은 무엇인가? 교수와 학생이 각자 종이에 적어보자. 그리고 서로가 나타내는 개념이 일치하는지 혹은 다른지 종이를 펼쳐서 비교해 보자.

　　　"좋은 교수"　　　　　"좋은 학생"　　　　　"좋은 수업"

2) 내포와 외연

내포와 외연은 개념의 두 종류이다. 내포는 그 표현이 적용되는 모든 대상이 공통적으로 가지는 속성이다. 그리고 외연은 그 표현이 적용되는 대상들의 집합의 원소이다. 예를 들어, "별"이라는 단어의 내포는 "빛을 관측할 수 있는 천체 가운데 성운처럼 퍼지는 모양을 가진 천체를 제외한 모든 천체임"이며, 그 단어의 외연은 {수성, 금성, … 시리우스β, 아크투르스, 리겔, 알데바란, …}이다.

대부분의 단어는 내포로서의 의미와 외연으로서의 의미를 모두 가지고 있지만, 어떤 단어들은 그렇지 않다. 내포만 있고 외연은 없는 단어의 예로, 논리적으로 불가능한 개념을 나타내는 단어를 들 수 있다. "둥근 사각형"은 둥글면서 사각형인 도형들이 공통적으로 가지는 어떤 속성을 나타내기는 하지만 정작 그 말을 적용할 수 있는 대상은 존재하지 않는다. 반면에 외연만 있고 내포는 없는 단어도 있다. 전형적인 예는 고유명사이다. 이름 "박지성"의 의미는 한 때 대한민국을 대표하는 축구선수였다가 지금은 은퇴한 특정한 인물 그 자체이다. 즉 "박지성"의 의미는 외연적으로 주어진다. 그러나 박지성이 지니는 속성들 가령 맨체스터 유나이티드 소속임이라든가 미혼임이라든가 등이 바뀐다고 해서 "박지성"이 박지성이 아니게 되는 것은 아니다. 그리고 내포와 외연 모두가 없는 단어로는 접속사나 전치사 등을 꼽을 수 있다.

3) 애매성과 모호성

애매성(ambiguity)은 다의성(多義性)이라고도 부른다. 애매한 표현은 하나 이상의 개념을 다의적으로 나타내어 그 중 어느 것이 그 표현의 개념인지 분명하지 않은 표현이다.

모호성(vagueness)은 그 표현이 적용되는 대상들의 범위의 경계가 흐

릿한 것이다. 모호한 표현의 예로는 "대머리"나 "부자"를 들 수 있다. 우리는 머리카락 몇 개부터가 대머리인지, 혹은 재산을 얼마 이상을 가져야 부자인지, 경계선을 긋기 곤란하다.

안타깝게도 우리가 일상적으로 쓰는 표현들 가운데 특히 형용사와 부사는 거의 모두가 모호하다. 그런즉 모호성은 우리의 의사소통에서 피할 수 없는 부분으로 받아들여야 한다. 그렇다 하더라도 논증에서 중요하게 활용되는 개념이 지나치게 모호하다면 그 논증은 좋은 논증으로 평가받기 어려울 것이다.

그러므로 개념의 애매성과 모호성을 가능한 한 최소화시킬 장치가 필요하다. 그 장치는 정의(definition)이다.

4) 정의

정의는 애매성과 모호성을 감소시킬 뿐 아니라, 용어의 의미를 일상적인 의미로 고정시키는 역할도 한다. 우리는 종종 그 논증에 포함된 중요한 용어가 정확히 어떤 개념을 나타내는지 분명하게 알기 어려운 논증에 맞닥뜨린다. 혹은 논증을 평가하는 측에서 그 논증에 포함된 용어의 의미를 자의적으로 해석하여 논증 전체를 곡해하는 경우도 있다. 이럴 때, 우리는 논증에 사용되는 용어의 의미는 일상적인 의미로 고정시켜야 한다는 원칙을 따라야 한다. 이 원칙을 의미고정의 원칙이라고 한다. 용어의 일상적인 의미를 고정해 주는 가장 표준적인 기준은 사전이다.

피정의항 = $_{df}$ 정의항

예) "산" = $_{df}$ 주변보다 고도가 높은 지형

개념에 내포와 외연이 있으므로, 정의 역시 내포 혹은 외연을 정의

항에서 제시함으로써 이루어질 수 있다. 하지만 내포도 외연도 없는 단어는 다른 방식의 정의가 필요하다. 그리고 논의의 영역에 따라서 특수한 종류의 정의가 요구되기도 한다.

정의의 종류는 아래와 같다.

① 외연적 정의

정의	방식	예
직시적 정의	외연을 직접 가리킴으로써 의미를 전달하는 방식	(달을 직접 가리키며) "달이란 저런 것이다."
열거적 정의	외연에 속한 원소들을 나열하는 방식	"술" = $_{df}$ {소주, 맥주, 막걸리, 위스키, 청주, 고량주 … }

② 내포적 정의

정의	방식	예
사전적 정의	단어의 일상적인 의미를 제시함으로써 뜻을 고정시키는 정의	테러 (terror) [명사] 1. 폭력을 써서 적이나 상대편을 위협하거나 공포에 빠뜨리게 하는 행위. 2. 〈정치〉 [같은 말] 테러리즘(정치적인 목적을 위하여 조직적·집단적으로 행하는 폭력 행위).
약정적 정의	주로 신조어에 적용되며, 단어의 의미를 처음으로 규약하는 정의	"나 로저 맥너미는 '뉴노멀(new-normal)'이라는 새로운 용어를 다음과 같이 정의한다.…"
명료화 정의	모호한 표현이 적용되는 대상들 사이의 경계선을 그어주는 정의	"성적 우수자" = $_{df}$ 해당 학기 평점 평균이 4.0 이상인 재학생
이론적 정의	이론에 근거하여 용어의 의미를 부여하는 정의.	"열" = $_{df}$ (물리학 이론에 의하면) 평균분자 운동에너지
설득적 정의	정의를 듣는 사람에게 호감 혹은 반감을 불러일으키도록 의미를 규정하는 정의	"'무신론자'란 신이 존재한다는 것을 아직 알아차리지 못한 사람들을 가리키는 용어이다."

③ 맥락적 정의

내포도 없고 외연도 없는 단어의 의미를 그 단어를 포함하는 예문을 통해 간접적으로 제시하는 정의이다. 맥락적 정의는 맥락 원리(context principle) 즉, 단어의 의미는 그 단어를 포함하는 문장들의 사용과 추론적 역할 속에서 규명되어야 한다는 원리에 기초한 정의이다.

"of"의 의미

- Did Alex think of her that way?
- John was romantic enough to understand the sentimental significance of the home she had inherited.
- They even agreed to take care of the animals while David and Carmen took their first vacation.
- He seemed to be a person of authority, for the others pressed back to give him room.

④ 조작적 정의

조작적 정의는 자연과학에서 많이 활용된다. 과학은 경험적 학문이다. 이 말은, 과학의 가설은 궁극적으로는 실험과 관찰에 의거해서 확증되어야 한다는 뜻이다. 그런데 세상에는 우리가 직접 경험할 수 없는 종류의 대상도 존재한다. 그래서 과학의 용어에는 관찰용어와 이론용어가 있다. 관찰용어는 "둥글다", "매끈하다", "달다"와 같이 우리가 감각기관을 통해서 직접 경험할 수 있는 성질들을 나타내는 용어이다. 반면에 이론용어는 "중력장", "산성", "전자"와 같이 직접 경험할 수 없는 것들을 나타내는 용어이다. 조작적 정의는 이론용어의 의미를, 실험 또는 관찰의 조작 절차를 정의항으로 제시함으로써 경험적 수준에서 제공하는 정의이다.

"산성" = $_{df}$ 푸른색 리트머스 용지를 담그면 붉게 변하는 성질

다음 글의 ㉠~㉣에 대한 분석으로 가장 적절한 것은?

문화재라 하면 도자기와 같은 인간의 창작물만을 떠올리기 쉽지만, 어떤 나라는 천연기념물이나 화석과 같은 자연물도 문화재로 분류한다. 하지만 A국의 문화재보호법은 그와 같은 자연물을 문화재가 아닌 '보호대상'으로 지정한다. 이에 대해 "A국에서 보호대상으로 분류된 자연물은 단순한 자연물이 아니다. 그 사물들은 학술상의 가치뿐 아니라 인류가 보존하고 공유해야 할 무형의 가치도 지녔기 때문에 보호대상으로 지정된 것이다. 그러므로 A국에서 보호대상으로 지정된 자연물을 문화재로 분류해야 마땅하다."는 ㉠ 견해가 있다. 반면에 "인간의 창작물이 아닌 어떤 사물을 우리가 가치가 크다고 여기기 때문에 문화재로 보는 것은, 우리가 문화재로 여기기 때문에 문화재로 본다는 동어반복과 다르지 않으므로, 자연물을 문화재로 보아야 하는 근거를 설득력 있게 제시했다고 볼 수 없다."는 ㉡ 견해도 있다. 이러한 견해들에 대해 A국 정부 관계자는 "문화재란 인간의 창작물만을 지칭한다. 그리고 오로지 보호대상만이 문화재가 될 수 있다. 인간이 문화적인 생활을 영위하기 위해서는 자연도 그 중요한 요소로서 소중히 보존해야 하기 때문에 A국은 특정한 자연물을 보호대상으로 지정하고 있다."라고 ㉢ 설명한다.
한편 B국의 문화재보호법은 자연물을 문화재에 포함하고 있다. 이에 대해 B국 정부 관계자는 "인간의 여러 활동은 인간이 처해 있는 역사적·사회적·문화적 환경이라는 다양한 환경의 영향을 받으며 행해진다. 인간의 활동 가운데 특히 예술의 발전 과정에서 자연이 미치는 영향은 크다. 또한 자연적 조건에 따라 풍속 관습의 양상도 변화한다. 따라서 예술과 풍속의 기반으로서의 자연물을 파악하고 보존해야 함은 당연하다.

그러한 사물들은 모두 보호대상이 되며, 모든 보호대상은 문화재에 포함된다."라고 ㉣ 설명한다.

① ㉠에 따르면 학술상의 가치를 지니지 않은 A국의 인공물은 모두 문화재에서 제외되어야 마땅하다.
② ㉡에 따르면 화석은 인류가 보존하고 공유해야 할 무형의 가치를 지니지 않는다.
③ ㉢에 따르면 보호대상이면서 문화재인 것은 모두 인간의 창작물이어야 한다.
④ ㉣에 따르면 B국에서 문화재로 분류된 사물은 모두 자연 환경의 영향을 받았다.
⑤ ㉠~㉣ 중에 자연물을 문화재에서 명시적으로 제외하는 것은 둘이다.

다음 글의 A~D에 대한 분석으로 적절한 것만을 〈보기〉에서 모두 고르면?

A: '정격연주'란 음악을 연주할 때 그것이 작곡된 시대에 연주된 느낌을 정확하게 구현하는 것을 목표로 하는 연주이다. 그럼 어떻게 정격연주가 가능할까? 그 방법은 옛 음악을 작곡 당시에 공연된 것과 똑같이 재연하는 것이다. 이런 연주는 가능하며, 그렇다면 우리는 음악이 작곡되었던 때와 똑같은 느낌을 구현할 수 있을 것이다.

B: 옛 음악을 작곡 당시에 연주된 것과 똑같이 재연하는 것은 이상일 뿐이지 현실화할 수 없다. 18세기 오페라 공연에서 거세된 사람만 할 수 있었던 카스트라토 역을 오늘날에는 도덕적인 이유에서 여성 소프라노가 맡아서 노래한다. 따라서 과거와 현재의 연주 관습상 차이 때문에, 옛 음악을 작곡 당시와 똑같이 재연하는 것은 불가능하다.

C: 똑같이 재연하지 못한다고 해서 정격연주가 불가능한 것은 아니다. 작곡자는 명확히 하나의 의도를 갖고 작품을 창작한다. 작곡자가 자신의 작품이 어떻게 들리기를 의도했는지 파악해 연주하면, 작곡된 시대에 연주된 느낌을 정확하게 구현할 수 있다. 따라서 작곡자의 의도를 파악할 수 있다면 정격연주를 할 수 있다.

D: 작곡자의 의도대로 한 연주가 작곡된 시대에 연주된 느낌을 정확하게 구현하지 못할 수 있다. 작곡된 시대에 연주된 느낌을 정확하게 구현하려면 작곡자의 의도뿐만 아니라 당시의 연주 관습도 고려해야 한다. 전근대 시대에 악기 구성이나 프레이징 등은 작곡자의 의도만이 아니라 연주자와 연주 상황에 따라 관습적으로 결정되었다. 따라서 작곡자의 의도와 연주 관습을 모두 고려하지 않는다면 정격연주를 실현할 수 없다.

◆ 보 기 ◆

ㄱ. A와 C는 옛 음악을 과거와 똑같이 재연한다면 과거의 연주 느낌이 구현될 수 있다는 것을 부정하지 않는다.

ㄴ. B는 어떤 과거 연주 관습은 현대에 똑같이 재연될 수 없다는 것을 인정하지만 D는 그렇지 않다.

ㄷ. C와 D는 작곡자의 의도를 파악한다면 정격연주가 가능하다는 것에 동의한다.

① ㄱ

② ㄴ

③ ㄱ, ㄷ

④ ㄴ, ㄷ

⑤ ㄱ, ㄴ, ㄷ

정답 | ①

해설 | A~D의 견해를 이해하려면 먼저 '정격연주'의 개념을 파악해야 한다. 정격연주의 정의는 A의 첫 번째 문장에 제시되어 있다.

ㄱ은 적절한 이해이다. A는 정격연주의 재연이 가능할 뿐 아니라 재연될 경우 과거의 연주 느낌이 구현될 것이라고 인정한다. C는 이에 대해 명시적으로 긍정도 부정도 하지 않는다.

ㄴ은 적절하지 않다. B의 주장은 과거의 연주 관습 가운데는 오늘날 똑같이 재연하는 것이 불가능한 것이 존재한다는 것이다. 그런데 "D는 그렇지 않다."는 말은, D는 과거의 모든 연주 관습이 현대에 똑같이 재연될 수 있다고 본다는 뜻이다. 그러나 D가 이런 주장을 하고 있는가의 여부는 지문의 내용만으로는 알 수 없다.

ㄷ도 적절하지 않다. C는 작곡자의 의도를 파악한다면 정격연주를 할 수 있다고 생각한다. 반면에 D는 정격연주를 실현하기 위한 필수 조건은 작곡자의 의도와 당시의 연주 관습 둘 다에 대한 고려라고 주장한다. 따라서 작곡자의 의도를 파악한다면 정격연주가 가능한지에 D가 동의하는가의 여부는 알 수 없다.

2018학년도 법학적성시험

다음 글로부터 추론한 것으로 옳은 것만을 〈보기〉에서 있는 대로 고른 것은?

우리는 대상이 갖고 있는 성질들을 본질적 속성과 우연적 속성으로 나눌 수 있다. 본질적 속성은 어떤 대상을 바로 그 대상이게끔 하는 성질로서 그 대상이 바로 그 대상으로서 존재하는 한 절대 잃어버릴 수 없는 것이다. 반면 우연적 속성이란 그 대상이 바로 그 대상으로 존재하는 데 반드시 필요한 것은 아니라서 그 대상으로 존재하면서도 갖고 있지 않을 수 있는 성질이다. 예를 들어, 시간을 표시해 주는 것이 시계의 본질적 속성이라면, 시침과 분침이 있다는 것은 우연적 속성이다. 문제는 이런 구분의 보편적 기준을 확립할 수 있느냐에 있다. 다음 우화에 등장하는 동물들은 저마다 기준이 다른 것처럼 보인다.

어느 날 사슴 초롱이가 암소 얼룩이를 만났다.
"너는 참 우스꽝스럽게 생긴 사슴이구나! 그래도 뿔은 멋진 걸." 하고 초롱이가 말했다.
"나는 암소지 사슴이 아니야!"하고 얼룩이가 말했다.
"다리 네 개와 꼬리 하나와 머리에 뿔이 있는 걸 보니, 넌 틀림없이 사슴이야! 만약에 그 중에 하나라도 너한테 없다면, 당연히 나랑 같은 사슴이라 할 수 없겠지만 말이야."
"하지만 나는 '음매'하고 우는데!"
"나도 '음매'하고 울 수 있어."하고 초롱이가 말했다.
"그래? 그럼 너는 네 몸에서 젖을 짜서 사람들에게 줄 수 있어? 나는 그런 일도 할 수 있단 말이야!"하고 얼룩이가 말했다.
"그래, 맞아. 난 못해. 그러니까 너는 사람들을 위해 젖을 짜낼 수 있는 사슴인 거야!"
초롱이와 얼룩이가 토끼 깡총이를 만났다. 깡총이는 초롱이와 얼룩이를 귀가 작은 토끼들이라고 부른다. 그러고 나서 초롱이와 얼룩이와 깡총이가 함께 조랑말 날쌘이에게로 간다. 그러자 날쌘이가 그들 모두에게 "조랑말들아, 안녕!"하고 인사를 건넨다.

◆ 보 기 ◆

ㄱ. 얼룩이가 젖을 짜낼 수 있는 성질을 암소의 본질적 속성으로 여긴다면, 얼룩이는 초롱이를 암소로 여기지 않을 것이다.
ㄴ. 만약 깡총이 머리에 뿔이 없다면, 초롱이는 깡총이를 사슴으로 여기지 않을 것이다.
ㄷ. 만약 초롱이가 날쌘이를 사슴으로 여긴다면, 날쌘이는 '음매' 하고 울 수 있을 것이다.

---

① ㄱ
② ㄷ
③ ㄱ, ㄴ
④ ㄴ, ㄷ
⑤ ㄱ, ㄴ, ㄷ

해설 | '암소', '사슴'등의 표현이 지닌 개념은, 암소와 사슴을 우리가 어떻게 구분하느냐에 의존한다. 문제는 그 구분의 기준이 될 본질적 속성이 무엇인가이다. 지문의 내용은 '암소', '사슴'등의 개념을 구획할 보편적인 기준을 세우기가 힘들다는 것을 보여준다.

얼룩이의 진술을 통해서 사슴인 초롱이는 젖을 짜낼 수 없다는 것을 확인할 수 없다. 그러므로 ㄱ은 적절하다. 초롱이의 기준에 의하면, 사슴의 본질적 속성은 다리가 네 개이고 꼬리가 하나이며 머리에 뿔이 있다는 것이다. 그러한 속성을 지니지 않는다면 사슴이 아니다. 그러므로 ㄴ도 적절하다. ㄷ은 적절하지 않다. 초롱이에게 '음매'하고 운다는 것은 사슴의 본질적 속성이 아닌 우연적 속성이다. 그러므로 사슴이면서도 그 속성을 가지지 않을 수 있다.

제3장

연역 논증

논증의 평가는 전제가 결론을 잘 뒷받침하는가를 살펴봄으로써 이루어진다. 전제와 결론 사이의 뒷받침 관계의 두 종류는 연역과 귀납이다. 논증은 전제와 결론으로 이루어진 말 묶음이므로, 연역과 귀납은 또한 논증의 두 종류라고 말할 수 있다.

연역 논증의 핵심은 타당성(validity)이다. 이 장에서는 타당성을 중심으로 연역 논증에서 논증의 평가가 어떻게 이루어지는가를 살펴볼 것이다.

1 ___ 연역 논증과 귀납 논증

본래 아리스토텔레스가 세운 연역 논증과 귀납 논증 사이의 구분 기준은 다음과 같다.

> ·연역 논증: 일반적인 전제로부터 개별적인 결론으로 나아가는 논증
> ·귀납 논증: 개별적인 전제로부터 일반적인 결론으로 나아가는 논증

아리스토텔레스의 고전적인 구분 기준은 오늘날에는 더 이상 사용하지 않지만, 그 잔재는 아직도 곳곳에 남아 있다. 우리에게 친숙한 "수학적 귀납법"이라는 용어가 그 예이다. 어떤 수열에 대해서 어떤

명제 P가 모든 항에 대해서 성립한다는 결론은, P가 1번째 항에서 성립한다는 전제, 그리고 만약 P가 임의의 자연수인 n번째 항에서 성립한다면 P는 n+1항에서도 성립한다는 전제에 의해서 도출된다. 이러한 수학적 귀납법은 개별적인 전제로부터 일반적인 결론으로 나아가는 추론이라는 이유에서 "귀납"이라는 이름이 붙었지만, 사실은 오늘날의 기준으로 보면 연역 논증에 해당한다.

현재 사용되는 구분 기준은 다음과 같다.

- 연역 논증: 만약 전제가 모두 참이라면, 결론도 반드시/예외 없이/필연적으로 참이기를 목표로 하는 논증
- 귀납 논증: 만약 전제가 모두 참이라면, 결론도 참일 개연성/확률이 높기를 목표로 하는 논증

연역 논증이 위의 목표를 달성하면 그 논증은 타당(valid)하며, 달성하지 못하면 즉 만약 전제가 모두 참이라 하더라도 결론이 거짓일 수 있다면 그 논증은 부당(invalid)하다. 귀납 논증이 위의 목표를 달성하면 그 논증은 강(strong)하며 그렇지 않다면 그 논증은 약(weak)하다.

아래는 연역 논증이다.

예 example

주원이는 논리적 사고 수업에 출석하거나 체육대회에 참가할 것이다.
그런데 주원이는 논리적 사고 수업에 출석하지 않는다.
따라서 주원이는 체육대회에 참가할 것이다.

위 논증에서 두 개의 전제가 만약에 모두 참이라면 결론은 반드시 참일 수밖에 없다. 따라서 위 논증은 타당한 연역 논증이다.

그런데 위 논증은 왜 전제가 만약 모두 참이라면 결론이 반드시 참일까? 그 이유는 전제의 내용 안에 결론의 내용이 포함되어 있기 때문이다. 그래서 연역 논증은 다른 말로 보존적(conservative) 추론이라고도 부른다. '보존적'이라는 말에는 두 가지 뜻이 담겨 있다. 첫째로 이 말은 전제 안에 결론의 내용이 이미 포함되어 있다는 것을 의미한다. 즉 결론의 주장은 전제의 내용 안에 있던 것이 그대로 보존되어 내려온 것이다. 둘째로, 이 말은 전제가 지니는 진리 즉 참임이 결론에서 상실되지 않는다는 것을 의미한다. 타당한 연역 논증은, 만약 전제들이 모두 참이라면, 그 참임은 결론에서도 유지됨이 보장된다.

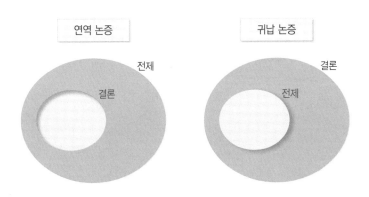

이번에는 귀납 논증의 예를 보자. 우리에게 가장 친숙한 귀납 논증은 아래와 같이 한정된 숫자의 개별 표본으로부터 일반적인 결론으

예 example

내가 본 첫 번째 까마귀는 검다.
내가 본 두 번째 까마귀는 검다.
…
내가 본 100번째 까마귀는 검다.
따라서 모든 까마귀는 검다.

로 나아가는 귀납적 일반화일 것이다.

귀납 논증은 확장적(extensive) 추론이라도 부른다. 전제에서 말하는 내용보다 결론에서 말하는 내용이 더 많기 때문이다. 위 논증의 전제는 내가 본 100마리의 까마귀에 대해서만 말하고 있지만, 결론은 까마귀 종 전체에 관해 이야기하고 있다. 그래서 귀납 논증은 전제의 참이 결론에서 보존된다는 보장이 없다.

2 ___ 타당성에 관한 몇 가지

연역 논증은 타당해야 좋은 논증이 된다. 그런데 타당성에 관해 기억해 두어야 할 몇 가지 사항이 있다. 이 사항들은 연역 논증과 귀납 논증 사이의 차이와도 밀접히 관계된다.

1) '타당하다'와 '참이다'는 다르다.

일상적 표현에서 '타당하다'와 '참이다'는 혼용하더라도 큰 문제는 없다.

> 예 example
>
> "저 사람의 주장은 참 타당해."
> "이 논증은 거짓이네. 말이 안 되네."

하지만 논리적 사고의 용어로 간주될 때, 두 말은 엄격히 구별되어야 한다. "타당/부당"은 논증, 그 중에서도 연역 논증에 대해서만 적용되는 반면에, "참/거짓"은 문장 특히 명제에 대해서만 적용된다.

타당성과 부당성은 연역 논증에서 전제가 결론을 타당하게 뒷받침하는가, 부당하게 뒷받침하는가에 의해서 가지게 되는 성질이다. 즉, 타당성은 명제들로 이루어진 말 묶음의 내적 관계에 대해 적용되는 말이다. 그에 비해 참임과 거짓임은 개별 명제가 가지는 성질이다. 따라서 위의 표현은 논리적 사고에서는 틀린 표현이 된다.

2) 타당함과 부당함은 정도의 문제가 아니다.

연역 논증은 타당하든가 부당하든가 둘 중의 하나이다. 그 중간은 없다. 그래서 "이 연역 논증은 상당히 타당하다.", "이 연역 논증은 다소 부당하다."와 같은 말은 잘못된 표현이다. 그에 비해 귀납 논증의 강도는 정도의 문제이다. 즉, 전제가 참일 때 결론이 참일 개연성이나 확률의 정도를 비교하는 것이 가능하다. 그래서 귀납 논증들 사이에는 더 강한 논증과 더 약한 논증이 있을 수 있다.

3) 연역 논증은 단조적이지만, 귀납 논증은 비-단조적이다.

연역 논증은 단조적(monotonic)이다. 이 말은 타당한 연역 논증에는 어떠한 전제를 덧붙이더라도 부당한 논증이 되지 않으며 계속 타당성이 유지된다는 뜻이다. (단, 부당한 연역 논증은 새로운 전제를 추가함으로써 타당한 연역 논증으로 만들 수 있다.)

🔊 예 example

김철수는 사람이다.
모든 사람은 죽는다.
따라서 김철수는 죽는다.

위는 타당한 연역 논증이다. 이 논증에 참이든 거짓이든 상관없이 어떠한 전제라도, 가령 "한국의 수도는 충주이다.", "모든 죽는 존재는 사람이다.", "김철수는 여성이다." 등을 추가하더라도, 만약 그 전제들이 모두 참이라면 결론이 반드시 참이라는 것에는 변함이 없다.

반면에 귀납 논증은 비-단조적(non-monotonic)이다. 이 말은, 귀납 논증에는 어떤 전제(증거)가 새롭게 추가되는가에 따라서 논증의 강도는 강해질 수도 약해질 수도 있다는 뜻이다. 심지어 새로운 증거의 유입에 따라서 결론 자체가 뒤엎어지는 경우도 있다. 단, 아무 전제나 추가된다고 해서 논증의 강도가 바뀌는 것은 아니다. 추가된 전제가 그 논증의 결론에 유관한 경우에만, 그 추가는 논증의 강도에 영향을 준다는 점을 특별히 주의하자.

귀납 논증은 비-단조적이기 때문에 결론에 유관한 새로운 정보의 역할이 매우 크다. 이는 4장에서 다시 논의할 것이다.

 생각해 볼 문제

다음의 귀납 추론에 아래의 전제 a, b, c, d가 차례로 추가된다고 하자. 이 귀납 논증은 강해질까, 약해질까, 아니면 변함이 없을까?

살인 사건 현장에서 A씨의 지문이 발견되었다.
따라서 A씨가 살인 사건의 범인이다.

a. 피해자가 사망한 것으로 추정되는 시점에 A씨는 사건 현장으로부터 200km 떨어진 곳에 있었다.
b. A씨는 피해자에게 거액의 돈을 빌려주고 아직 돌려받지 못하고 있었다.
c. A씨의 옷에 묻은 혈액은 피해자의 것으로 밝혀졌다.
d. 최근 있었던 국회의원 총선에서 여당이 패배했다.

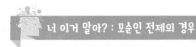

어떤 학생은 연역 논증의 단조성에 대해 다음과 같은 질문을 한다.

"타당한 연역 논증에는 어떤 전제가 추가되어도 계속 타당하다고 하셨는데, 그럼 앞서 든 예에서 '김철수는 사람이 아니다.'라는 전제가 추가되어도 그 논증은 여전히 타당한가요?"

그렇다. 여전히 타당하다. 모순인 전제로부터는 모든 결론이 타당하게 뒷받침되기 때문에, 전제들이 모순인 연역 논증은 무조건 타당하다. 예를 들어 다음의 연역 논증도 타당하다.

한국의 수도는 충주이다.
한국의 수도는 충주가 아니다.
따라서 토끼는 날개가 달렸다.

아마 이 논증이 연역적으로 타당하다는 것이 선뜻 납득이 가지 않을 것이다. 모순인 전제를 지닌 논증이 타당한 이유는 이러하다. 타당성이란 전제가 지닌 참이 결론에서 상실되지 않는다는 것을 의미한다. 그런데 모순인 전제는 모두 참이 되는 경우가 없으므로 전제의 참이 결론에서 상실되는 일도 없다. 그래서 모순인 전제를 지닌 연역 논증은 타당할 수밖에 없는 것이다.

이 귀결은 우리의 직관과 충돌하는 듯 보이며, 실제로 모순인 전제로부터 모든 결론이 타당하게 도출된다는 것을 거부하는 논리 체계도 있다. 그러나 고전 논리 체계를 따르는 거의 모든 논리학 교과서들은 모순인 전제를 지닌 논증의 타당성을 인정한다.

이에 대해 어떤 학생은 왜 구태여 생략된 전제를 찾아 넣는 식으로 논증을 재구성해야 하느냐고 묻는다. 상대방의 논증을 가장 좋은 논증으로 만들고 싶다면, 그저 그의 논증에 "A이고 그리고 A가 아니다."와 같은 모순인 전제를 추가해서 연역적으로 타당하게 만들면 그만일 테니 말이다. 하지만 그런 재구성은 적절하지 않다. 그 이유는 두 가지이다. 첫째, 자비의 원리와 충돌한다. 모순인 전제를 포함하는 타당한 연역 논증을 제시하는 사람보다는, 모순인 전제를 포함하지 않는 논증을 제시하는 사람이 더 합리적인 사람이다. 모순인 전제로부터는 모든 결론을 타당하게 도출할 수 있으므로 그의 결론 뿐 아니라 그 결론의 부정마저도 이끌어낼 수 있을 것이기 때문이다. 둘째, 우리가 논증을 재구성하는 궁극적인 목적은 단순히 상대방의 논증을 가장 좋은 논증, 가령 연역적으로 타당한 논증으로 만들기 위해서가 아니다. 그 진정한 목적은, 상대방이 자신의 주장이 옳다는 것을 뒷받침하기 위해 어

떤 근거에 기대고 있는가를 적극적으로 이해하기 위해서이다. 가령 "만약 A이면 B
이다. 만약 B이면 C이다. 따라서 C이다."는 논증의 생략된 전제는 A라고 보아야 마
땅하다. 물론 B나 C가 추가되어도 결론은 타당하게 도출되겠지만. 그런 근거에 기
대는 사람이 "만약 A이면 B이다."등의 전제를 제시했을 이유가 없기 때문이다.

4) 연역 논증의 타당성과 논증의 형식

　모든 연역 논증이 논증의 형식에 의해 타당함과 부당함이 결정되
지는 않는다. 그러나 적어도 타당한 형식 또는 부당한 형식을 지닌
연역 논증은, 그 형식에 의해서 타당함과 부당함이 결정된다. 그 형
식에 어떤 내용이 채워지는지는 논증의 타당성 또는 부당성에 아무
런 영향을 주지 않는다. 예를 들어 동일한 형식인 아래의 두 연역 논
증은 둘 다 타당하다. 논증의 형식이 타당한 형식이기 때문이다.

예 example

만약 A이면 B이다.
B가 아니다.
그러므로 A가 아니다.

만약 오늘 논리적 사고 수업이 휴강이라면 영아는 PC방에 갔을 것이다. 영아는 PC방에 가지 않았다. 따라서 오늘 논리적 사고 수업은 휴강이 아니다.	만약 내가 좀비라면 나는 아픔을 느끼지 않을 것이다. 나는 아픔을 느낀다. 따라서 나는 좀비가 아니다.

　그에 반해 귀납 논증의 강도는 논증의 형식과는 아무런 관련이 없
다. 아래의 두 귀납 논증은 형식은 동일하지만 논증의 강도에서는 차
이가 난다. 귀납 논증의 강도는 논증의 형식이 아니라 논증의 내용이
나 실제 일어난 사실관계 등의 영향을 받는다.

이 농장의 첫 번째 사과나무는 병충해를 겪는다.
두 번째 사과나무도 병충해를 겪는다.
세 번째 사과나무도 병충해를 겪는다.
따라서 이 농장의 모든 사과나무는 병충해를 겪고 있을 것이다.

나의 첫 번째 연인은 낙지볶음을 좋아했다.
나의 두 번째 연인도 낙지볶음을 좋아했다.
나의 세 번째 연인도 낙지볶음을 좋아했다.
따라서 나의 다음 연인도 낙지볶음을 좋아할 것이다.

그 때문에 연역 논증은 타당 혹은 부당한 논증의 형식을 중심으로 공부한다. 연역 논증의 형식은 기호를 활용하면 가장 명료하게 나타낼 수 있다.

어떤 독자는 부당한 연역 논증과 귀납 논증은 무엇이 다른지 궁금해 할지도 모르겠다. 두 논증 모두, 만약 전제가 모두 참이라면 결론이 거짓일 수 있다는 점에 있어서는 아무 차이가 없기 때문이다. 연역 논증과 귀납 논증 사이의 구분 자체가 다소간 모호하기는 하지만, 그 질문은 원칙적으로 다음과 같이 답할 수 있다. 부당한 연역 논증에서 전제가 참일 때 결론이 거짓일 수 있는 이유는 논증의 형식이 부당하기 때문인 반면, 귀납 논증은 형식이 아닌 내용 등 다른 요인 때문에 결론이 거짓일 수 있다는 차이가 있다.

5) 결론이 거짓인 타당한 연역 논증

만약 어떤 연역 논증이 타당하며, 그 논증의 결론이 거짓이라면, 그 논증의 전제들 중 적어도 하나는 반드시 거짓이다.

예 example

모든 사람은 죽는다.
엘렌 예거는 사람이다.
따라서 엘렌 예거는 죽을 것이다.

위 논증은 연역적으로 타당하다. 그런데 엘렌이 결코 죽지 않는다는 사실이 밝혀졌다고 하자. 이를 어떻게 받아들여야 할까? 아마도 다음의 세 경우 중 하나일 것이다. 즉, 전제 둘 중 적어도 하나는 거짓일 것이다.

[경우 1] 사람 중에는 죽지 않는 불사신도 있다.
[경우 2] 엘렌은 알고 보니 인간이 아니었다.
[경우 3] 경우 1과 경우 2 모두 성립한다.

과학사에 등장하는 유명한 사례인 해왕성의 발견이 이 원리를 활용해 이루어졌다. 뉴턴 역학과, 천왕성이 태양계의 가장 바깥쪽의 행성이라는 전제로부터 천왕성의 공전 궤도는 연역적으로 타당하게 계산될 수 있다. 그런데 과학자들이 실제로 관측해 보니 천왕성은 계산 결과대로 공전하지 않고 있었다. 그렇다면 어떤 전제가 거짓일까? 뉴턴 역학이 거짓이라고 생각하기는 어렵다. 그렇다면 천왕성이 태양계의 가장 바깥 행성이라는 전제가 거짓일 것이다! 이윽고 과학자들은 천왕성 바깥 궤도에서 해왕성을 발견하는데 성공했다.

 생각해 볼 문제

요하네스 케플러는 티코 브라헤가 남긴 정확한 관측 자료를 바탕으로 화성의 공전 궤도가 원 궤도가 아닌 타원 궤도임을 알아냈다. 과학사에 등장하는 이 이야기의 자세한 내용을 각자 조사해 보자. 그리고 "타당한 연역 논증의 결론이 거짓이면 전제들 중 하나는 반드시 거짓이다."라는 원리가 케플러의 발견에서 어떻게 활용되었는지 생각해 보자.

다음 글에서 알 수 없는 것은?

갈릴레오는 『두 가지 주된 세계 체계에 관한 대화』에서 등장인물인 살비아티에게 자신을 대변하는 역할을 맡겼다. 심플리치오는 아리스토텔레스의 자연철학을 대변하는 인물로서 살비아티의 대화 상대역을 맡고 있다. 또 다른 등장인물인 사그레도는 건전한 판단력을 지닌 자로서 살비아티와 심플리치오 사이에서 중재자 역할을 맡고 있다.

이 책의 마지막 부분에서 사그레도는 나흘간의 대화를 마무리하며 코페르니쿠스의 지동설을 옳은 견해로 인정한다. 그리고 그는 그 견해를 지지하는 세 가지 근거를 제시한다. 첫째는 행성의 겉보기 운동과 역행 운동에서, 둘째는 태양이 자전한다는 것과 그 흑점들의 운동에서, 셋째는 조수 현상에서 찾아낸다.

이에 반해 살비아티는 지동설의 근거로서 사그레도가 언급하지 않은 항성의 시차(視差)를 중요하게 다룬다. 살비아티는 지구의 공전을 입증하기 위한 첫 번째 단계로 지구의 공전을 전제로 한 코페르니쿠스의 이론이 행성의 겉보기 운동을 얼마나 간단하고 조화롭게 설명할 수 있는지를 보여준다. 그런 다음 그는 지구의 공전을 전제로 할 때, 공전 궤도의 두 맞은편 지점에서 관측자에게 보이는 항성의 위치가 달라지는 현상, 곧 항성의 시차를 기하학적으로 설명한다.

그렇다면 사그레도는 왜 이 중요한 사실을 거론하지 않았을까? 그것은 세 번째 날의 대화에서 심플리치오가 아리스토텔레스의 이론을 옹호하면서 지동설에 대한 반박 근거로 공전에 의한 항성의 시차가 관측되지 않음을 지적한 것과 관련이 있다. 당시 갈릴레오는 자신의 망원경을 통해 별의 시차를 관측하지 못했다. 그는 그 이유가 항성이 당시 알려진 것보다 훨씬 멀리 있기 때문이라고 주장하였지만, 반대자들에게 그것은 임기응변적인 가설로 치부될 뿐이었다. 결국 그 작은 각도가 나중에 더 좋은 망원경에 의해 관측되기까지 항성의 시차는 지동설의 옹호자들에게 '불편한 진실'로 남아 있었다.

① 아리스토텔레스의 철학을 따르는 심플리치오는 지구가 공전하지 않

음을 주장한다.

② 사그레도는 항성의 시차에 관한 기하학적 예측에 근거하여 코페르니쿠스의 지동설을 받아들인다.

③ 사그레도와 살비아티는 둘 다 행성의 겉보기 운동을 근거로 하여 코페르니쿠스의 지동설을 옹호한다.

④ 심플리치오는 관측자에게 항성의 시차가 관측되지 않았다는 사실에 근거하여 코페르니쿠스의 지동설을 반박한다.

⑤ 살비아티는 지구가 공전한다면 공전궤도상의 지구의 위치에 따라 항성의 시차가 존재할 수밖에 없다고 예측한다.

해설 | 갈릴레오의 책에서 지동설을 대변하는 살비아티는 항성의 시차를 중요하게 다뤘는데도, 사그레도가 정리한 지동설의 세 가지 주된 근거에는 항성의 시차가 빠져 있다. 당시의 관측 기술로는 미세한 항성의 시차를 관측할 수 없었기 때문이다. 그런데 다음의 타당한 연역논증에서 만약 결론이 실제로 거짓이라면 전제들 중 적어도 하나는 거짓일 것이다.

[전제 1] 만약 지구가 태양 주위를 공전한다면, 항성의 시차가 발생한다.
[전제 2] 지구는 태양 주위를 공전한다.
[결론] 항성의 시차가 발생한다.

즉, 당시에 항성의 시차가 관측되지 않았다는 사실은 [전제 2]를 위협하는 결과였다. 그래서 갈릴레오는 자신의 책에서 지동설을 옹호하면서도 지동설의 주된 근거에서는 항성의 시차를 제외했던 것이다. 그러므로 정답은 ②이다.

3 ___ 타당성과 건전성

1) 형식적 타당성과 내용적 건전성

연역 논증이 좋은 논증이 되려면 타당해야 한다. 그런데 타당성만으로 충분할까?

나폴레옹은 여군이다.

모든 여군은 여자이다.

그러므로 나폴레옹은 여자이다.

이 연역 논증은 타당하지만, 이 논증의 결론은 수용 가능하지 않다. 우리가 논증을 제시하는 궁극적인 목적은 나의 주장을 상대방에게 납득시키기 위해서임을 상기하자. 논증의 결론이 수용 가능하지 않다면, 그 논증은 소기의 목적을 달성하는데 실패한 셈이다.

이 논증이 타당함에도 불구하고 결론이 수용 가능하지 않은 이유는, 전제들 중 실제로 거짓인 전제가 있기 때문이다. 연역 논증의 타당성과 부당성은, 그 논증의 전제와 결론이 실제로 참인지 거짓인지와는 아무 관계가 없다. (연역 논증의 정의에 등장하는 "만약"이라는 말에 주목하자.) 그러므로 타당한 연역 논증의 전제가 실제로는 거짓일 수도 있다. 그러나 실제로 거짓인 전제를 포함하는 연역 논증은 비록 타당하다 하더라도 그 논증의 결론은 수용할 수 없게 된다. 결론이 실제로 거짓이기 때문이다.

그래서 연역 논증은 형식적으로 타당해야 할 뿐 아니라, 그에 더해 내용적으로도 건전(sound)해야 한다.

건전한 연역 논증 = 타당함 + 전제들이 모두 실제로 참임

건전한 연역 논증의 결론은 실제로 참임이 보장되기 때문에 결론을 받아들일 수밖에 없다. 이것이 연역 논증이 건전해야 하는 이유이다.

건전성은 사고가 논리적이기 위한 조건 중 하나인 정확성(accuracy)

조건을 보여준다. 우리는 흔히 논리적 사고는 말과 말 사이의 관계만을 주목하며 실제 현실이 어떠한가는 논리의 문제가 아니라고 생각하기 쉽다. 그러나 진정으로 논리적인 사고는 실제 사실관계를 정확하게 반영하는 사고여야 한다.

전제가 실제로 참이어야 한다는 요구는 연역 논증 뿐 아니라 귀납 논증에 대해서도 똑같이 적용된다. 아래의 귀납 논증은 강함에도 불구하고 결론은 수용 가능하지 않다. 전제들 중에 실제로 거짓인 전제가 포함되어 있기 때문이다.

예 example

무당이 굿을 하면 암이 완치될 확률이 90%이다.
암 환자인 갑돌이는 무당을 불러서 굿을 했다.
따라서 갑돌이는 암이 완치될 것이다.

---

2) '공통의 기반'과 전제의 수용가능성 기준

따라서 우리는 논쟁을 할 때, 양측이 참이라고 명시적 혹은 암묵적으로 인정하는 전제들이 무엇인가를 먼저 확인할 필요가 있다. 그러한 전제들을 '공통의 기반(common ground)'이라고 한다. 만약 양측이 공통의 기반 위에 서 있지 않다면 효과적인 토론이 이루어지기 어렵다. 아래 그림처럼 논쟁자 A와 B가 서로 다른 전제들을 받아들이고 있다면, 그 전제들로부터 각각 결론 P와 Q를 논리적으로 올바르게 도출했다 하더라도, A와 B는 서로의 결론을 받아들일 책임이 없다. 이럴때 A와 B는 논쟁을 벌이기에 앞서, 상대방이 자신의 전제를 받아들이도록 설득하거나, 자신의 전제 중 상대방도 동의하는 전제를 제외한 나머지는 내려놓아야 한다.

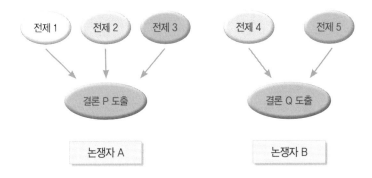

우리는 흔히 "종교와 정치 문제는 토론하지 말라."는 충고를 듣는다. 종교와 정치는 양측이 공통의 기반 위에 서기가 매우 곤란한 주제이므로 효과적인 토론이 이루어지기 어렵기 때문이다.

논쟁에 앞서 공통의 기반을 확인하는 작업은, 정보가 올바르게 공유되고 있는가를 확인하는 것이기도 하다. 만약 논쟁에 중요한 정보에서 서로 아는 바가 다르거나, 중요한 정보가 어느 한 쪽에 의해서만 불공정하게 독점되고 있어서는 안 된다.

그런데 어떤 전제가 실제로 참인가에 대해서 의견이 엇갈릴 수 있다. 시대와 문화에 따라 참이라고 받아들여지는 명제가 다른 경우는 수없이 많다. 또 같은 시대 같은 문화에 속한 사람끼리도 각자의 가치관이나 판단 기준에 따라서 명제의 참, 거짓을 다르게 판단할 수 있다. 그러므로 전제의 참을 결정할 기준이 있어야 한다. 표준적으로 적용되는 기준은 아래와 같다.

① 경험적 진리

우리의 직접 경험을 기술하는 명제는 가장 신뢰할 수 있는 전제들을 제공한다. 다만 경험이 이루어지는 상황이 정상적인지, 경험에 편견이나 소망이 개입되어 있지는 않은지 등을 주의해야 한다.

② 선험적 진리

명제의 참이 우리의 경험에 의존할 필요가 없는 명제를 선험적 명제라고 한다. 예컨대 "총각은 결혼하지 않은 남자이다."와 같은 명제는 "총각"이라는 용어의 정의에 의해 참이 되므로, 이 명제의 참을 확인하기 위해 실제 총각들을 직접 조사해 볼 필요는 없다.

③ 상식

상식은 한 사회 내에서 보편적으로 받아들여지는 믿음들의 모음이다. 논리적 사고에서 '상식'의 힘은 강력하다. 물론 상식이 반드시 참이라는 보장은 없지만, 상식에는 이성적 존재로서의 인간이 지닌 신뢰할 만한 직관이 반영되어 있다. 그러므로 상식과 충돌하는 명제는 일단 그 진위를 의심해 보아야 한다.

④ 패러다임(paradigm)

패러다임과 상식 둘 다 사회적으로 형성된다는 공통점이 있다. 패러다임은 오늘날 과학자 사회 내에서 받아들여지는 전문적인 믿음으로서, 말하자면 '과학자들의 상식'이라 할 수 있다. 쿤(Thomas S. Kuhn)의 과학철학의 주요 개념인 패러다임은 원래는 과학자 사회에서 가장 모범적으로 받아들여지는 전형적인 문제 해결 방식 그리고 무엇이 진정한 문제인지를 구분하는 공통의 가치관이나 규정 등을 가리키는 말이다. 상식과 마찬가지로 패러다임도 반드시 참이라는 보장은 없지만, 그럼에도 불구하고 과학자 사회에서 지배적으로 받아들여지는 패러다임은 현재 우리의 관점에서는 가장 수용할 만한 전제에 해당한다.

⑤ 권위

권위자가 유관 분야에 관해서 제공한 정보는 참일 가능성이 높다. 권위에 관해서는 5장의 '잘못된 권위에 호소하는 오류'에서 다시 살펴볼 것이다.

⑥ 다른 사람의 증언이나 정보 매체로부터 얻은 지식

전해들은 말, 책, TV, 인터넷 등을 통해 획득된 정보도 그 정보의 출처가 신뢰할 만하다면 수용 가능한 전제로 활용될 수 있다. 단 그 정보가 우리의 기존 배경 지식과 어긋나지는 않는지, 혹은 정보가 생산 또는 전달되는 배경이나 조건이 정상적인지 등의 여부를 꼼꼼히 확인해야 한다.

3) 논증의 논박

이제 본격적으로 논증을 논박할 차례이다. 자신의 논증을 스스로 점검할 때, 혹은 다른 사람의 논증을 논박할 때, 우리는 다음의 세 부분을 점검^(공략)해야 한다.

① 전제가 결론을 잘 뒷받침하는가?

→ 연역 논증의 경우라면, 전제들이 모두 참이면서 결론이 거짓인 경우는 없는가?

→ 귀납 논증의 경우라면, 전제들이 모두 참일 때 결론이 참일 확률이 충분히 높은가?

② 전제들이 모두 실제로 참인가?

③ 전제와 결론이 일관적(consistent)인가?

논증을 반박하는 세 경로 중 ①과 ②는 앞에서 살펴본 바와 같다. ③은 논증에 사용된 명제들이 일관적인지를 검토해야 한다는 뜻이다. 일관성은 다른 말로 무모순성이라고도 한다. 비일관적인 명제들이란 그 명제들이 동시에 참이 되는 어떠한 해석도 없는 명제들을 말하는데, 모순 즉 같은 명제에 대해 긍정과 부정을 동시에 내세우는 것이 그에 해당한다. 논증 안에 "P이다." 라는 명제와 "P가 아니다." 라는 명제가 모두 들어 있다면 그 논증은 일관성을 결여한 논증이다. 그래서 ③의 경로로 논증을 반박하는 방법 중 하나는 예를 들면 "당신은 전제에서는 P라고 말하더니 결론에서는 P가 아니라고 하고 있소." 라고 지적하는 것이다. 혹은 그 논증의 결론이 어정쩡한 양비론이나 양시론을 범하고 있는 경우에도 그 논증은 일관적이지 못한 논증이라고 반박될 수 있다.

다음 갑과 을의 견해에 대한 분석으로 가장 적절한 것은?

갑: 좋아. 우리 둘 다 전지전능한 신이 존재한다는 가정에서 시작하는군. 이제 철수가 t시점에 행동 A를 할 것이라고 해볼까? 신은 전지전능하니까 철수가 t시점에 행동 A를 할 것임을 알겠지. 그런데 신은 전지전능하므로, 철수가 t시점에 행동 A를 한다는 것은 필연적이야. 그리고 필연적으로 발생하는 것은 자유로운 것이 아니지. 따라서 철수의 행동 A는 자유롭지 않아.

을: 비록 어떤 행동이 필연적이더라도 그 행동에 누군가의 강요가 없다면 자유로운 행동이 될 수 있어. 그러므로 철수가 t시점에 행동 A를 할 것임이 필연적이라 하더라도, 그것만으로부터 행동 A가 자유롭지 않다고 판단할 수는 없지. 신이나 다른 누군가가 그 행동을 철수에게 강요했는지의 여부를 확인해야 해. 만약 신이 철수가 t시점에 행동 A를 할 것임을 안다면 철수의 행동 A가 필연적이라는 것은 나

도 인정해. 하지만 그로부터 신이 철수의 그 행동을 강요했음이 곧바로 도출되지는 않아. 따라서 철수의 행동은 여전히 자유로울 수 있지.

갑: 필연적인 행동이 자유롭지 않은 이유는 다른 행동을 할 가능성이 차단되었기 때문이야. 만일 전지전능한 신이 존재하고 그 신이 철수가 t시점에 행동 A를 할 것임을 안다면, 철수가 t시점에 행동 A를 할 것이 필연적이라는 것은 너도 인정했지? 그것이 필연적이라면 철수가 t시점에 행동 A 외에 다른 행동을 할 가능성은 없지. 신의 강요가 없을지라도 말이야.

을: 맞아. 그렇지만 신이 강요하지 않는 한, 철수의 행동 A에는 A에 대한 철수 자신의 의지가 반영되어 있어. 즉, 철수의 행동 A는 철수 자신의 판단에 의한 행동이라는 것이지. 그렇기 때문에 철수의 행동 A는 자유로울 수 있어. 반면에 철수의 행동 A가 강요된 것이라면 행동 A에는 철수 자신의 의지가 반영되어 있지 않았겠지만 말이야. 그러니까 철수의 행동 A가 필연적인지의 여부는 그 행동이 자유로운 것인지의 여부를 가리는 데 결정적인 게 아니야.

① 갑과 을은 전지전능한 신이 존재할 경우 철수의 행동에 철수의 의지가 반영될 수 없다는 데 동의한다.

② 갑은 강요에 의한 행동을 자유로운 것으로 생각하지 않지만, 을은 그것을 자유로운 것으로 생각한다.

③ 갑은 필연적인 행동에는 다른 행동의 가능성이 차단된다고 생각하지만, 을은 필연적인 행동에도 다른 행동의 가능성이 있다고 생각한다.

④ 갑은 만약 전지전능한 신이 존재하지 않는다면 철수의 행동은 자유로울 것이라고 생각하지만, 을은 그러한 신이 존재하더라도 철수의 행동은 자유로울 수 있다고 생각한다.

⑤ 갑은 다른 행동을 할 가능성이 없으면 행동의 자유가 없다고 생각하지만, 을은 그런 가능성이 없다는 것으로부터 행동의 자유가 없다는 것이 도출된다고 생각하지 않는다.

정답 | ⑤

①∼④가 적절하지 않은 이유는 대화에서 오가는 말들을 단서로 하여 찾을 수 있다. 여기서는 ⑤가 적절한 이유만 살펴보자. 위 대화에 나타난 갑의 논증을 재구성하면 아래와 같다.

[전제 1] 신은 전지전능하다.
[전제 2] 철수가 t 시점에 행동 A를 한다면, 신은 그것을 미리 안다.
[전제 3] (전제 1과 2로부터) 따라서 철수가 t 시점에 A를 한다는 것은 필연적이다.
[전제 4] (전제 3으로부터) 철수는 다른 행동을 할 여지가 없다.
[결론] 따라서 철수에게는 행동의 자유가 없다.

을은 갑의 논증의 등장하는 '필연적'의 개념에도 동의할 뿐 아니라, 그의 전제 1∼4에도 모두 동의한다. 을이 반대하는 지점은, [전제 4]로부터 [결론]이 도출되지 않는다는 점이다. 마지막 단락을 보면, 을은 철수의 행동에는 철수 자신의 의지가 반영되어 있기 때문에, 비록 철수가 다른 행동을 할 여지가 없다 하더라도 철수에게는 여전히 행동의 자유가 있다는 입장임을 알 수 있다. 그러므로 ⑤는 적절한 서술이다.

2015년 5급 공채, 외교관후보자, 지역인재 7급 견습직원

다음 글에 대한 분석으로 적절한 것만을 〈보기〉에서 모두 고르면?

어떤 사람들은 강한 존재가 약한 존재를 먹고 산다는 것을 의미하는 '약육강식'에 근거하여 동물을 잡아먹는 것을 도덕적으로 정당화하고자 한다. 그들의 논증은 다음과 같다. ⓐ 약육강식은 자연법칙이다. 그러므로 ⓑ 생태계 피라미드에서 상층의 존재들은 하층의 존재들을 마음대로 이용해도 된다. 그런데 ⓒ 인간은 생태계 피라미드에서 가장 높은 위치에 있는 존재이다. 결론적으로 ⓓ 인간은 다른 동물들을 얼마든지 잡아먹어도 된다. 그런데 이러한 논증에는 여러 문제점이 있고, 그것들에 대해서 다음과 같이 지적할 수 있다.

(가) 자연법칙이란 보편적으로 받아들여지는 것이다. 설령 약육강식을 자연법칙으로 받아들이던 시기가 있었다고 할지라도 오늘날에 그것을 자연법칙으로 받아들이는 사람은 거의 없다.
(나) 어떤 행동이 자연법칙에 따르는 것이라고 해서 그 행동이 도덕적으로 옳은 것이라는 결론으로 나아갈 수는 없다. 사실에 대한 판단에서 도덕적인 판단을 이끌어내는 것은 오류이기 때문이다.

(다) 물론 인간은 지금 자신의 지능을 활용하여 다른 동물들을 잡아먹거나 포획할 수 있다. 하지만 먼 옛날에는 오히려 인간이 육식동물들의 좋은 먹잇감이었다. 이런 점만 생각해 보아도 생태계 피라미드라는 것은 인간의 입장에서 만들어 놓은 일종의 형식이지 그러한 피라미드가 실제로 존재하는 것은 아니라는 것을 알 수 있다.

(라) 인간이 생태계에서 가장 높은 위치에 있다는 이유로 다른 존재를 잡아먹는 것이 도덕적으로 허용된다고 해보자. 그렇다면, 생태계에서 인간보다 높은 위치에 있는 존재가 나타날 경우 그들이 인간을 잡아먹는 것도 도덕적인 잘못이 아니라고 결론지어야 한다. 그러나 이러한 결론에 동의할 사람은 없다. 즉, 생태계에서 인간보다 높은 위치의 존재가 나타났다고 할지라도 그들이 인간을 잡아먹는 것을 도덕적으로 허용하는 사람은 없다는 것이다.

◆ 보 기 ◆

ㄱ. (가)의 주장이 참이면, ⓐ는 거짓이다.
ㄴ. (나)의 주장은, ⓑ에서 ⓓ를 이끌어내는 것이 오류라는 것이다.
ㄷ. (다)의 주장이 참이면, ⓒ가 거짓이다.
ㄹ. (라)의 주장은, ⓑ와 ⓒ를 받아들일 경우 우리가 받아들이기 힘든 결론이 도출된다는 것이다.

① ㄱ, ㄴ   ② ㄱ, ㄷ
③ ㄷ, ㄹ   ④ ㄱ, ㄷ, ㄹ
⑤ ㄴ, ㄷ, ㄹ

본문에서 동물을 잡아먹는 것을 도덕적으로 정당화하려는 사람들의 논증 구조를 그림으로 나타내면 아래와 같다.

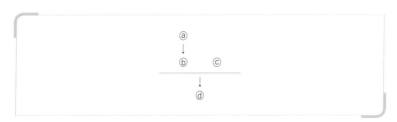

이 논증을 올바르게 논박하는 방법은, 전제에서 결론으로의 도출 관계가 올바르지 못함을 보이거나, 혹은 전제들 중에 실제로 거짓인 전제가 있음을 보이는 것이다.

(가)의 내용은 전제 ⓐ가 실제로 거짓이라는 것이다. 따라서 적절한 논박이다.

(나)의 내용은 ⓐ로부터 ⓑ를 이끌어낼 수 없다고 말한다. 이 역시 논박이 된다. 그리고 보기 ㄴ은 "ⓐ에서 ⓑ를 이끌어내는 것이 오류"로 수정해야 한다.

(다)는 인간이 먹잇감이었던 먼 옛날의 예를 들어 전세 ⓒ가 실제로 거짓이 될 수 있음을 보이므로 역시 위 논증을 논박한다.

(라)의 내용은 ⓑ가 옳다면 우리가 받아들이기 힘든 결론이 도출되므로 ⓑ는 거부되어야 한다는 것이다. 따라서 적절한 논박이 된다. 다만, ㄹ은 잘못된 서술이다. 왜냐하면 (라)는 ⓒ가 거짓인 경우를 가정하고 있기 때문이다.

그러므로 문제의 답은 ②이다.

2018년도 국가공무원 5급 공채, 외교관후보자, 지역인재 7급

다음 중 자신이 한 진술들이 동시에 참일 수 있는 사람만을 모두 고르면?

> 나나: 역사 안에서 일어나는 모든 일에는 선과 악이 없어. 하지만 개인이 선할 가능성은 여전히 남아 있지. 자연의 힘으로 벌어지는 모든 일에는 선과 악이 없고, 역사란 자연의 힘만으로 전개되는 것이야. 개인이 노력한다고 해서 역사가 달라지지도 않아. 만일 개인이 노력한다고 해서 역사가 달라지지 않고 역사 안에서 일어나는 모든 일에 선과 악이 없다면, 개인은 역사 바깥에 나갈 때에만 선할 수 있어. 물론 개인은 역사 바깥에 나가지도 못하고, 자연의 힘을 벗어날 수도 없지.

모모: 개인은 역사 바깥에 나가지도 못하고, 자연의 힘을 벗어날 수도 없어. 자연의 힘으로 벌어지는 모든 일에는 선과 악이 없다는 것도 참이야. 하지만 역사 안에서 일어나는 일 가운데는 선과 악이 있는 일도 있어. 왜냐하면 역사 안에서 일어나는 모든 일이 자연의 힘만으로 벌어지는 것은 아니니까. 역사 안에서 일어나는 일 중에는 지성과 사랑의 힘에 의해 일어나는 일도 있어. 지성과 사랑의 힘에 의해 일어나는 일에는 선과 악이 있지.

수수: 역사 중에는 물론 지성의 역사와 사랑의 역사도 있지. 하지만 그것을 포함한 모든 역사는 오직 자연의 힘만으로 벌어지지. 지성과 사랑의 역사도 진화의 역사일 뿐이고, 진화의 역사는 오직 자연의 힘만으로 벌어지기 때문이야. 자연의 힘만으로 벌어지는 모든 일에는 선과 악이 없지만, 진화의 역사에서 오직 자연의 힘만으로 인간 지성과 사랑이 출현한 일에는 선이 있음이 분명해.

① 모모
② 수수
③ 나나, 모모
④ 나나, 수수
⑤ 나나, 모모, 수수

정답 | ①

해설 | 문제에서 말하는 "자신이 한 진술들이 동시에 참일 수 있다."는, "그의 진술이 일관적이다."를 의미한다. 그의 논증에 비일관적인 진술이 포함되어 있음을 지적함으로써 우리는 그의 논증을 반박할 수 있다.

나나는 자신의 논증에서, 개인이 선할 가능성이 남아 있다는 주장과, 개인은 역사 바깥에 나갈 때만 선할 수 있지만 역사 바깥으로는 결코 나가지 못한다는 주장을 함께 내세운다. 그러므로 나나에 의하면 개인은 선할 가능성이 없으면서도 선할 가능성이 남아 있다는 것인데 이는 비일관적인 주장이다.

수수는 자연의 힘만으로 벌어지는 모든 일에는 선과 악이 없다는 입장이다. 그런데 수수는 진화의 역사에서 오직 자연의 힘만으로 인간 지성과 사랑이 출현한 일에는 선이 있다고 말한다. 즉, 자연의 힘만으로 벌어지는 일 가운데는 선이 있는 일도 있다는 것이다. 이 역시 비일관적인 주장이다.

반면에 모모는 역사에서 일어나는 일 가운데 자연의 힘만으로 일어나는 일에는 선과 악이 없지만 인간 지성과 사랑에 의해 일어나는 일에는 선과 악이 있다는 입장이다. 여기에는 어떠한 비일관성도 없으므로 정답은 ①이다.

다음 글의 논증에 대한 비판으로 적절하지 않은 것은?

진화론자들은 지구상에서 생명의 탄생이 30억 년 전에 시작됐다고 추정한다. 5억 년 전 캄브리아기 생명폭발 이후 다양한 생물종이 출현했다. 인간 종이 지구상에 출현한 것은 길게는 100만 년 전이고 짧게는 10만 년 전이다. 현재 약 180만 종의 생물종이 보고되어 있다. 멸종된 것을 포함해서 5억 년 전 이후 지구상에 출현한 생물종은 1억 종에 이른다. 5억 년을 100년 단위로 자르면 500만 개의 단위로 나눌 수 있다. 이것은 새로운 생물종이 평균적으로 100년 단위마다 약 20종이 출현한다는 것을 의미한다. 하지만 지난 100년 간 생물학자들은 지구상에서 새롭게 출현한 종을 찾아내지 못했다. 이는 한 종에서 분화를 통해 다른 종이 발생한다는 진화론이 거짓이라는 것을 함축한다.

① 100년마다 20종이 출현한다는 것은 다만 평균일 뿐이다. 현재의 신생 종 출현 빈도는 그보다 훨씬 적을 수 있지만 언젠가 신생 종이 훨씬 많이 발생하는 시기가 올 수 있다.

② 5억 년 전 이후부터 지구상에 출현한 생물종이 1,000만 종 이하일 수 있다. 그러면 100년 내에 새로 출현하는 종의 수는 2종 정도이므로 신생 종을 발견하기 어려울 수 있다.

③ 생물학자는 새로 발견한 종이 신생 종인지 아니면 오래 전부터 존재했던 종인지 판단하기 어렵다. 따라서 신생 종의 출현이나 부재로 진화론을 검증하려는 시도는 성공할 수 없다.

④ 30억 년 전에 생물이 출현한 이후 5차례의 대멸종이 일어났으나 대멸종은 매번 규모가 달랐다. 21세기 현재, 알려진 종 중 사라지는 수가 크게 늘고 있어 우리는 인간에 의해 유발된 대멸종의 시대를 맞이하는 것으로 볼 수 있다.

⑤ 생물학자들이 발견한 몇몇 종은 지난 100년 내에 출현한 종이라고 판단할 이유가 있다. DNA의 구성에 따라 계통수를 그렸을 때 본줄기보다는 곁가지 쪽에 배치될수록 늦게 출현한 종임을 알 수 있기 때문이다.

해설 | 지문의 논증을 재구성하면 다음과 같다.

[전제 1] 5억 년 전 이후 지금까지 지구상에 출현한 생물종은 1억 종이다.
[전제 2] (전제 1로부터) 매 100년마다 약 20종이 새롭게 출현해야 한다.
[전제 3] 지난 100년 동안 새롭게 출현한 종은 없다.
[전제 4] 만약 새로운 종이 발생하지 않는다면 진화론은 거짓이다.
[결론] 따라서 진화론은 거짓이다.

① 전제 1로부터 전제 2를 이끌어내는 것이 잘못되었다고 지적한다. 따라서 올바른 비판이다.
② 전제 1이 실제로 거짓일 수 있음을 지적하고 있다. 이 역시 적절한 비판이다.
③ 전제 4가 거짓인 전제임을 지적하므로 비판이 된다.
④ 적절하지 않은 비판이다. 이 논증의 쟁점은 새로운 종의 출현이다. 반면에 ④는 기존의 종의
소멸에 관해 이야기하고 있다.
⑤ 전제 3이 실제로 거짓이라고 지적하고 있으므로 비판이 된다.

2016학년도 법학적성시험

[A]에 들어갈 진술 중 을의 반박을 약화할 수 있는 갑의 주장으로 가장 적절한 것은?

등산을 좋아하는 X는 가을에 에베레스트 등반을 계획하고 있었다. 그런
데 그 해 봄에 임신 2개월째라는 것을 알게 되었다. X는 분명히 그 해에
아이를 가질 예정이었다. 그러나 그 시기는 등반을 마친 이후였는데 실
수로 먼저 임신을 하게 되었다. 그는 등반 이후에 다시 아이를 갖기로 하
고 낙태 수술을 받았다.
Y도 임신을 계획하고 있었다. 다만 치료차 복용 중이던 약 때문에 바로
아이를 가지면 아이에게 장애가 생기게 되지만, 3개월 후 완치된 다음에
임신하면 건강한 아이를 갖게 된다는 것을 알았다. 그러나 Y는 기다리지
않고 곧 아이를 가졌다.
Y에게서 장애가 있는 아이가 태어났다. 아이가 자라서 "엄마는 왜 그때
나를 낳았어요? 3개월 후에 임신했다면 나는 장애를 안 가지고 태어났
을 텐데요."라고 말한다. 이에 Y는 "그때 3개월을 기다려 임신했다면 너
는 안 태어났을 거야. 다른 아이가 태어났겠지. 장애가 있긴 해도 너는
그렇게라도 태어났기에 이런 말도 할 수 있는 거야. 나는 네게 잘못한 것

이 없어."라고 말한다.

갑: X의 행동은 옳지 못하다. 인간의 생명은 마음에 들지 않는다고 대체
할 수 있는 성격의 것이 아니다.

을: 그럼 Y의 사례는 어떻게 생각하는가?

갑: Y가 뭔가 잘못하지 않았나? Y는 장애가 없는 아이를 가질 수도 있
었는데 장애가 있는 아이를 가졌으니까.

을: 당신의 입장은 일관되지 않다. 당신의 말대로 아이가 대체 가능하지
않다면 아이의 항의보다 Y의 대답이 더 정당해야 한다. Y는 아이가
대체 가능하지 않다고 생각하고 있으니까.

갑: 내가 X에 적용한 기준은 Y에 적용할 수 없다.

[A]

① X는 산모의 생명이나 건강 이외의 다른 이유로 낙태를 할 수 있다고
생각했고, Y는 어떤 것도 낙태의 이유가 될 수 없다고 생각했기 때문
이다.

② X는 만족스러운 삶의 질을 가질 아이를 낳지 않은 것에 잘못이 있고,
Y는 덜 만족스러운 삶의 질을 가진 아이를 낳은 것에 잘못이 있기 때
문이다.

③ X는 7개월을 기다렸다면 태어났을 아이를 존재하지 않게 하였고, Y
는 3개월을 기다렸다면 가졌을 아이를 존재하지 않게 했기 때문이다.

④ X는 이미 존재한 생명에 대해 결정을 했고, Y는 아직 생명이 존재하
기 전에 결정을 내렸기 때문이다.

⑤ X는 누구인지 모르는 아이에게 해를 끼쳤고, Y는 누구인지 아는 아
이에게 해를 끼쳤기 때문이다.

정답 | ④

해설 | 갑의 주장은 X와 Y가 모두 잘못했다는 것이지만, 그 이유는 다르다. X의 잘못은 아이가 마음에 들
지 않는다고 대체한 것이고, Y의 잘못은 장애가 있는 아이를 태어나게 한 것이다. 그런데 이 두
비판은 서로 충돌하는 듯 보인다. Y에 대한 비판은 마치, 장애가 있는 아이가 마음에 들지 않으므
로 장애가 없는 아이의 출생을 고르는 것이 정당하다는 주장처럼 읽히기 때문이다. "당신의 입장
은 일관되지 않다."는 을이 말은 바로 이 점을 지적한다. 이에 갑은 X의 결정과 Y의 결정 사이에
중대한 차이가 있음을 밝힘으로써 을의 지적을 재반박할 수 있다.

①은 적절하지 않다. Y가 ①과 같은 생각을 할지는 알 수 없다. ②도 적절하지 않다. X가 낙태에서 고려했던 삶의 질은 아이가 아닌 자신의 삶의 질이었다. ③은 그 자체로는 참이지만 을에 대한 반론으로는 적절하지 않다. ③의 서술에 의하면 X와 Y의 경우는 태어나기까지의 개월 수의 차이만 있을 뿐 핵심 쟁점인 대체 가능성 면에서는 차이가 없기 때문이다. ⑤도 적절하지 않다. Y가 태어나지 않은 아이인 '다른 아이'가 누구인지를 안다고 여길 수 없기 때문이다. 따라서 X의 결정과 Y의 결정 사이의 중대한 차이를 올바르게 서술한 진술은 ④ 밖에 없다.

연역 논증에서 논증을 평가하거나 논박하는 작업은 기호법을 활용하면 훨씬 더 쉽고 명료하게 이루어질 수 있다. 다음 절에서 간단한 기호법을 알아보자.

4___ 간단한 기호법

일상생활에서 엄밀한 연역 논증을 의도적으로 활용할 일은 그다지 많지 않다. 그래서 기호로 풀어내는 연역 논증은 재미도 없고 쓸모도 없는 '기호화'와 '계산'을 배울 뿐이라고 생각할 독자가 있을지도 모르겠다.

일상생활에서 엄밀하게 기호화된 연역적 증명과 추론이 거의 활용되지 않음에도 불구하고, 논리적 사고에서 기호법을 살펴보는 목적은, 우리의 사고의 흐름과 구조를 보다 정밀하게 돌아볼 수 있는 능력을 배양하는 교육적 효과가 크기 때문이다. 주어진 글이나 말에 담긴 논증이 실제로는 연역 논증이 아님에도 불구하고 되도록 연역 논증의 형식에 최대한 가깝게 재구성하여 검토하는 것이 도움이 되는 이유도 그와 같다.

따라서 우리가 여기서 공부하는 내용은, 우리의 일상적 사고의 전형들을 도식화시켜 검토하는 연습이라고 이해해야 마땅하다. 아울러 연역 논증이 일상생활에서 알게 모르게 꽤 많이 사용되고 있다는 사실 역시 유념해야 한다.

1) 단순명제와 복합명제

기호논리학에서 명제는 그것을 구성하는 더 작은 요소들로 분석된다. 예를 들어, "철수가 사랑하는 여인이 있다."는 간단한 명제는 이름('철수'), 양화사('x가 있다'), 1항 술어('x는 여인이다'), 2항 술어('…는 x를 사랑한다'), 논리연결사 연언('그리고') 등으로 꽤 복잡하게 분석될 수 있다. 이 요소들 각각이 연역 추론의 과정에 걸쳐 중요한 역할을 수행한다.

그러나 지금의 작업에서는 그런 수준의 명제 분석까지는 필요치 않다. 우리의 목적을 위해서는 각각의 단순 명제 전체를 하나의 단위로 하여 영어 알파벳 대문자로 표시하는 것으로 충분하다.

예 example

"철수는 학생이다." : A
"영희는 직장인이다." : B

위의 A와 B는 단순 명제이다. 단순 명제란 논리 연결사를 포함하지 않는 명제를 말한다. 그리고 복합 명제는 논리 연결사를 포함하는 명제이다. 아래의 명제는 논리 연결사 '그리고'를 포함하는 복합 명제이다. 여기서 논리 연결사 '그리고'는 두 개의 단순 명제 A와 B를 연결하는 접속사와 비슷한 역할을 한다.

"철수는 학생이고 그리고 영희는 직장인이다." (A&B)

그렇다고 해서 논리 연결사를 우리 일상 언어의 접속사와 같은 것으로 생각해서는 안 된다. 논리 연결사는 접속사가 아닌 진리 함수

^(truth function)이다. 진리 함수란, 복합 명제를 구성하는 단순 명제의 진리값^(truth value)을 입력값으로 하여 그 복합 명제의 진리값을 출력값으로 내놓는 함수이다. 따라서 복합 명제 'A&B'가 내놓는 참 또는 거짓 값은 이 명제를 구성하는 단순 명제인 'A'와 'B'가 각각 어떤 참 또는 거짓 값을 가지는가에 따라 유일하게 결정된다. 이런 의미에서 논리 연결사 'and'를 '그리고'로, 논리 연결사 'not'을 '아니다'로 단순하게 이해해서는 안 된다.

논리 연결사에는 다음의 5가지 종류가 있다.

2) 논리 연결사

① 부정 (not)

기호	~, −		A	~A
우리말	"~가 아니다."		T	F
함수	명제의 진리값을 거꾸로 바꾸는 함수		F	T

② 연언 (and)

기호	&, ∧, ·, ∩		A	B	A&B
우리말	"~이고 그리고"		T	T	T
			T	F	F
함수	두 연언지의 진리값이 모두 참인 경우에만 참의 값		F	T	F
	을 산출하는 함수		F	F	F

연언지란 연언이 연결하는 두 명제를 가리킨다. 연언은 보통 "그리고"로 읽지만, 다음의 우리말 명제들도 기호로 옮기면 모두 연언문인 'A&B'로 옮겨진다. 세 복합명제 모두 동일한 진리 함수를 나타내기 때문이다.

> "A이고 그리고 B이다."
>
> "A이지만 그러나 B이다."
>
> "A임에도 불구하고 B이다."

아울러 연언은 진리 함수이기 때문에 일상 언어 표현 "그리고"와 달리 시간적 선후관계가 반영되지 않는다는 점도 유의하자. 우리말 표현에서 아래의 두 명제는 의미가 다르지만, 기호로 옮기면 둘 다 "A&B"로 표시된다. "A&B"와 "B&A"는 같은 진리 함수이기 때문이다.

> "철수는 대학 1학년을 마치고 그리고 군대를 다녀왔다."
>
> "철수는 군대를 다녀왔고 그리고 대학 1학년을 마쳤다."

③ 선언 (or)

기호	∨, ∪		A	B	A∨B
우리말	"~ 또는"		T	T	T
			T	F	T
함수	두 선언지 중 최소한 하나의 진리값이 참인 경우에 참의 값을 산출하는 함수		F	T	T
			F	F	F

논리학의 선언은 별다른 언급이 없으면 포괄적 선언이다. 포괄적 선언이란, 두 선언지(선언이 연결하는 두 명제)가 동시에 참일 때에도 전체 선언문이 참이 되는 선언을 가리킨다. 반면에 일상 언어의 "또는"은 배타적 선언인 경우가 대부분이다. 배타적 선언이란 두 선언지가 동시에 참인 경우에는 전체 선언문이 거짓이 되는 선언이다.

그래서 다음의 연역 논증 형식은 부당하다.

A ∨ B	태국은 왕국이거나 자본주의 국가이다.
A	태국은 왕국이다.
∴ ~B	따라서 태국은 자본주의 국가가 아닐 것이다.

위와 같은 형식을 '선언지 긍정의 오류'라고 한다. 선언지 긍정의 오류가 부당한 연역 논증 형식인 이유는 이 형식에 포함된 선언이 포괄적 선언이기 때문이다. 그래서 배타적 선언인 경우에는 위와 동일한 형식의 논증이 연역적으로 부당한 논증이 되지 않는다.

예 example

메시는 레알 마드리드 선수이거나 FC 바르셀로나 선수이다.

메시는 FC 바르셀로나 선수이다.

따라서 메시는 레알 마드리드 선수가 아니다.

반면에 아래와 같은 '선언 삼단논법'은 타당한 연역 논증 형식이다.

A ∨ B	추신수 또는 이대호가 현재 메이저리그에서 활약하고 있다.
~A	이대호는 현재 메이저리그에서 활약하고 있지 않다.
∴ B	따라서 추신수는 메이저리그에서 활약하고 있다.

④ 조건언 (if… then…)

기호	→, ⊃	A	B	A→B
우리말	"만약 ~라면 ~이다."	T	T	T
		T	F	F
함수	전건이 거짓이거나 혹은 후건이 참인 경우에만 참의 값을 산출하는 함수	F	T	T
		F	F	T

일상 언어와 진리 함수 사이의 괴리가 가장 큰 논리 연결사이다. 우리말의 "만약 … 라면"과는 달리, 조건문 "만약 A라면 B이다."는 "전건이 거짓이거나 또는 후건이 참이다."라는 뜻, 그 이상도 이하도 아니다. '전건'이란 "만약" 다음에 나오는 명제를 '후건'은 "그러면" 다음에 나오는 명제를 가리킨다.

예를 들어 다음의 조건문은 경우 2에서만 거짓이고 나머지 경우에선 모두 참이다.

> 만약 내일 비가 온다면, 철수는 우산을 들고 나갈 것이다.

경우 1	비가 왔고, 철수가 우산을 들고 나갔다.
경우 2	비가 왔고, 철수는 우산을 들지 않고 나갔다.
경우 3	비가 오지 않았고, 철수는 우산을 들고 나갔다.
경우 4	비가 오지 않았고, 철수는 우산을 들지 않고 나갔다.

즉 전건이 거짓이면 후건이 참이든 거짓이든 상관없이 전체 조건문은 참이다. 이와 같은 조건문을 질료적 조건문이라고 한다. 질료적 조건문은 일상적인 뜻에서의 "만약 … 라면 … 이다."가 아니라, "전건이 거짓이거나 후건이 참이다."라는 뜻만을 나타내는 가장 약한 조건문이다.

본래 질료적 조건언은 '⊃'로, 이보다 강한 직설법적 조건문은 '→'로 표시하는 것이 관례이지만, 기호논리학이 아닌 논리적 사고 연습에서는 이 둘을 굳이 구별할 필요까지는 없고, 기호 '⊃'는 집합의 포함 기호와 혼동되는 경우도 많기 때문에, 이 책에서는 '→'로 조건언을 표기할 것이다.

⑤ 쌍조건언 (… if and only if …)

기호	↔	A	B	A↔B
우리말	"만약 ~라면 그리고 오직 그 경우에만"	T	T	T
		T	F	F
함수	A와 B의 진리값이 일치하면 참, 다르면 거짓의 값을 산출하는 함수 (A → B이고 A ← B)	F	T	F
		F	F	T

쌍조건언은 두 명제가 서로 필요충분조건 관계임을 나타낸다. 'A → B'는 A가 B의 충분조건임을, 'A ← B'는 A가 B의 필요조건임을 나타낸다. 그래서 두 방향의 화살표가 모두 성립한다는 쌍조건언 표시는 A가 B의 필요조건이면서 충분조건임을 나타내는 것이다.

많은 독자들이 이미 익숙히 알고 있겠지만, 충분조건과 필요조건에 대해 다시 한 번 간단히 정리하고 넘어가자.

충분조건

A는 B의 충분조건이다. (A → B)

= 만약 A이면 B이다.

= A이면 예외 없이 B이다.

(A임은 B가 되기에 충분하다.)

= If A then B

예) "코끼리임은 포유류임의 충분조건이다."

{코끼리} ⊂ {포유류}

필요조건

A는 B의 필요조건이다.

= 오직 A인 그 경우에만 B이다. (A ← B)

= A라고 해서 반드시 B라는 보장은 없지만, 일단 A가 아니

고서는 B가 될 수조차 없다.

(A임은 B가 되기에 필수이다/필요하다.)

= B only if A.

예) "포유류임은 코끼리임의 필요조건이다."

{포유류} ⊃ {코끼리}

필요충분조건

A는 B의 필요충분조건이다.

= 만약 A라면 그리고 오직 그런 경우에만 B이다. (A ↔ B)

= 집합 A와 B의 원소가 일치한다.

= A if and only if B.

예) "코끼리임은 코끼리과 동물임의 필요충분조건이다."

{코끼리} = {코끼리과 동물}

2012년 5급 공채 및 견습직원(지역인재)

(가)~(다)에 들어갈 예시를 〈보기〉에서 골라 알맞게 짝지은 것은?

첫째, 필요조건으로서 원인은 "어떤 결과의 원인이 없었다면 그 결과
도 없다"는 말로 표현할 수 있다. 예를 들어 ⬚(가)⬚ 만일 원치 않는
결과를 제거하고자 할 때 그 결과의 원인이 필요조건으로서 원인이라
면, 우리는 그 원인을 제거하여 결과가 일어나지 않게 할 수 있다.

둘째, 충분조건으로서 원인은 "어떤 결과의 원인이 있었다면 그 결과
도 있다"는 말로 표현할 수 있다. 예를 들어 ⬚(나)⬚ 만일 특정한 결
과를 원할 때 그것의 원인이 충분조건으로서 원인이라면, 우리는 그
원인을 발생시켜 그것의 결과가 일어나게 할 수 있다.

셋째, 필요충분조건으로서 원인은 "어떤 결과의 원인이 없다면 그 결
과는 없고, 동시에 그 원인이 있다면 그 결과도 있다"는 말로 표현할

수 있다. 예를 들어 ▢(다)▢ 필요충분조건으로서 원인의 경우, 원인을 일으켜서 그 결과를 일으키고 원인을 제거해서 그 결과를 제거할 수 있다.

◆ 보 기 ◆

ㄱ. 물체 속도 변화의 원인은 물체에 힘을 가하는 것이다. 물체에 힘이 가해지면 물체의 속도가 변하고, 물체에 힘이 가해지지 않는다면 물체의 속도는 변하지 않는다.

ㄴ. 뇌염모기에 물리는 것은 뇌염 발생의 원인이다. 뇌염모기에 물린다고 해서 언제나 뇌염에 걸리는 것은 아니다. 하지만 뇌염모기에 물리지 않으면 뇌염은 발생하지 않는다. 그래서 원인에 해당하는 뇌염모기를 박멸한다면 뇌염 발생을 막을 수 있다.

ㄷ. 콜라병이 총알에 맞는 것은 콜라병이 깨지는 원인이다. 콜라병을 깨뜨리는 원인은 콜라병을 맞히는 총알 이외에도 다양하다. 누군가 던진 돌도 콜라병을 깨뜨릴 수 있다. 하지만 콜라병이 총알에 맞는다면 그것이 깨지는 것은 분명하다.

	(가)	(나)	(다)
①	ㄱ	ㄴ	ㄷ
②	ㄱ	ㄷ	ㄴ
③	ㄴ	ㄱ	ㄷ
④	ㄴ	ㄷ	ㄱ
⑤	ㄷ	ㄴ	ㄱ

이 문제의 정답은 ④이다. 〈보기〉의 ㄱ, ㄴ, ㄷ은 필요충분조건, 필요조건, 충분조건의 전형적인 사례이다.

3) 괄호

기호법에서 괄호는 대단히 중요하며 함부로 생략되어서는 안 된다. 논리 연결사가 두 개 이상 포함된 복합 명제가 애매해지는 것을 막는 장치이기 때문이다. 아래의 애매한 표현은 괄호를 어떻게 치느냐에 따라 다음의 두 명제로 서로 다르게 읽힌다.

A&B∨C

ⓐ (A&B)∨C

ⓑ A&(B∨C)

그런데 우리말 표현을 기호로 옮길 때 위의 ⓐ와 ⓑ 가운데 어느 쪽으로 옮겨야 하는지 불분명한 경우가 종종 있다. 그럴 때는 쉼표(,)를 눈여겨보아야 한다. 쉼표는 그 명제가 분절되는 위치를 나타낸다. 따라서 쉼표를 기준으로 하여 그 앞과 뒤를 각각 분절하여 괄호로 묶어야 한다.

예 example

"광학에 관하여 우리가 믿고 있는 이론이 옳고(A) 무지개에 대한 우리의 관찰을 비롯한 초기 조건이 정확하다면(B), 우리는 무지개의 색에 대한 정확한 설명을 할 수 있다(C)."(PSAT 기출)

이 명제는 'A & (B→C)'가 아니라 '(A&B) → C'로 기호화된다.

알아두면 편리한 몇 가지 추론 규칙

연역 논증을 기호로 분석할 때, 다음의 몇 가지 추론 규칙들을 알고 있으면 상당히 편리하다. 기호 '≡'는 '…와 …는 같다' 정도로 이해하면 일단은 무리가 없다.

1) 부정 제거 규칙
∼∼A
∴ A

2) 전건 긍정식
A → B
A
∴ B

3) 후건 부정식
A → B
∼B
∴ ∼A

4) 선언 삼단논법
A ∨ B
∼B
∴ A

5) 조건문 규칙
A → B
≡ ∼A ∨ B

6) 구성적 양도논법
(A → C) & (B → C)
A ∨ B
∴ C

7) 연쇄 삼단논법
A → B
B → C
∴ A → C

8) 드모르강의 법칙
∼(A & B)
≡ ∼A ∨ ∼B

∼(A ∨ B)
≡ ∼A & ∼B

9) 수출 규칙
A → (B → C)
≡ (A & B) → C

10) 조건언 도입 규칙
A라고 가정하자.
…
그 가정으로부터 B
가 나온다.
∴ A → B

11) 대우
A → B
≡ ∼B → ∼A

5 __ 기호법의 활용

연역 논증에서 기호법은 주로 (1) 논증에 포함된 명제들 사이의 관계를 검토하거나, (2) 타당한 논증이 되기 위해 추가되어야 할 전제를 찾거나, (3) 주어진 전제들로부터 타당하게 도출되는 결론을 골라내는 등의 용도로 활용된다.

 2016년 5급 공채, 외교관후보자, 지역인재 7급

다음 글의 내용이 참일 때, 반드시 참인 것만을 〈보기〉에서 모두 고르면?

이번에 K부서에서는 자기 부서의 정책을 홍보하기 위해 책자를 제작해 배포하였다. 이 홍보 사업에 참여한 K부서의 팀은 A와 B 두 팀이다. 두 팀은 각각 500권의 정책홍보 책자를 제작하였다. 그러나 책자를 어떤 방식으로 배포할 것인지에 대해 두 팀 간에 차이가 있었다. A팀은 자신들이 제작한 K부서의 모든 정책홍보책자를 서울이나 부산에 배포한다는 지침에 따라 배포하였다. 한편, B팀은 자신들이 제작한 K부서 정책홍보 책자를 서울에 모두 배포하거나 부산에 모두 배포한다는 지침에 따라 배포하였다. 사업이 진행된 이후 배포된 결과를 살펴보기 위해서 서울과 부산을 조사하였다. 조사를 담당한 한 직원은 A팀이 제작 · 배포한 K부서 정책홍보책자 중 일부를 서울에서 발견하였다. 한편, 또 다른 직원은 B팀이 제작 · 배포한 K부서 정책홍보 책자 중 일부를 부산에서 발견하였다. 그리고 배포 과정을 검토해 본 결과, 이번에 A팀과 B팀이 제작한 K부서 정책 홍보책자는 모두 배포되었다는 것과, 책자가 배포된 곳과 발견된 곳이 일치한다는 것이 확인되었다.

─── ◆ 보 기 ◆ ───

ㄱ. 부산에는 500권이 넘는 K부서 정책홍보책자가 배포되었다.
ㄴ. 서울에 배포된 K부서 정책홍보책자의 수는 부산에 배포된 K부서 정책홍보책자의 수보다 적다.

ㄷ. A팀이 제작한 K부서 정책홍보책자가 부산에서 발견되었다면, 부산에 배포된 K부서 정책홍보책자의 수가 서울에 배포된 수보다 많다.

① ㄱ   ② ㄷ
③ ㄱ, ㄴ   ④ ㄴ, ㄷ
⑤ ㄱ, ㄴ, ㄷ

정답 | ②

해설 | 지문에서 주어진 A팀과 B팀의 배포 지침은 모두 "또는"을 포함한다. 하지만 중요한 차이가 있다. A팀은 "서울 또는 부산"에 배포한다는 지침이다. 이 말은 서울과 부산 양쪽 모두에 A팀이 배포한 홍보책자가 있을 가능성이 배제되지 않는다는 것을 함축한다. 즉 A팀의 지침은 포괄적 선언을 포함한다. 반면에 B팀은 "서울에 모두 또는 부산에 모두"이다. 서울과 부산 중 어느 한 도시에만 500부의 책자를 배포하는 것이다. 말하자면 B팀의 지침은 배타적 선언을 포함한다.
그리고 지문에서 B팀의 책자가 부산에서 발견되었다고 되어 있다. 이 말은 B팀이 제작한 500부 전부가 부산에 배포되었음을 의미한다.
ㄱ. A팀의 책자가 서울에서 배포되었다고 해서 부산에도 배포되었으리라는 보장은 없다. B팀이 배포한 500부가 부산에 배포된 홍보책자의 전부일 가능성도 있다. 그러므로 ㄱ은 반드시 참은 아니다.
ㄴ. 지문의 내용에 의하면 A팀이 서울에 일부를 배포했다는 정보만 있을 뿐, 부산에도 배포를 했는지, 했다면 어느 정도나 했는지는 알 수 없다. 따라서 ㄴ도 반드시 참은 아니다.
ㄷ. A팀이 제작한 홍보책자가 부산에서 발견되었다면, 부산에 배포된 책자의 총 수는 B팀이 배포한 500부에 더해 A팀이 배포한 부수까지 포함된다. 그런데 홍보책자의 총 수는 1000부이므로, 부산에 배포된 수는 서울에 배포된 수보다 더 많을 수밖에 없다.

2019년도 국가공무원 5급 공채, 외교관후보자, 지역인재 7급

다음 글의 ㉠과 ㉡에 들어갈 문장을 〈보기〉에서 골라 바르게 짝지은 것은?

한편에서는 "C시에 건설될 도시철도는 무인운전 방식으로 운행된다."라고 주장하고, 다른 한편에서는 "C시에 건설될 도시철도는 무인운전 방식으로 운행되지 않는다."라고 주장한다고 하자. 이 두 주장은 서로 모순되는 것처럼 보인다. 하지만 양편이 팽팽히 대립한 회의가 "C시에 도시철도는 적합하지 않다고 판단되므로, 없던 일로 합시다."라는 결론으로 끝날 가능성도 있다는 사실을 우리는 고려해야 한다. C시에 도시철도가 건설되지 않을 경우에도 양편의 주장에 참이나 거짓이라는 값을 매겨야 한다면 어떻게 매겨야 옳을까?

한 가지 분석 방안에 따르면, "C시에 건설될 도시철도는 무인운전 방식으로 운행된다."라는 문장은 "[㉠   ]"라는 것을 의미하는 것으로 해석한다. 이렇게 해석할 경우, C시에 도시철도를 건설하지 않기로 했으므로 원래의 문장은 거짓이 된다. 이런 분석은 "C시에 건설될 도시철도는 무인운전 방식으로 운행되지 않는다."에 대해서도 똑같이 적용되어 그것에도 거짓이라는 값을 부여한다.

원래 문장, "C시에 건설될 도시철도는 무인운전 방식으로 운행된다."를 분석하는 둘째 방안도 있다. 이 방안에서는 우선 원래 문장은 "[㉡   ]"라는 것을 의미하는 것으로 해석한다. 그런 다음 이렇게 분석된 이 문장은 C시에 도시철도를 건설해 그것을 무인운전이 아닌 방식으로 운행하는 일은 없다는 주장과 같은 의미를 나타낸다고 이해한다. 이렇게 해석할 경우 원래의 문장은 참이 된다. 왜냐하면 C시에 도시철도를 건설하지 않기로 했으므로 C시에 도시철도를 건설해 그것을 무인운전이 아닌 방식으로 운행하는 일도 당연히 없을 것이기 때문이다. 이런 분석은 "C시에 건설될 도시철도는 무인운전 방식으로 운행되지 않는다."에 대해서도 똑같이 적용되어 그것에도 참이라는 값을 부여한다.

───◆ 보 기 ◆───

(가) C시에 도시철도가 건설되고, 그 도시철도는 무인운전 방식으로 운행된다.
(나) C시에 무인운전 방식으로 운행되는 도시철도가 건설되거나, 아니면 아무 도시철도도 건설되지 않는다.
(다) C시에 도시철도가 건설되면, 그 도시철도는 무인운전 방식으로 운행된다.
(라) C시에 도시철도가 건설되는 경우에만, 그 도시철도는 무인운전 방식으로 운행된다.

	㉠	㉡
①	(가)	(다)
②	(가)	(라)

③ (나)　　　(다)

④ (나)　　　(라)

⑤ (라)　　　(다)

해설 | 조건언은 우리의 일상적인 "만약 … 그렇다면 …"과 뜻이 불일치하는데, 특히 전건이 거짓인 경우가 그렇다. 지문은 전건이 거짓인 조건문을 해석하는 두 가지 방법을 제시하고 그 중 어떤 것도 자연스럽지 않음을 보여준다. 특히 지문의 맨 마지막 두 문장은, 왜 조건문의 전건이 거짓이면 후건의 참 거짓에 상관없이 전체 조건문이 참이 되는가를 알기 쉽게 설명한다.

ⓐ에는 양측의 주장 모두를 거짓으로 만드는 방식의 분석이 들어가야 한다. 양측의 주장은 "C시에 도시철도가 건설된다."는 부분이 일치하므로 이 부분에서 거짓이 되어야 한다. 그러므로 정답은 (가)이다. 연언문은 두 연언지 중 어느 하나만 거짓이어도 거짓이 되므로 (가), 그리고 "C시에 도시철도가 건설되고, 그 도시철도는 무인운전 방식으로 운행되지 않는다."둘 다가 거짓이 된다.

ⓒ에는 "C시에 도시철도를 건설한다."가 참이면서 "그것이 무인운전으로 운행된다."가 거짓인 그런 경우는 없다는 뜻을 나타내는 진술이 들어가야 한다. 조건문은 전건이 참이면서 후건이 거짓이면 거짓이 되므로, ⓒ에 들어갈 진술이 (다)임을 알 수 있다.

2018학년도 법학적성시험

다음 글을 분석한 것으로 옳은 것만을 〈보기〉에서 있는 대로 고른 것은?

일상적인 조건문의 진위는 어떻게 결정되는가? 다음 예를 통해 알아보자.

K공항에서 비행기가 이륙하기 위해서는 1번 활주로와 2번 활주로 중 하나를 통해서만 가능하다. 영우는 1번 활주로가 며칠 전부터 폐쇄되어 있다는 것을 안다. 그래서 ⓐ "어제 K공항에서 비행기가 이륙했다면, 1번 활주로로 이륙하지 않았다."라고 추론한다. 경수는 2번 활주로가 며칠 전부터 폐쇄되어 있다는 것과 비행기 이륙이 1번 활주로와 2번 활주로 중 하나를 통해서만 가능하다는 것을 알고 있다. 경수는 이로부터 ⓒ "어제 K공항에서 비행기가 이륙했다면, 1번 활주로로 이륙했다."라고 추론한다.

위 예에서 영우와 경수가 사용한 정보들은 모두 참이며 영우와 경수의 추론에는 어떤 잘못도 없으므로 ㉠도 참이고 ㉡도 참이라고 결론 내릴 수 있다.

그런데 정말 ㉠과 ㉡이 둘 다 참일 수 있을까? 우리가 일상적으로 'A이면 B이다'라는 조건문의 진위를 파악하는 (가) 방식에 따르면, A를 참이라고 가정하고 B의 진위를 따져본다. 즉 A를 참이라고 가정할 때, B가 참으로 밝혀지면 'A이면 B이다'가 참이라고 판단하고, B가 거짓으로 밝혀지면 'A이면 B이다'가 거짓이라고 판단한다. 이에 따라 A가 참이라고 가정해 보자. 그런데 'B이다'와 'B가 아니다' 중에 하나만 참일 수밖에 없으므로, 'A이면 B이다'와 'A이면 B가 아니다'가 모두 참이라고 판단하는 것이 가능하지 않다. 그렇다면 조건문의 진위를 파악하는 이 방식에 따르면, ㉠과 ㉡ 중 최소한 하나는 참이 아니라고 결론 내려야 한다. 그러나 이는 앞의 결론과 충돌한다.

◆ 보 기 ◆

ㄱ. 영우가 가진 정보와 경수가 가진 정보를 모두 가지고 있는 사람은 "어제 K공항에서는 어떤 비행기도 이륙하지 않았다."를 타당하게 추론할 수 있다.

ㄴ. 영우가 가진 정보가 참이라는 것을 아는 사람이 (가)를 적용하면 ㉡이 거짓이라고 판단할 것이다.

ㄷ. 영우나 경수가 가진 어떤 정보도 갖지 않은 사람이 (가)를 적용하면, ㉠과 ㉡이 모두 거짓이라고 판단할 것이다.

① ㄱ　　　　　　　　　　　　② ㄷ
③ ㄱ, ㄴ　　　　　　　　　　④ ㄴ, ㄷ
⑤ ㄱ, ㄴ, ㄷ

정답 | ③

해설 | 비슷한 문제를 하나 더 살펴보자. 영우와 경수가 가진 정보를 합치면, K공항의 1번과 2번 활주로 모두 폐쇄되어 있다는 것을 알 수 있다. 어제 K공항에서는 어떠한 비행기도 이륙하지 않았을 것이다. 이에 ㄱ이 옳은 진술이라는 것을 쉽게 알 수 있고, ㉠과 ㉡ 둘 다 전건이 거짓인 조건문이다. ㄴ이 옳은 이유를 이해하려면, (가)에 의해 "A가 참이라고 가정"한다는 것이 A가 실제로 참임을 의미하지는 않는다는 점을 재차 주의해야 한다. 어제 K공항에서 비행기는 이륙하지 않았지만

(가)에 따라 ⓒ의 후건의 참 거짓에 따라서 ⓒ의 참 거짓이 좌우된다. 영우의 정보에 의하면, 1번 활주로는 폐쇄되었으므로 ⓒ의 후건은 거짓이 된다. ㄷ은 잘못된 서술이다. 영우와 경수가 가진 어떤 정보도 가지지 않은 사람은, 어제 K공항에서 비행기가 이륙했다고 가정하더라도, ㉠과 ⓒ의 두 후건이 참인지 거짓인지를 판단할 수 없다. 그러므로 ㉠과 ⓒ이 모두 거짓이라고 판단할 수도 없을 것이다.

2018학년도 법학적성시험

다음으로부터 추론한 것으로 옳은 것만을 〈보기〉에서 있는 대로 고른 것은?

우리는 여러 검사법을 이용해 사물이 가진 특징을 확인한다. 가령, 우리는 위폐 여부를 확인하기 위해 다양한 검사법을 이용하기도 한다. 그럼 훌륭한 검사법은 어떤 특징을 갖추어야 하는가? 위폐 검사법을 예로 들어 생각해 보자. 첫 번째는 위폐를 누락해서는 안 된다는 것이다. 즉 훌륭한 위폐 검사법이라면 위폐는 모두 '위폐이다'라고 판정해야 한다. 이런 특징을 가진 검사법은 완전한 검사법이라고 불린다. 두 번째는 '위폐이다'라는 판정 결과가 틀리지 말아야 한다는 것이다. 즉 해당 검사법이 '위폐이다'라고 판정한 것은 모두 위폐이어야 한다. 이런 특징을 가진 검사법은 건전한 검사법이라고 불린다. 여기서 주의할 것은 건전한 검사법이 위폐가 아닌 모든 것을 '위폐가 아니다'라고 판정하는 것은 아니라는 점이다. 건전한 검사법은 위폐가 아닌 것을 '위폐이다'라고 판정하지 않을 뿐이다. 여기서 "'위폐이다'라고 판정하지 않는다."라는 것은 '위폐가 아니다'라고 판정할 가능성과 아무런 판정 결과도 내놓지 않을 가능성을 포함한다. 이와 관련해 훌륭한 검사법이 갖추어야 할 마지막 특징은 결정가능성이다. 결정가능한 검사법은 '위폐이다'라는 판정과 '위폐가 아니다'라는 판정 중 하나의 결과를 내놓는 검사법을 말한다. 이에 결정가능한 검사법은 아무런 판정 결과도 내놓지 않을 가능성을 배제한다.

⎯⎯⎯⎯⎯ • 보 기 • ⎯⎯⎯⎯⎯

ㄱ. 완전하고 건전한 위폐 검사법은 위폐인 A에 대해서 어떤 판정 결과도 내놓지 않을 수 있다.

ㄴ. 건전하고 결정가능한 위폐 검사법은 위폐가 아닌 B를 '위폐가 아니다'라고 판정한다.

ㄷ. 완전하고 결정가능한 위폐 검사법이 C에 대해서 '위폐가 아니다'라는 판정을 내리지 않았다면 C는 위폐이다.

① ㄱ   ② ㄴ

③ ㄱ, ㄷ   ④ ㄴ, ㄷ

⑤ ㄱ, ㄴ, ㄷ

정답 | ②

해설 | 이 문제의 세 가지 핵심 개념은 다음과 같이 정의된다.
1) 검사법이 완전하다. = 위폐라는 것은 위폐라 판정되기 위한 충분조건이다.
2) 검사법이 건전하다. = 위폐라 판정된다는 것은 위폐이기 위한 충분조건이다.
3) 검사법이 결정가능하다. = 위폐라 판정하거나 위폐가 아니라고 판정하는 것 중 어느 하나가 성립한다.

ㄱ의 검사법은 완전하므로 만약 A가 위폐라면 그것은 반드시 위폐라고 판정할 것이다. 그러므로 ㄱ은 잘못된 서술이다. ㄷ역시 잘못되었다. ㄷ의 검사법은 결정가능하므로 C가 위폐가 아니라는 판정을 내리지 않았다면, C가 위폐라는 판정은 반드시 내렸을 것이다. 하지만 이 검사법은 건전이 아니라 완전하기 때문에, C가 반드시 위폐라는 보장은 없다. ㄴ은 옳은 서술이다. 이 검사법은 건전하므로, 위폐가 아니라는 것은 위폐라 판정하지 않기 위한 충분조건이 된다. 그런데 B는 위폐가 아니므로 그것은 위폐라 판정되지 않을 것이며, 이 검사법은 결정가능하므로 그것은 위폐가 아니라고 판정될 것이다.

2017년도 국가공무원 5급 및 7급 민간경력자

다음 논쟁에 대한 분석으로 적절한 것만을 〈보기〉에서 모두 고르면?

갑: 17세기 화가 페르메르의 작품을 메헤렌이 위조한 사건은 세상을 떠들썩하게 했지. 메헤렌의 그 위조품이 지금도 높은 가격에 거래된다고 하는데, 이 일은 예술 감상에서 무엇이 중요한지를 생각하게 만들어.

을: 눈으로 위조품과 진품을 구별할 수 없다고 하더라도 위조품은 결코 예술적 가치를 가질 수 없어. 예술품이라면 창의적이어야 하는데 위조품

은 창의적이지 않기 때문이지. 예술적 가치는 진품만이 가질 수 있어.

병: 메헤렌의 작품이 페르메르의 작품보다 반드시 예술적으로 못하다고 할 수 있을까? 메헤렌의 작품이 부정적으로 평가되는 것은 메헤렌이 사람들을 속였기 때문이지 그의 작품이 예술적으로 열등해서가 아니야.

갑: 예술적 가치는 시각적으로 식별할 수 있는 특성으로 결정돼. 그런데 많은 사람들이 위조품과 진품을 식별할 수 없다고 해서 식별이 불가능한 것은 아니야. 전문적인 훈련을 받은 사람은 두 작품에서 시각적으로 식별 가능한 차이를 찾아내겠지.

을: 위작이라고 알려진 다음에도 그 작품을 칭송하는 것은 이해할 수 없는 일이야. 왜 많은 사람들이 〈모나리자〉의 원작을 보려고 몰려들겠어? 〈모나리자〉를 완벽하게 복제한 작품이라면 분명히 그렇게 많은 사람들의 관심을 끌지는 못할 거야.

병: 사람들이 〈모나리자〉에서 감상하는 것이 무엇이겠어 그것이 원작이라는 사실은 감상할 수 있는 대상이 아니야. 결국 사람들은 〈모나리자〉가 갖고 있는 시각적 특징에 예술적 가치를 부여하는 것이지.

◆ 보 기 ◆

ㄱ. 예술적 가치로서의 창의성은 시각적 특성으로 드러나야 한다는 데 갑과 을은 동의할 것이다.

ㄴ. 시각적 특성만으로는 그 누구도 진품과 위조품을 구별할 수 없다면 이 둘의 예술적 가치가 같을 수 있다는 데 갑과 병은 동의할 것이다.

ㄷ. 메헤렌의 위조품이 고가에 거래되는 이유가 그 작품의 예술적 가치에 있다는 데 을과 병은 동의할 것이다.

① ㄱ   ② ㄴ
③ ㄱ, ㄷ   ④ ㄴ, ㄷ
⑤ ㄱ, ㄴ, ㄷ

정답 | ②

해설 | 갑의 입장은, 시각적으로 식별할 수 있는 특성에서 차이가 있다는 것이 예술적 가치에서 차이가 있기 위한 필요조건이라는 것이다. 그러므로 갑에 의하면 어떤 두 작품이 시각적 특성에서 차이가 없다면 예술적 가치에서도 차이가 없다. 반면에 을의 입장은 예술작품이 되기 위한 필요조건

은 창의적이어야 한다는 것이고, 창의적이기 위한 필요조건은 진품이어야 한다는 것이다. 그리고 병의 입장은 우리가 작품의 시각적 특징에 예술적 가치를 부여한다는 것이다.

그러므로 올바른 분석은 ㄴ 뿐이다. ㄱ에는 갑은 동의하지만 을은 반대할 것이다. ㄷ에는 병은 동의하지만 역시 을이 반대할 것이다.

다음 ㉠~㉰에 대한 분석으로 가장 적절한 것은?

우리의 사고는 구조를 가지고 있을까? 이를 알아보기 위해 한국어 문장 "철수는 영희를 사랑한다."에서 출발해 보자. ㉠ 이 문장에 포함되어 있는 고유명사 '철수'와 '영희'가 지시하는 대상이 존재한다면, 이 문장이 유의미하다는 점을 부정할 사람은 없을 것이다. 그런데 ㉡ 이 문장이 유의미하다면, 두 고유명사의 위치를 서로 바꾼 문장 "영희는 철수를 사랑한다."도 유의미하다. 언어의 이러한 속성을 체계성이라고 한다. ㉢ 언어의 체계성은 해당 언어의 문장이 구조를 가질 경우에만 보장된다.

이번에는 언어의 생산성에 관해 생각해 보자. 한 언어가 생산적이라는 말의 의미는, 그 언어 내의 임의의 문장을 이용하여 유의미한 문장을 새롭게 구성할 수 있다는 것이다. 예를 들어, "철수는 귀엽다."와 "영희는 씩씩하다."는 문장들을 가지고 새로운 문장 "철수는 귀엽고 영희는 씩씩하다."를 얻을 수 있다. 또한 여기에다가 "영희는 철수를 사랑한다."를 덧붙여서 "철수는 귀엽고 영희는 씩씩하고 영희는 철수를 사랑한다."를 얻을 수 있다. 이러한 과정은 끝없이 확대될 수 있다. ㉣ 언어의 이러한 특성 역시 해당 언어의 문장이 구조를 가질 경우에만 보장된다.

이제 우리는 ㉤ 언어의 체계성과 생산성은 언어가 구조를 가질 경우에만 보장된다고 결론지을 수 있다. 이러한 결론은 우리의 사고에 대해서도 성립할 가능성이 있다. 왜냐하면 ㉥ 우리의 사고가 체계성과 생산성을 가지고 있다는 것은 부정할 수 없는 사실이기 때문이다. ㉦ 우리는 A가 B를 사랑한다고 생각할 수 있다면, B가 A를 사랑한다고 생각할 수도 있다. 뿐만 아니라 ㉧ 우리는 A가 귀엽다고 생각하고 B가 씩씩하다고 생각할 수 있다면, A는 귀엽고 B는 씩씩하다고 생각할 수 있다. 언어의 경우와 유사하게 사고의 경우도 이처럼 체계성과 생산성을 가지고 있다. 결국 언어와 마찬가지로 ⓩ 우리의 사고도 구조를 가지고 있다는 유추가 가능하다.

① ㉠은 ㉡을 지지한다.
② ㉧은 ㉤을 지지한다.
③ ㉢과 ㉣이 참이라고 할지라도 ㉤은 거짓일 수 있다.
④ ㉤과 ㉧이 참이라고 할지라도 ⓩ은 거짓일 수 있다.
⑤ ㉧이 참이라고 할지라도 ㉦과 ⓞ은 거짓일 수 있다.

해설 | ①은 틀린 진술이다. ㉠은 "만약 A이면 B이다."의 형식이고 ㉡은 "만약 B이면 C이다."의 형식이다. 그러므로 ㉠이 ㉡의 근거가 될 수 없다. ②도 틀린 진술이다. ㉡은 언어에 관한 진술인 반면에 ㉧은 사고에 관한 진술이기 때문이다. ③이 틀린 이유는, "~인 경우에만"이 필요조건을 나타내기 때문이다. 즉, ㉢은 언어가 체계적이라면 반드시 구조를 가진다는 뜻이고, ㉣은 언어가 생산적이라면 반드시 구조를 가진다는 뜻이다. 그러므로 이 둘이 참이라면, 언어가 체계적이고 생산적이라면 반드시 구조를 가진다고 말하는 ㉤이 거짓이 될 수 없다. ⑤ 역시 틀린 진술이다. 체계성과 생산성의 정의에 의해서. ㉧이 참이라면 ㉦과 ⓞ은 참일 수밖에 없다.
④는 옳은 진술이다. 이 글의 전체 내용이 언어의 경우에서 체계성과 생산성이 구조를 가지기 위한 충분조건이므로, 사고의 경우에서도 비슷할 것이라는 유추로 이루어졌기 때문이다. 사고의 경우에서도 언어와 똑같을 것이라는 보장은 없다.

2016년 5급 공채, 외교관후보자, 지역인재 7급

다음 글의 내용이 참일 때, 반드시 참인 것은?

만일 A 정책이 효과적이라면, 부동산 수요가 조절되거나 공급이 조절된다. 만일 부동산 가격이 적정 수준에서 조절된다면, A 정책이 효과적이라고 할 수 있다. 그리고 만일 부동산 가격이 적정 수준에서 조절된다면, 물가 상승이 없다는 전제 하에서 서민들의 삶이 개선된다. 부동산 가격은 적정 수준에서 조절된다. 그러나 물가가 상승한다면, 부동산 수요가 조절되지 않고 서민들의 삶도 개선되지 않는다. 물론 물가가 상승한다는 것은 분명하다.

① 서민들의 삶이 개선된다.
② 부동산 공급이 조절된다.
③ A 정책이 효과적이라면, 물가가 상승하지 않는다.
④ A 정책이 효과적이라면, 부동산 수요가 조절된다.
⑤ A 정책이 효과적이라도, 부동산 가격은 적정 수준에서 조절되지 않는다.

이 문제의 답은 ②이다. 자세한 풀이는 독자들에게 연습문제로 맡긴다. 지문의 명제들이 모두 참이라면, 보기 ① ~ ⑤가 각각 반드시 참이 되는지, 다른 말로 하면 지문의 말로부터 보기 ① ~ ⑤가 각각 도출이 되는지 그렇지 않은지를 차근차근 따져보면 된다. (지문을 기호로 옮길 때는 쉼표에 유의하자!)

문제를 푸는 과정에서 ③, ④, ⑤와 같이 조건문으로 된 결론이 도출되는지의 여부를 따지기가 조금 까다롭게 느껴질 것이다. 그럴 땐 다음을 알아두면 도움이 된다. 전제들을 이루는 명제의 집합을 Σ 라고 하자. 그리고 Σ로부터 결론 "P→Q"가 연역적으로 타당하게 도출된다고 하자. 이런 경우에는, 결론의 전건인 P를 전제로 올리고 결론에 Q만 남겨두어도 여전히 그 논증은 연역적으로 타당하다. 즉, 아래의 두 논증은 상호 변환이 가능하다.

따라서 ③~⑤를 검토할 때는 전건의 "A 정책이 효과적이다."를 전제에 포함시켜서 생각한다. 가령 ③의 경우에서는, 지문의 명제들이 모두 참이고 그리고 A 정책이 효과적이라면, 과연 "물가가 상승하지 않는다."가 반드시 참이 되는가의 여부를 따져보면 훨씬 수월하다.

다음 글의 내용이 참일 때, 반드시 참인 것은?

전 세계적 금융위기로 인해 그 위기의 근원지였던 미국의 경제가 상당한 피해를 입었다. 미국에서는 경제 회복을 위해 통화량을 확대하는 양적완화 정책을 실시할 것인지를 두고 논란이 있었다. 미국의 양적완화는 미국 경제회복에 효과가 있겠지만, 국제 경제에 적지 않은 영향을 줄 수 있기 때문이다.

미국이 양적완화를 실시하면, 달러화의 가치가 하락하고 우리나라의 달러 환율도 하락한다. 우리나라의 달러 환율이 하락하면 우리나라의 수출이 감소한다. 우리나라 경제는 대외 의존도가 높기 때문에 경제의 주요지표들이 개선되기 위해서는 수출이 감소하면 안 된다.

또 미국이 양적완화를 중단하면 미국 금리가 상승한다. 미국 금리가 상승하면 우리나라 금리가 상승하고, 우리나라 금리가 상승하면 우리나라에 대한 외국인 투자가 증가한다. 또한 우리나라 금리가 상승하면 우리나라의 가계부채 문제가 심화된다. 가계부채 문제가 심화되는 나라의 국내소비는 감소한다. 국내소비가 감소하면, 경제의 전망이 어두워진다.

① 우리나라의 수출이 증가했다면 달러화 가치가 하락했을 것이다.
② 우리나라의 가계부채 문제가 심화되었다면 미국이 양적완화를 중단했을 것이다.
③ 우리나라에 대한 외국인 투자가 감소하면 우리나라 경제의 전망이 어두워질 것이다.
④ 우리나라 경제의 주요지표들이 개선되었다면 우리나라의 달러 환율이 하락하지 않았을 것이다.
⑤ 우리나라의 국내소비가 감소하지 않았다면 우리나라에 대한 외국인 투자가 감소하지 않았을 것이다.

정답 | ④

해설 | 여기서도 역시 ①~⑤의 전건에 해당하는 명제를 전제에 포함시켜 후건이 도출되는지를 살펴보면 된다. ④의 전건은 "우리나라 경제의 주요지표들이 개선되었다."이다. 이 명제가 전제로 포함

되면, 두 번째 단락의 마지막 문장으로부터 "우리나라의 수출이 감소하지 않는다."가 도출됨을 알 수 있다. 그런데 이 명제가 참이라면, 두 번째 단락의 두 번째 문장으로부터 "우리나라의 달러 환율이 하락하지 않는다."도 반드시 참이 됨을 알 수 있다. 이는 ④의 후건에 해당하는 명제이다. 그러므로 ④는 반드시 참이 된다.

다음 세 진술이 모두 거짓일 때, 유물 A~D 중에서 전시되는 유물의 총 개수는?

- A와 B 가운데 어느 하나만 전시되거나, 둘 중 어느 것도 전시되지 않는다.
- B와 C 중 적어도 하나가 전시되면, D도 전시된다.
- C와 D 어느 것도 전시되지 않는다.

① 0개   ② 1개
③ 2개   ④ 3개
⑤ 4개

정답 ┃ ④

해설 ┃ 세 진술을 부정한 결과를 기호로 나타내면 다음과 같다.
A&B
(B∨C)&~D
C∨D
그러므로 A, B, C가 전시된다는 것을 알 수 있다.

다음 글의 내용이 참일 때, 반드시 참인 것만을 〈보기〉에서 모두 고르면?

> 교수 갑~정 중에서 적어도 한 명을 국가공무원 5급 및 7급 민간경력자 일괄 채용 면접위원으로 위촉한다. 위촉 조건은 아래와 같다.
>
> - 갑과 을 모두 위촉되면, 병도 위촉된다.
> - 병이 위촉되면, 정도 위촉된다.
> - 정은 위촉되지 않는다.

◆ 보 기 ◆

ㄱ. 갑과 병 모두 위촉된다.
ㄴ. 정과 을 누구도 위촉되지 않는다.
ㄷ. 갑이 위촉되지 않으면, 을이 위촉된다.

① ㄱ
② ㄷ
③ ㄱ, ㄴ
④ ㄴ, ㄷ
⑤ ㄱ, ㄴ, ㄷ

정답 | ②

해설 | A: 갑이 위촉된다.
 B: 을이 위촉된다.
 C: 병이 위촉된다.
 D: 정이 위촉된다.

(A&B)→C
C→D
~D

여기서 첫 번째 조건과 두 번째 조건을 대우를 취하면 다음과 같다.

~D
~D→~C
~C→(~A∨~B)

따라서 병과 정은 확실히 위촉이 되지 않는다. 그런데 적어도 한 명은 위촉을 해야 하므로 갑과 을 모두가 위촉되지 않을 수는 없다. 그래서 갑과 을 가운데 어느 한 명만이 위촉이 됨을 알 수 있다.

다음 대화의 내용이 참일 때, 거짓인 것은?

> 상학: 위기관리체계 점검 회의를 위해 외부 전문가를 위촉해야 하는데, 위촉 후보자는 A, B, C, D, E, F 여섯 사람이야.
>
> 일웅: 그건 나도 알고 있어. 그런데 A와 B 중 적어도 한 명은 위촉해야 해. 지진 재해와 관련된 전문가들은 이들 뿐이거든.
>
> 상학: 나도 동의해. 그런데 A는 C와 같이 참여하기를 바라고 있어. 그러니까 C를 위촉할 경우에만 A를 위촉해야 해.
>
> 희아: 별 문제 없겠는데? C는 반드시 위촉해야 하거든. 회의 진행을 맡을 사람이 필요한데, C가 적격이야. 그런데 C를 위촉하기 위해서는 D, E, F 세 사람 중 적어도 한 명은 위촉해야 해. C가 회의를 진행할 때 도움이 될 사람이 필요하거든.
>
> 일웅: E를 위촉할 경우에는 F도 반드시 위촉해야 해. E는 F가 참여하지 않으면 참여하지 않겠다고 했거든.
>
> 희아: 주의할 점이 있어. B와 D를 함께 위촉할 수는 없어. B와 D는 같은 학술 단체 소속이거든.

① 총 3명만 위촉하는 방법은 모두 3가지이다.
② A는 위촉되지 않을 수 있다.
③ B를 위촉하기 위해서는 F도 위촉해야 한다.
④ D와 E 중 적어도 한 사람은 위촉해야 한다.
⑤ D를 포함하여 최소인원을 위촉하려면 총 3명을 위촉해야 한다.

정답 ┃ ④

해설 ┃ 지문에서 제시된 조건을 기호로 나타내면 다음과 같다.

A∨B
A→C
C
C→(D∨E∨F)
E→F
(~B∨~D)

①을 먼저 살펴보자. 세 명이 위촉되려면 어떻게 해야 할까? 세 번째 전제를 통해 C는 반드시 참이며, 네 번째 전제를 통해 D, E, F 가운데 적어도 하나는 참임을 알 수 있다. 그리고 첫 번째 전제를 통해 A와 B 가운데 적어도 한 명이 위촉됨을 알 수 있다. 따라서 3명이 위촉되는 가능한 경우는 A, C, D / A, C, F / B, C, F 임을 알 수 있다. 첫 번째 전제는 B만 참이어도 참이므로 ②도 옳은 서술이다. ③은 "만약 B라면 F이다."와 같은 말이다. B를 가정하면 여섯 번째 전제를 통해 ~D를 이끌어낼 수 있다. 그리고 네 번째 전제의 후건과 같이 D, E, F 가운데 적어도 하나는 참이어야 한다. 다섯 번째 전제에 의해 E와 F 중에서 E만 참인 경우는 없으므로, E와 F가 참이거나, F만 참이다. 따라서 F는 반드시 참이 되므로 ③도 옳다. ⑤에서 D를 포함하게 되면 B는 제외된다. ①에서 살펴본 것처럼 C, 그리고 A와 B 중 하나, D, E, F 가운데 하나가 위촉되는 것이 최소 인원이다. 그래서 A, C, D 이렇게 총 3명을 위촉해야 한다.

정답은 ④이다. D, E, F 가운데 D와 E를 제외하고 F만을 위촉하더라도 조건에 위배되지 않는다.

 2018년도 국가공무원 5급 공채, 외교관후보자, 지역인재 7급

다음 글의 내용이 모두 참일 때 반드시 참인 것만을 〈보기〉에서 모두 고르면?

> 대한민국의 모든 사무관은 세종, 과천, 서울 청사 중 하나의 청사에서만 근무하며, 세 청사의 사무관 수는 다르다. 단, 세종 청사의 사무관 수가 서울 청사의 사무관 수보다 많다. 세 청사 중 사무관 수가 두 번째로 많은 청사의 사무관은 모두 일자리 창출 업무를 겸임한다. 세 청사의 사무관들 중 갑~정에 관하여 다음과 같은 사실이 알려져 있다.
>
> - 갑과 병 중 적어도 한 명은 세종 청사에서 근무하고, 정은 서울 청사에서 근무한다.
> - 일자리 창출 업무를 겸임하지 않는 사람은 이들 중 을뿐이다.
> - 과천 청사에서 근무하는 사무관은 이들 중 2명이다.
> - 을이 근무하는 청사는 사무관 수가 가장 적은 청사가 아니다.

+ 보 기 +

ㄱ. 갑, 을, 병, 정 중 사무관 수가 가장 적은 청사에서 일하는 사무관은 일자리 창출 업무를 겸임하지 않는다.
ㄴ. 을이 세종 청사에서 근무하거나 병이 서울 청사에서 근무한다.
ㄷ. 정이 근무하는 청사의 사무관 수가 가장 적다.

① ㄱ   ② ㄷ

③ ㄱ, ㄴ   ④ ㄴ, ㄷ

⑤ ㄱ, ㄴ, ㄷ

정답 | ②

해설 | 을은 일자리 창출 업무를 겸임하지 않으므로 두 번째로 많은 청사에 근무하지 않는다. 그리고
네 번째 조건에 의해서 을이 근무하는 청사가 사무관 수가 가장 많음을 알 수 있다. 갑과 병 가
운데 적어도 한 명은 세종청사에서 근무하며, 과천청사에서 근무하는 사람이 두 명이므로, 갑과
병이 모두 과천청사에서 근무하는 일은 없다. 따라서 과천청사에서 근무하는 두 명은 갑과 을,
또는 을과 병이다. 이로부터 을은 과천청사에서 근무함을 알 수 있다. 또한 지문의 조건에 의해
세종청사가 서울청사보다 인원이 더 많으므로 다음과 같은 결과가 도출된다.

갑	을	병	정
과천 또는 세종	과천 (1위)	과천 또는 세종	서울 (3위)

2018년도 국가공무원 5급 공채, 외교관후보자, 지역인재 7급

다음 글의 내용이 모두 참일 때 반드시 참인 것만을 〈보기〉에서 모두 고르면?

A부서에서는 올해부터 직원을 선정하여 국외 연수를 보내기로 하였다. 선정
결과 가영, 나준, 다석이 미국, 중국, 프랑스에 한 명씩 가기로 하였다. A부
서에 근무하는 갑~정은 다음과 같이 예측하였다.

갑: 가영이는 미국에 가고 나준이는 프랑스에 갈 거야.
을: 나준이가 프랑스에 가지 않으면, 가영이는 미국에 가지 않을 거야.
병: 나준이가 프랑스에 가고 다석이가 중국에 가는 그런 경우는 없을 거야.
정: 다석이는 중국에 가지 않고 가영이는 미국에 가지 않을 거야.

하지만 을의 예측과 병의 예측 중 적어도 한 예측은 그르다는 것과 네 예측
중 두 예측은 옳고 나머지 두 예측은 그르다는 것이 밝혀졌다.

→ 보 기 ←

ㄱ. 가영이는 미국에 간다.

ㄴ. 나준이는 프랑스에 가지 않는다.

ㄷ. 다석이는 중국에 가지 않는다.

① ㄱ   ② ㄴ

③ ㄱ, ㄷ   ④ ㄴ, ㄷ

⑤ ㄱ, ㄴ, ㄷ

정답 | ①

해설 | "가영이가 미국에 간다."를 "가미"로, "나준이가 프랑스에 간다."를 "나프"로 부르는 등으로 단순 명제에 이름을 붙여 보자.

을의 예측과 병의 예측 중 적어도 한 예측은 거짓이지만 둘 다 거짓인 경우는 가능하지 않다. 왜 냐하면 그 경우 갑과 정의 예측이 모두 참이어야 하는데 이는 모순을 낳기 때문이다. 그러므로 가능한 경우는 두 가지이다.

경우 1) 을이 거짓이고 병은 참인 경우
을의 말이 거짓이라는 것은, ~나프와 가미가 모두 참이라는 것을 의미한다. 이로부터 도출되는 조합은 가미, 나중, 다프 뿐이다. 하지만 이 경우 갑과 정의 예측도 거짓이 되므로 두 명의 예측 이 옳다는 조건과 위배된다. 따라서 이 경우는 가능하지 않다.

경우 2) 을이 참이고 병은 거짓인 경우
병의 예측이 거짓이므로 나프와 다중이 모두 참이다. 따라서 가미도 참이다. 이 경우, 갑과 을의 예측은 참이고 병과 정의 예측은 거짓이다.

2018년도 국가공무원 5급 공채, 외교관후보자, 지역인재 7급

윗마을에 사는 남자는 참말만 하고 여자는 거짓말만 한다. 아랫마을에 사는 남자는 거 짓말만 하고 여자는 참말만 한다. 이 마을들에 사는 이는 남자거나 여자다. 윗마을 사 람 두 명과 아랫마을 사람 두 명이 다음과 같이 대화하고 있을 때, 반드시 참인 것은?

갑: 나는 아랫마을에 살아.
을: 나는 아랫마을에 살아. 갑은 남자야.
병: 을은 아랫마을에 살아. 을은 남자야.
정: 을은 윗마을에 살아. 병은 윗마을에 살아.

① 갑은 윗마을에 산다.
② 갑과 을은 같은 마을에 산다.
③ 을과 병은 다른 마을에 산다.
④ 을, 병, 정 가운데 둘은 아랫마을에 산다.
⑤ 이 대화에 참여하고 있는 이들은 모두 여자다.

정답 | ⑤

해설 | 을과 병의 말이 모두 참일 수는 없다. 그러므로 가능한 세 경우는, 을은 참이고 병은 거짓인 경우, 을은 거짓이고 병은 참인 경우, 을과 병 모두 거짓인 경우이다. 하지만 첫 번째 경우와 두 번째 경우는 모두 주어진 조건과 모순된다. (왜 그런지 생각해 보자.) 따라서 을과 병 모두 거짓임을 알 수 있다.

그런데 이 경우 정의 "을은 윗마을에 살아."는 참이 되므로, 정의 나머지 말인 "병은 윗마을에 살아."도 참이어야 한다. 그리고 아랫마을에 사는 사람이 두 명이어야 하므로 갑과 정도 아랫마을에 산다는 것을 추론할 수 있다. 따라서 결과는 다음과 같이 얻어진다.

갑	을	병	정
아랫마을	윗마을	윗마을	아랫마을
여자	여자	여자	여자

2018년도 국가공무원 5급 공채, 외교관후보자, 지역인재 7급

뇌물수수 혐의자 A~D에 관한 다음 진술들 중 하나만 참일 때, 이들 가운데 뇌물을 받은 사람의 수는?

- A가 뇌물을 받았다면, B는 뇌물을 받지 않았다.
- A와 C와 D 중 적어도 한 명은 뇌물을 받았다.
- B와 C 중 적어도 한 명은 뇌물을 받지 않았다.
- B와 C 중 한 명이라도 뇌물을 받았다면, D도 뇌물을 받았다.

① 0명   ② 1명
③ 2명   ④ 3명
⑤ 4명

해설 | 두 번째와 세 번째 진술이 모두 거짓일 수는 없다. 왜냐하면 두 번째 진술의 부정은 "A, C, D 중 아무도 뇌물을 받지 않았다."는 것이고 세 번째 진술의 부정은 "B와 C 둘 다 뇌물을 받았다."이기 때문이다. 그러므로 두 번째와 세 번째 진술 중 어느 하나는 반드시 참이며, 첫 번째와 네 번째 진술은 모두 거짓임을 알 수 있다. 첫 번째 진술이 거짓이라는 것으로부터 A와 B가 모두 뇌물을 받았다는 것이, 네 번째 진술이 거짓이라는 것으로부터 D는 뇌물을 받지 않았다는 것이 도출된다.

두 번째 진술만 참이고 나머지는 거짓인 경우를 보자. 이 경우 A, B, C가 뇌물을 받은 사람이다. 반면에 세 번째 진술만 참이고 나머지는 거짓인 경우, 진술 2는 거짓이므로 A, C, D 중 그 누구도 뇌물을 받지 않게 된다. 하지만 첫 번째 진술이 거짓이라는 것으로부터 A가 뇌물을 받았다는 것이 도출되므로, 이는 가능하지 않은 경우이다.

따라서 A, B, C가 뇌물을 받았음을 알 수 있다.

2018년도 국가공무원 5급 및 7급 민간경력자

다음 글의 내용이 참일 때, 최종 선정되는 단체는?

○○부는 우수 문화예술 단체 A, B, C, D, E 중 한 곳을 선정하여 지원하려 한다. ○○부의 금번 선정 방침은 다음 두 가지다. 첫째, 어떤 형태로든 지원을 받고 있는 단체는 최종 후보가 될 수 없다. 둘째, 최종 선정 시 올림픽 관련 단체를 엔터테인먼트 사업(드라마, 영화, K-pop) 단체보다 우선한다.

A 단체는 자유무역협정을 체결한 갑국에 드라마 컨텐츠를 수출하고 있지만 올림픽과 관련된 사업은 하지 않는다. B는 올림픽의 개막식 행사를, C는 폐막식 행사를 각각 주관하는 단체다. E는 오랫동안 한국 음식문화를 세계에 보급해 온 단체다. A와 C 중 적어도 한 단체가 최종 후보가 되지 못한다면, 대신 B와 E 중 적어도 한 단체는 최종 후보가 된다. 반면 게임 개발로 각광을 받은 단체인 D가 최종 후보가 된다면, 한국과 자유무역협정을 체결한 국가와 교역을 하는 단체는 모두 최종 후보가 될 수 없다. 후보 단체들 중 가장 적은 부가가치를 창출한 단체는 최종 후보가 될 수 없고, 최종 선정은 최종 후보가 된 단체 중에서만 이루어진다.

○○부의 조사 결과, 올림픽의 개막식 행사를 주관하는 모든 단체는 이미 □□부로부터 지원을 받고 있다. 그리고 위 문화예술 단체 가운데 한국 음식문화 보급과 관련된 단체의 부가가치 창출이 가장 저조하였다.

① A　　　　　　　　　　　② B

③ C　　　　　　　　　　　④ D

⑤ E

정답 ┃ ③

해설 ┃ 한국 음식문화 보급과 관련된 단체의 부가가치 창출이 가장 저조하므로 조건에 의해 E는 최종
후보가 될 수 없다. B는 올림픽의 개막식 행사를 주관하는 단체이므로 지문 마지막 단락과 첫
번째 단락에 제시된 조건에 의해서 역시 최종 후보에서 제외된다. B와 E 모두 최종 후보에서 제
외되므로, A와 C 모두 최종 후보가 된다. A는 자유무역협정을 체결한 국가와 드라마 컨텐츠 교
역을 하는 단체이므로, 조건에 의해 D는 최종 후보에서 제외된다. 따라서 최종 후보는 A와 C 둘
만 남는다. 이 중 A는 엔터테인먼트 사업 단체, C는 올림픽 관련 단체이다. 따라서 첫 번째 단락
의 조건에 의하여 C가 최종 선정됨을 알 수 있다.

2018년도 국가공무원 5급 및 7급 민간경력자

다음 글의 내용이 참일 때, 반드시 거짓인 것은?

사무관 갑, 을, 병, 정, 무는 정책조정부서에 근무하고 있다. 이 부서에서는
지방자치단체와의 업무 협조를 위해 지방의 네 지역으로 사무관들을 출장 보
낼 계획을 수립하였다. 원활한 업무 수행을 위해서, 모든 출장은 위 사무관들
중 두 명 또는 세 명으로 구성된 팀 단위로 이루어진다. 네 팀이 구성되어 네
지역에 각각 한 팀씩 출장이 배정된다. 네 지역 출장 날짜는 모두 다르며, 모
든 사무관은 최소한 한 번 출장에 참가한다. 이번 출장 업무를 총괄하는 사무
관은 단 한 명밖에 없으며, 그는 네 지역 모두의 출장에 참가한다. 더불어 업
무 경력을 고려하여, 단 한 지역의 출장에만 참가하는 것은 신임 사무관으로
제한한다. 정책조정부서에 근무하는 신임 사무관은 한 명밖에 없다. 이런 기
준 아래에서 출장 계획을 수립한 결과, 을은 갑과 단둘이 가는 한 번의 출장
이외에 다른 어떤 출장도 가지 않으며, 병과 정이 함께 출장을 가는 경우는
단 한 번밖에 없다. 그리고 네 지역 가운데 광역시가 두 곳인데, 단 두 명의
사무관만이 두 광역시 모두에 출장을 간다.

① 갑은 이번 출장 업무를 총괄하는 사무관이다.
② 을은 광역시에 출장을 가지 않는다.
③ 병이 갑, 무와 함께 출장을 가는 지역이 있다.
④ 정은 총 세 곳에 출장을 간다.
⑤ 무가 출장을 가는 지역은 두 곳이고 그 중 한 곳은 정과 함께 간다.

정답 | ④

해설 | 지문에서 "을은 갑과 단둘이 가는 한 번의 출장 이외에 다른 어떤 출장도 가지 않는다."는 것을 통해서 갑이 총괄 사무관임을 알 수 있다. 또한 을이 신임 사무관임도 알 수 있다.

병과 정이 함께 출장을 가는 경우는 단 한 번밖에 없다는 것으로부터, 해당 팀 구성이 갑, 병, 정으로 이루어짐을 알 수 있다. 팀은 최대 3명이므로 무는 여기에 포함될 수 없다. 그런데 신임 사무관은 한 명밖에 없으므로, 병과 정은 남은 두 팀에 각각 한 번씩 포함되어야 하며, 무는 남은 두 팀에 모두 포함되어야 한다. 그러므로 네 팀의 조합은 다음과 같이 구성된다.

1팀	2팀	3팀	4팀
갑	갑	갑	갑
을	병	병	정
X	정	무	무

단 두 명의 사무관만이 두 광역시 모두에 출장을 가므로 1팀을 제외한 나머지 세 팀 가운데 두 팀이 광역시에 배정된다. 따라서 답은 ④이다.

다음 글의 내용이 참일 때, 가해자인 것이 확실한 사람(들)과 가해자가 아닌 것이 확실한 사람(들)의 쌍으로 적절한 것은?

폭력 사건의 용의자로 A, B, C가 지목되었다. 조사 과정에서 A, B, C가 각각 〈아래〉와 같이 진술하였는데, 이들 가운데 가해자는 거짓만을 진술하고 가해자가 아닌 사람은 참만을 진술한 것으로 드러났다.

◆ 아 래 ◆

A: 우리 셋 중 정확히 한 명이 거짓말을 하고 있다.

B: 우리 셋 중 정확히 두 명이 거짓말을 하고 있다.
C: A, B 중 정확히 한 명이 거짓말을 하고 있다.

	가해자인 것이 확실	가해자가 아닌 것이 확실
①	A	C
②	B	없음
③	B	A, C
④	A, C	B
⑤	A, B, C	없음

정답 | ②

해설 | A와 B의 진술이 모두 참인 것은 불가능하므로, 두 진술 중 적어도 하나는 거짓말이다. 그런데 B가 참말이라고 가정하자. 그렇다면 A와 C의 진술은 반드시 거짓말이어야 한다. 이 경우 A는 거짓말, B는 참말이므로, C의 진술은 옳은 진술이 된다. 하지만 이는 C의 진술이 거짓말이라는 조건과 충돌하므로 가능하지 않은 경우임을 알 수 있다. 따라서 B의 말은 반드시 거짓말이다.
다음으로 A는 참말, B는 거짓말이라고 가정하더라도 모순은 발생하지 않으므로 이는 가능한 경우이다. 이 경우 C는 참말을 한 것이 된다.
이번에는 A와 B가 모두 거짓말을 했다고 가정해 보자. 그러면 세 명이 모두 거짓말을 했다는 것이 되므로 C도 거짓말을 한 셈이 된다. 이 역시 모순이 발생하지 않으므로 가능한 경우이다.
그러므로 B의 말은 거짓말이 확실하지만, A와 C는 참말을 한 경우와 거짓말을 한 경우가 모두 가능하다.

2019년도 국가공무원 5급 공채, 외교관후보자, 지역인재 7급

다음 글의 내용이 참일 때, 반드시 참인 것만을 〈보기〉에서 모두 고르면?

A 부서에서는 새로운 프로젝트인 〈하늘〉을 진행할 예정이다. 이 부서에는 남자 사무관 가훈, 나훈, 다훈, 라훈 4명과 여자 사무관 모연, 보연, 소연 3명이 소속되어 있다. 아래의 조건을 지키면서 이들 가운데 4명을 뽑아 〈하늘〉 전담팀을 꾸리고자 한다.

- 남자 사무관 가운데 적어도 한 사람은 뽑아야 한다.
- 여자 사무관 가운데 적어도 한 사람은 뽑지 말아야 한다.

- 가훈, 나훈 중 적어도 한 사람을 뽑으면, 라훈과 소연도 뽑아야 한다.
- 다훈을 뽑으면, 모연과 보연은 뽑지 말아야 한다.
- 소연을 뽑으면, 모연도 뽑아야 한다.

◆ 보 기 ◆

ㄱ. 남녀 동수로 팀이 구성된다.
ㄴ. 다훈과 보연 둘 다 팀에 포함되지 않는다.
ㄷ. 라훈과 모연 둘 다 팀에 포함된다.

① ㄱ
② ㄷ
③ ㄱ, ㄴ
④ ㄴ, ㄷ
⑤ ㄱ, ㄴ, ㄷ

정답 | ⑤

해설 | 2번 조건에 의하면 4명으로 구성된 〈하늘〉의 구성은, ⓐ 남자 2명과 여자 2명, ⓑ 남자 3명과 여자 1명, ⓒ 남자 4명, 셋 중 하나이다. 그런데 ⓑ는 남자 사무관 4명 중에서 1명만이 제외된 경우이므로 3번 조건의 전건이 성립하게 된다. 그러면 소연은 반드시 뽑힌다. 그런데 5번 조건에 의해 소연이 뽑히면 모연도 뽑히므로 여자 사무관은 최소한 2명이 포함된다. 하지만 여자 사무관은 1명이라고 가정했으므로 ⓑ는 가능하지 않다. 또한 ⓒ는 3번 조건에 위배된다. 그러므로 ⓐ만이 가능하다.

다훈을 뽑는다고 가정해 보자. 그러면 4번 조건에 의해 모연과 보연은 제외된다. 그러나 여자 사무관이 2명이 포함되어야 하므로 이는 가능하지 않다. 그러므로 다훈은 제외되어야 한다. 이번에는 라훈이 뽑히지 않는다고 가정해 보자. 이 경우 3번 조건에 의해서 가훈과 나훈 둘 다 뽑히지 않는다. 그런데 이렇게 되면 남자 사무관이 3명이나 제외되므로 역시 가능하지 않다. 따라서 라훈은 뽑혀야 한다.

이로부터 우리는 〈하늘〉이 다음과 같이 구성됨을 알 수 있다.

남자: 가훈이나 나훈, 그리고 라훈
여자: 소연, 모연

따라서 ㄱ, ㄴ, ㄷ 모두 성립한다.

다음 글의 내용이 참일 때, 반드시 참인 것만을 〈보기〉에서 모두 고르면?

세 사람, 가영, 나영, 다영은 지난 회의가 열린 날짜와 요일에 대해 다음과 같이 기억을 달리 하고 있다.

- 가영은 회의가 5월 8일 목요일에 열렸다고 기억한다.
- 나영은 회의가 5월 10일 화요일에 열렸다고 기억한다.
- 다영은 회의가 6월 8일 금요일에 열렸다고 기억한다.

추가로 다음 사실이 알려졌다.

- 회의는 가영, 나영, 다영이 언급한 월, 일, 요일 중에 열렸다.
- 세 사람의 기억 내용 가운데, 한 사람은 월, 일, 요일의 세 가지 사항 중 하나만 맞혔고, 한 사람은 하나만 틀렸으며, 한 사람은 어느 것도 맞히지 못했다.

◆ 보 기 ◆

ㄱ. 회의는 6월 10일에 열렸다.
ㄴ. 가영은 어느 것도 맞히지 못한 사람이다.
ㄷ. 다영이 하나만 맞힌 사람이라면 회의는 화요일에 열렸다.

① ㄱ
② ㄷ
③ ㄱ, ㄴ
④ ㄴ, ㄷ
⑤ ㄱ, ㄴ, ㄷ

정답 | ⑤

해설 | 세 사람의 진술을 표로 만들면 다음과 같다.

가영	5월	8일	목요일
나영	5월	10일	화요일
다영	6월	8일	금요일

월과 일에서는 2명씩 일치하지만 요일만 세 명이 모두 다르다. 이 사실과 5번 조건으로부터, 어느 것도 맞히지 못한 사람이 월과 일에서 하나씩만 있는 선택지인 6월 또는 10일에 해당할 수는 없음을 추론할 수 있다. 그러므로 어느 것도 맞히지 못한 사람은 5월과 8일을 모두 고른 사

람일 수밖에 없고, 그는 바로 가영이다. 이로부터 회의의 날짜는 6월 10일임도 추론된다. 그런데 다영이 하나만 맞혔다고 가정하자. 그렇다면 회의가 열린 날이 금요일이라는 다영의 말은 틀렸다. 그런데 가영은 모두 틀린 사람이므로 목요일도 아니다. 따라서 회의가 열린 요일은 화요일일 수밖에 없다. 그러므로 ㄱ, ㄴ, ㄷ이 모두 옳다.

 2019년도 국가공무원 5급 공채, 외교관후보자, 지역인재 7급

다음 글의 내용이 참일 때, 영희가 들은 수업의 최소 개수와 최대 개수는?

> 심리학과에 다니는 가영, 나운, 다선, 라음은 같은 과 친구인 영희가 어떤 수업을 들었는지에 대해 이야기했다. 이들은 영희가 〈인지심리학〉, 〈성격심리학〉, 〈발달심리학〉, 〈임상심리학〉 중에서만 수업을 들었다는 것은 알고 있지만, 구체적으로 어떤 수업을 듣고 어떤 수업을 듣지 않았는지에 대해서는 잘 알지 못했다. 그들은 다음과 같이 진술했다.
>
> - 영희가 〈성격심리학〉을 듣지 않았다면, 영희는 대신 〈발달심리학〉과 〈임상심리학〉을 들었다.
> - 영희가 〈임상심리학〉을 들었다면, 영희는 〈성격심리학〉 또한 들었다.
> - 영희가 〈인지심리학〉을 듣지 않았다면, 영희는 〈성격심리학〉도 듣지 않았고 대신 〈발달심리학〉을 들었다.
> - 영희는 〈인지심리학〉도 〈발달심리학〉도 듣지 않았다.
>
> 추후 영희에게 확인해 본 결과 이들 진술 중 세 진술은 옳고 나머지 한 진술은 그른 것으로 드러났다.

	최소	최대
①	1개	2개
②	1개	3개
③	1개	4개
④	2개	3개
⑤	2개	4개

해설 | 3번 조건과 4번 조건은 동시에 참인 것이 불가능하므로 둘 중 하나가 거짓이다. 따라서 1번과 2번 조건은 참이다. 그런데 영희가 〈성격심리학〉을 듣지 않았다고 가정해 보자. 그러면 1번과 2번 조건에 의해서 영희는 〈성격심리학〉을 들었을 것이다. 이는 모순이므로 가능하지 않다. 따라서 영희는 〈성격심리학〉은 수강한 것이 분명하다.

(1) 3번 조건이 참이고 4번 조건이 거짓인 경우
4번 조건이 거짓이므로 영희는 〈인지심리학〉과 〈발달심리학〉 중 적어도 하나는 수강했다. 그런데 영희가 〈성격심리학〉을 수강하였으므로 3번 조건의 후건은 거짓이고, 이에 전건도 거짓이어야 3번 조건이 참일 수 있다. 즉, 영희는 〈인지심리학〉을 수강했다. 따라서 최소한 〈성격심리학〉과 〈인지심리학〉은 수강한 것이 확실하고, 거기에 〈임상심리학〉이나 〈발달심리학〉을 더 수강하더라도 1, 2, 3번 조건과 충돌하지 않는다. 따라서 이 경우, 최소 2과목 최대 4과목이다.

(2) 3번 조건이 거짓이고 4번 조건이 참인 경우
4번 조건에 의해 영희는 〈인지심리학〉도 〈발달심리학〉도 듣지 않았다. 그리고 3번 조건이 거짓이므로 영희는 〈성격심리학〉을 들었거나 〈발달심리학〉을 듣지 않았다. 앞서 보았듯이 영희가 〈성격심리학〉을 수강한 것은 분명하므로, 영희는 〈임상심리학〉을 들었을 수도 그렇지 않았을 수도 있다. 따라서 이 경우 최소 1과목 최대 2과목이다.

(1)과 (2)를 종합하면, 영희가 들은 수업의 가능한 최소 개수는 1, 가능한 최대 개수는 4임을 알 수 있다.

2019년도 국가공무원 5급 공채, 외교관후보자, 지역인재 7급

다음 글의 내용이 참일 때, 반드시 참인 것은?

- 김 대리, 박 대리, 이 과장, 최 과장, 정 부장은 A 회사의 직원들이다.
- A 회사의 모든 직원은 내근과 외근 중 한 가지만 한다.
- A 회사의 직원 중 내근을 하면서 미혼인 사람에는 직책이 과장 이상인 사람은 없다.
- A 회사의 직원 중 외근을 하면서 미혼이 아닌 사람은 모두 그 직책이 과장 이상이다.
- A 회사의 직원 중 외근을 하면서 미혼인 사람은 모두 연금 저축에 가입해 있다.
- A 회사의 직원 중 미혼이 아닌 사람은 모두 남성이다.

① 김 대리가 내근을 한다면, 그는 미혼이다.

② 박 대리가 미혼이면서 연금 저축에 가입해 있지 않다면, 그는 외근을 한다.

③ 이 과장이 미혼이 아니라면, 그는 내근을 한다.

④ 최 과장이 여성이라면, 그는 연금 저축에 가입해 있다.

⑤ 정 부장이 외근을 한다면, 그는 연금 저축에 가입해 있지 않다.

정답 | ④

해설 | 최 과장이 여성이라고 가정하자. 그러면 6번 조건에 의해 최 과장은 미혼임을 알 수 있다. 그런데 최 과장은 과장 이상이므로 3번 조건에 의해 외근을 한다는 것이 추론된다. 그러므로 최 과장은 5번 조건에 의해서 연금 저축에 가입해 있다.

①번은 김 대리가 내근을 한다고 가정하더라도 김 대리에 대한 어떠한 추가 정보도 추론되지 않는다. ②번은 박 대리가 미혼이면서 연금 저축에 가입해 있지 않다고 가정하면, 5번 조건에 의해 그가 내근을 한다는 것을 알 수 있다. 따라서 반드시 거짓이 된다. ③번은 이 과장이 미혼이 아니라고 가정하면, 6번 조건에 의해 이 과장은 남성이다. 그리고 3번 조건에 의해 그가 외근을 하거나 미혼이 아니라는 것을 알 수 있다. 하지만 이로부터 그가 내근을 한다는 것은 추론되지 않는다. ⑤번은 정 부장이 외근을 한다고 가정하면, 3번 조건에 의해 그는 외근을 하거나 미혼이 아니다. 하지만 이로부터 그가 미혼인지 미혼이 아닌지는 확정할 수 없다. 따라서 5번 조건을 적용할 수 없으므로, 그가 연금 저축에 가입해 있는지의 여부도 알 수 없다.

6 ___ 부당한 형식임을 보이기 - 반례

어떤 연역 논증 형식이 타당한가를 보이는 방법에는 벤다이어그램 그리기, 진리표 그리기, 진리나무 그리기, 자연연역 추론규칙을 통한 증명 등이 있다. 특히 진리나무 방법과 자연연역 증명은 단순한 논리적 사고 도구로서의 효용 뿐 아니라, 논리학과 철학의 중요한 문제에 대한 통찰로 이어진다는 점에서 교육적 가치가 매우 높다. 그러나 타당성의 증명은 기호논리학 과목에 속하는 교과 내용이므로 이 책에서는 생략한다. 타당성의 형식적 증명에 관심이 있는 독자들은 시중에 많이 나와 있는 기호논리학 교재들을 찾아보면 도움이 될 것이다.

반면에 주어진 연역 논증의 형식이 부당하다는 것을 '증명'하는 방법은 원리적으로 존재하지 않는다. 그 대신 우리는 그 형식에 해당하는 논증의 전제가 모두 참이면서 결론이 거짓인 가능한 사례를 제시해서 그 형식이 부당함을 보여줄 수는 있다. 그러한 사례를 반례(counterexample) 혹은 반대사례라고 한다. 예를 들어, 아래의 부당한 연역 논증 형식의 반대 사례는 오른쪽과 같다.

A ∨ B	한국교통대학교는 국공립대학이거나 사립대학이다.
A	한국교통대학교는 국공립대학이다.
∴ A & B	따라서 한국교통대학교는 국공립대학이면서 사립대학이다.

이 논증의 두 전제는 명백히 참이지만, 결론은 명백히 거짓이다. 이러한 반례를 통해 우리는 왼쪽의 연역 논증 형식이 부당하다는 것을 보일 수 있다.

너 이거 알아? : 논증의 부당성을 증명할 수 없는 이유

증명은 명제들의 유한한 나열로 이루어진다. 즉, 증명의 길이가 무한할 수는 없다. 그리고 증명을 구성하는 명제의 나열은 전제들로 시작해서 결론으로 끝난다. 그 사이에는 다음의 두 종류의 명제들로부터 추론 규칙에 따라 도출된 명제들이 자리한다. 전제로부터 추론된 명제, 혹은 전제로부터 도출된 또 다른 명제들로부터 도출된 명제들이다. 그런데 논증이 부당하다면 그 논증의 결론은 전제로부터 혹은 그것으로부터 추론된 명제들로부터, 추론 규칙에 따라 도출될 수 없다. 즉, 증명이 아무리 길게 이어지더라도 우리가 원하는 그 결론은 증명의 나열 위에 나타나지 않는다. 따라서 증명은 영원히 완결되지 않는다. 이것이 연역 논증이 부당함을 증명할 수 없는 이유이다.

다음의 형식에 적절한 반례를 만들어 이 형식들이 부당함을 보이자.

전건부정의 오류	후건긍정의 오류	가정망각의 오류 (1)	가정망각의 오류 (2)
A → B ~A ∴ ~B	A → B B ∴ A	A → B ∴ B	A → B B → C ∴ C

문제는 반례가 과연 진정으로 '가능한'경우인가이다. 다음의 논증은 전제가 모두 참이면서 결론이 거짓인 것이 '가능'할까?

토끼가 포유류라면, 토끼는 동물이다.
개구리는 양서류이다.
따라서 개구리는 동물이다.

어떤 사람이 이 논증을 두고 "두 전제가 참이면서 결론이 거짓인 것이 가능하다. 왜냐하면 양서류들은 동물이 아닌 식물일 수도 있기 때문이다."고 말했다고 하자. 실제로 양서류들이 식물로 분류되어야 할 어떤 그럴듯한 과학적인 이유가 있을지도 모르므로 이 논증은 전제가 참이면서 결론이 거짓이 되는 것이 가능한 것도 같다. 하지만 그것이 진정한 뜻에서의 '가능'인지 우리는 고개를 갸웃하게 된다.

그래서 반례가 올바른가를 평가하려면 그 경우가 '가능한 경우'인가를 평가할 기준이 필요하다. 불가능성에서는 다음의 세 종류가 있다.

수사적 불가능성	불가능하지 않지만, 현실에서 일어날 개연성이 거의 없는 불가능성	"탤런트 송중기가 다음 대통령 선거에서 대통령으로 당선된다."
물리적 불가능성	자연의 법칙을 위반하는 불가능성	"기적이 일어나 우주 안의 중력이 한 순간에 모두 사라진다."
논리적 불가능성	모순인 경우로서 참이 되는 경우를 상상하는 것조차 불가능한 불가능성.	"이 도형은 사각형이면서 원이다."

논리학의 시각에서 적절한 반례가 될 수 있는 경우는, 수사적으로 불가능한 경우와 물리적으로 불가능한 경우이다. 다시 말해 그러한 경우들은 '가능한 경우'로 간주된다. 위에서 예로 든, 양서류인 개구리가 식물로 분류되는 경우는 자연의 법칙을 위반하므로 물리적으로는 불가능하지만 논리적으로는 충분히 가능한 경우로 취급된다. 논리학은 말의 관계를 탐구하는 학문이므로 자연의 법칙이 실제로 어떠한지 현실에 무엇이 일어날 개연성이 높고 낮은지는 기본적으로는 논리의 관심사가 아니다. 그러므로 말의 관계에서 모순이 없는 한 모두 가능한 반례로 인정하는 것이다.

하지만 실천으로서의 논리적 사고의 시각에서 본다면, 반례의 적절성은 수사적 불가능성까지만 인정하는 것이 바람직하다. 비록 개구리가 식물로 분류되는 것이 말이 안 될 것이 없다 하더라도, 저와 같은 예를 반례로 드는 것은 현실에선 논리적인 말과 생각으로 인정되기 어렵다. 논리적 사고의 중요한 목적은 나의 주장을 상대방에게 납득시키는 것임을 상기한다면, 수사적 불가능성의 선을 넘는 지나치게 비현실적인 반례는 들지 않는 것이 좋다.

7___ 명제의 분석과 반례 들기

이 책에서는 단순 명제 전체를 하나의 단위로 하여 A, B, C… 등으로 이름 붙여 살펴보고 있다. 하지만 명제의 내적 구조는 더 자세히 분석될 수 있으며, 그에 따라 반례 만들기도 명제를 구성하는 세부 구성요소 단위로 이루어질 수 있다. 그 내용은 기호논리학 과목에서 다루는 것이 적절하므로 이 책에서는 몇 개의 예를 드는 것으로 대신하고자 한다.

예 example

부당한 논증 형식	반례
약간의 A는 B이다. 약간의 B는 C이다. 따라서 약간의 A는 C이다.	약간의 여성은 한국인이다. 약간의 한국인은 남성이다. 따라서 약간의 여성은 남성이다.
어떤 A도 B가 아니다. 어떤 B도 C가 아니다. 따라서 어떤 A도 C가 아니다.	어떤 코뿔소도 무생물이 아니다. 어떤 무생물도 포유류가 아니다. 따라서 어떤 코뿔소도 포유류가 아니다.
모든 A는 B이다. 어떤 A도 C가 아니다. 따라서 어떤 B도 C가 아니다.	모든 한국교통대학교 학생은 대학생이다. 어떤 한국교통대학교 학생도 여대 학생이 아니다. 따라서 어떤 대학생도 여대 학생이 아니다.

 생각해 볼 문제

위 논증 형식들로 또 다른 반례를 만들어 보자. 벤다이어그램을 그려가며 생각하면 쉽다.

제4장

귀납 논증

귀납 논증 단원의 핵심은 주어진 귀납 논증이 어떤 조건 하에서 강한 혹은 약한 귀납 논증이 되는가이다. 다시 말해, 주어진 전제^(증거)가 그 논증의 결론^(가설)이 참일 개연성을 높이는지^(입증), 낮추는지^(반입증), 아니면 무관한지를 판단하는 것이 이 단원의 핵심이다.

1　귀납 논증의 두 측면

　귀납 논증의 강도는 주어진 증거들 하에서 결론이 참일 개연성 즉 확률이 어느 정도인가에 따라 결정된다. 주의할 점은, 그 정도를 판단하는 과정에서 주관적, 심리적인 요소에 휘둘려 확률 수치나 기댓값을 틀리게 판단해서는 안 된다는 점이다. 확률적으로 서로 독립적인 사건들에 관한 증거로부터 그릇된 결론을 이끌어내는 도박사의 오류는 그러한 잘못의 대표적 사례이다.

> **예 example**
>
> 제 1차 세계대전 당시, 독일군 진영으로 돌격하는 프랑스의 군인들은 독일군이 포사격을 시작하면 이미 파여 있는 포탄 구덩이 안으로 들어가 숨곤 하였다. 이미 한 번 독일군의 포탄이 떨어졌던 자리에 또 다시 독일군의 포탄이 떨어질 확률은 다른 곳보다 낮을 것이라고 믿었기 때문이었다.

반면에 귀납 논증의 결론을 수용하는 것이 합리적인가의 여부는 관점, 개인의 가치관, 논증의 맥락 등 따라 다양할 수 있음도 유념해야 한다. 다시 말해, 주어진 귀납 추론에 대해서 만약 전제가 모두 참이라면 결론이 참일 확률 값을 모든 사람이 똑같이 판단한다 하더라도, 그 결론을 수용하는 것이 또는 기각하는 것이 합리적인가의 여부는 누구의 관점에서 판단하느냐에 따라 다를 수 있다. 예를 들어 다음을 보자.

예 example

나는 이번에 대학 수시모집에 지원한다. 그런데 이번 수시모집에서 대략 30% 가량의 지원자들은 면접에서 당락이 결정될 예정이다. 그러므로 나도 면접에서 당락이 결정될 것이다.

이 귀납 논증에서 전제가 참일 때 결론이 참일 확률은 대략 30% 내외이다. 수치만 놓고 본다면 이 정도의 확률은 그다지 높다고 보기 어렵다. 그러나 우리는 지금 수시모집에 지원하는 사람이 다름 아닌 '나'임에 주목할 필요가 있다. 대학입시는 나의 인생에 큰 영향을 미치는 중요한 과정인데, 그 과정에서 30%의 당락을 결정하는 요소라면 결코 무시할 수 없을 것이다. 비록 30%라는 수치 자체는 모든 이에게 동일한 값으로 제시되지만, 그 30%의 확률에 기초하여 수시모집 면접 준비를 철저히 할 것인지 아니면 그 노력과 시간을 다른 곳에 분산시켜야 할지의 결정은 누구의 입장에서 판단하느냐에 따라 달라질 수 있다. 이처럼 전제가 모두 참일 때 결론이 참일 확률이 어느 선 이상이어야만 그 결론을 수용하는 것이 합리적인가는 본질적으로 모호한 문제이다. 그래서 귀납 논증을 평가할 때에는, 전제가 참일 때 결론이 참일 확률의 수치만 가지고 판단해서는 안 된다. 그 수치 자체가 높거나 낮다는 것과 그 결론을 수용 또는 기각하는 것이 합리적인가가 항상 일치하지는 것은 아니다.

생**각해 볼 문제**

당신은 다음의 제안을 받아들이겠는가? 그 이유는 무엇인가? 각자의 의견을 나누어 보자.

"공평한 동전을 단 한 번만 던진다. 앞면이 나오면 나는 당신에게 200만원을 준다. 하지만 만약 뒷면이 나오면 당신은 나에게 100만원을 준다."

2017학년도 법학적성시험

다음 글로부터 추론한 것으로 옳지 않은 것은?

증거는 가설을 입증하기도 하고 반증하기도 한다. 물론, 어떤 증거는 가설에 중립적이기도 하다. 이렇게 증거와 가설 사이에는 입증·반증·중립이라는 세 가지 관계만이 성립하며, 이 외의 다른 관계는 성립하지 않는다. 그럼 이런 세 관계는 어떻게 규정될 수 있을까? 몇몇 학자들은 이 관계들을 엄격한 논리적인 방식으로 규정한다. 이 방식에 따르면, 어떤 가설 H가 증거 E를 논리적으로 함축한다면 E는 H를 입증한다. 또한 H가 E의 부정을 논리적으로 함축한다면 E는 H를 반증한다. 물론 H가 E를 함축하지 않고 E의 부정도 함축하지 않는다면, E는 H에 대해서 중립적이다. 이런 증거와 가설 사이의 관계는 '논리적 입증·반증·중립'이라고 불린다.

그러나 증거와 가설 사이의 관계는 확률을 이용해 규정될 수도 있다. 가령 우리는 "E가 가설 H의 확률을 증가시킨다면 E는 H를 입증한다."고 말하기도 한다. 이와 비슷하게 우리는 "E가 H의 확률을 감소시킨다면 E는 H를 반증한다."고 말한다. 물론 E가 H의 확률을 변화시키지 않는다면 E는 H에 중립적이라고 하는 것이 자연스럽다. 이런 증거와 가설 사이의 관계에 대한 규정은 '확률적 입증·반증·중립'이라고 불린다. 그렇다면 논리적 입증과 확률적 입증은 어떤 관계가 있을까? 흥미롭게도 H가 E를 논리적으로 함축한다면 E가 H의 확률을 증가시킨다는 것이 밝혀졌다. 반면에 그 역은 성립하지 않는다. 우리는 이 점을 이용해 입증에 대한 두 규정들 사이의 관계를 추적할 수 있다.

① E가 H를 논리적으로 반증하지 않고 H에 논리적으로 중립적이지도 않다면, E는 H에 확률적으로 중립적이지 않다.
② E가 H를 논리적으로 입증한다면 E의 부정은 H를 논리적으로 반증한다.
③ E가 H를 논리적으로 반증한다면 E의 부정은 H를 확률적으로 입증한다.
④ E가 H에 확률적으로 중립적이라면 E는 H를 논리적으로 입증하지 않는다.
⑤ E가 H를 확률적으로 입증하지 않는다면 E는 H를 논리적으로 반증한다.

정답 | ⑤

해설 | 지문에 요약된 확률적 입증, 반증, 그리고 중립이 바로 이 4장 전체의 핵심이다.
①에 제시된 조건은 E가 H를 논리적으로 입증한다, 즉 H는 E를 논리적으로 함축한다는 것이다. 이 경우 E는 H의 확률을 증가시키므로 ①은 옳은 진술이다. ②에서 E의 부정이 H를 논리적으로 반증한다는 것은 곧 H가 E의 부정의 부정을 논리적으로 함축한다는 뜻이다. 이 말은 H가 E를 논리적으로 함축한다는 것과 같은 말이므로 ②도 옳은 진술이다. ③에서 제시된 조건을 따르면 H는 E의 부정을 논리적으로 함축한다. 이 경우 E의 부정은 H의 확률을 증가시킨다. 따라서 옳은 진술이다. ④의 조건은 E가 H의 확률을 변화시키지 않는다는 것이다. 그러므로 E는 H의 확률을 증가시키지 않는다. 그리고 지문 마지막 단락의 두 번째 문장을 통해서, 이 경우 H가 E를 논리적으로 함축하지 않는다는 것도 알 수 있다. 따라서 ④도 옳은 진술이다.
반면에 ⑤는 틀린 진술이다. ⑤의 조건에 의하면 E는 H의 확률을 증가시키지 않으며, 그로부터 H가 E를 논리적으로 함축하지 않는다는 것은 알 수 있다. 하지만 이로부터 H가 E의 부정을 논리적으로 함축하는지의 여부까지는 알 수 없다.

다음으로부터 추론한 것으로 옳지 않은 것은?

자료와 가설 사이에 성립하는 증거 관계는 자료가 가설의 확률을 어떻게 변화시키느냐에 의해 정의된다. '자료가 어떤 가설에 대해 긍정적 증거'라는 말은 그 자료가 해당 가설이 참일 확률을 높인다는 뜻이다. 마찬가지로 '자료가 어떤 가설에 대해 부정적 증거'라는 말은 그 자료가 해당 가설이 참일 확률을 낮춘다는 뜻이다. 또한 '자료가 어떤 가설에 대해 중립적 증거'라는 말은 그 자료가 해당 가설이 참일 확률을 높이지도 낮추지도 않는 다는 뜻이다. 이를 통해 하나의 자료가 서로 양립할 수 없는 여러 경쟁가설들과 어떤 관계에 있는지 추적할 수 있다. 이를 위해 경쟁가설들로 이루어진 집합을 생각해 보자. 참일 수 없는 가설은 고려할 가치가 없으므로 우리가 고려하는 경쟁가설의 확률은 모두 0보다 크다고 할 수 있다. 또한 경쟁가설 집합에 속한 가설들은 동시에 참이 될 수 없으며, 그 가설들 중 하나는 참이라고 상정한다. 그러므로 경쟁가설 집합에 속한 각 가설들이 참일 확률의 합은 1이 된다. 물론 경쟁가설 집합의 크기는 다양할 수 있다. 위 정의에 따라 경쟁가설 집합에 속한 가설들과 자료 사이의 관계를 규명할 수 있다. 가령, 경쟁가설 집합에 H1과 H2라는 두 개의 가설만 있는 경우를 생각해 보자. 이 경우 H1이 참일 확률과 H2가 참일 확률의 합은 1로 고정되어 있어 하나의 확률이 증가하면 다른 것의 확률은 감소할 수밖에 없다. 따라서 H1에 대해 긍정적 증거인 자료는 H2에 대해 부정적 증거가 된다. 비슷한 이유에서, H1에 대해 중립적 증거인 자료는 H2에 대해서도 중립적 증거가 된다.

① 어떤 자료가 세 개의 가설 각각에 대해 부정적 증거라면, 이 세 가설이 속하는 경쟁가설 집합에는 또 다른 가설이 적어도 하나는 있어야 한다.
② 어떤 자료가 경쟁가설 집합에 속한 한 가설의 확률을 1로 높이면, 그 자료는 그 집합에 속한 다른 가설에 대해 중립적 증거일 수 있다.
③ 경쟁가설 집합에 속한 어떤 가설에 대해 긍정적 증거인 자료는 그 집합에 속한 적어도 한 개의 다른 가설에 대해 부정적 증거가 된다.

④ 경쟁가설 집합 중에서 어떤 자료가 긍정적 증거가 되는 경쟁가설의 수와 부정적 증거가 되는 경쟁가설의 수는 다를 수 있다.

⑤ 경쟁가설 집합에 세 개의 가설만 있는 경우, 그 집합에 속한 가설 중 단 두 개에 대해서만 중립적인 자료는 있을 수 없다.

정답 | ②

해설 | 이 문제의 지문의 전반부 역시 이 장의 취지를 잘 요약한다.

①은 옳은 진술이다. 집합 안의 가설들이 참일 확률의 합은 1로 고정되어 있으므로, 어떤 가설 또는 가설들에 대한 부정적 증거는 그 집합 안의 다른 대안가설에 대해서는 긍정적 증거가 되어야 하기 때문이다. ③이 옳은 이유 역시 이와 비슷하다. ④가 옳은 이유를 이해하려면, 하나의 자료가 한 가설이 참일 확률을 0.2만큼 올리면서 다른 두 가설이 참일 확률을 각각 0.1씩 떨어트리는 경우를 떠올리면 쉽다. ⑤의 조건에 의하면 해당 자료는 남은 단 하나의 가설에 대해 긍정적 증거이거나 부정적 증거이다. 하지만 집합 안의 가설들이 참일 확률의 합이 1로 고정되어 있으므로 그러한 경우는 있을 수 없다.

②는 틀린 진술이다. ②의 조건에 의하면 나머지 경쟁가설들이 참일 확률은 0으로 떨어져야 한다. 그런데 경쟁가설들의 확률은 모두 0보다 큰 값에서 시작하므로 해당 자료는 그 가설들에 부정적 증거일 수밖에 없다.

2019년도 국가공무원 5급, 외교관후보자, 지역인재 7급

다음 글의 ㉠에 근거한 추론으로 옳은 것만을 〈보기〉에서 모두 고르면?

우리는 믿음과 관련하여 여러 종류의 태도를 가질 수 있다. 예를 들어, 우리는 내일 비가 온다는 명제가 참이라고 믿을 수도 있고, 거짓이라고 믿을 수도 있다. 또한 그 명제가 참이라고 믿지도 않고 거짓이라고 믿지도 않을 수 있다. 이렇게 거칠게 세 가지 종류로만 구분된 믿음 태도는 '거친 믿음 태도'라고 불린다.

한편, 우리의 믿음 태도는 아주 섬세하게 구분될 수도 있다. 우리는 내일 비가 온다는 명제가 참이라는 것을 0.2의 확률로 믿을 수도 있고 0.5의 확률로 믿을 수도 있고 0.8의 확률로 믿을 수도 있다. 말하자면, 그 명제가 참일 확률에 따라 우리의 믿음 태도는 섬세하게 구분될 수도 있다는 것이다. 이렇게 확률에 따라 구분된 믿음 태도는 '섬세한 믿음 태도'라고 불린다.

이 두 종류의 믿음 태도는 ㉠ '믿음의 문턱'이라는 개념을 이용한 규정을 통해 서로 연결될 수 있다. 그 규정은 이렇다. '어떤 명제를 참이라고 믿기 위한 필요충분조건은 그 명제가 참이라는 것을 특정 확률 값 k보다 크게 믿는 것이다. 그리고 어떤 명제를 거짓이라고 믿기 위한 필요충분조건은 그 명제가 거짓이라는 것을 그 확률 값 k보다 크게 믿는 것이다. 단, k의 값은 0.5보다 작지 않다.' 이때 확률 값 k를 믿음의 문턱이라고 부른다.

이제 이러한 규정을 적용해 보기 위해 일단 당신의 믿음의 문턱이 0.8이라고 해보자. 그리고 당신은 내일 비가 온다는 명제가 참이라는 것을 0.9의 확률로 믿고 있다고 하자. 이 경우 우리는 '당신은 내일 비가 온다는 명제를 참이라고 믿고 있다.'고 말할 수 있다. 이번에는 당신이 내일 비가 온다는 명제가 거짓이라는 것을 0.9의 확률로 믿고 있다고 해 보자. 그럼 우리는 당신의 믿음의 문턱이 0.8이라는 점을 고려하여 '당신은 내일 비가 온다는 명제가 거짓이라고 믿고 있다.'고 말할 수 있다.

그럼, 당신이 내일 비가 온다는 명제가 참이라는 것도 0.5의 확률로 믿고 있고, 그 명제가 거짓이라는 것도 0.5의 확률로 믿고 있는 경우는 어떨까? 이 경우 우리는 당신의 믿음의 문턱이 0.8이라는 점을 고려하여 '당신은 내일 비가 온다는 명제를 참이라고 믿지도 않고 거짓이라고 믿지도 않는다.'고 말할 수 있다.

◆ 보 기 ◆

ㄱ. 철수의 믿음의 문턱이 0.5인 경우, 철수는 모든 명제를 참이라고 믿지도 않고 거짓이라고 믿지도 않는다.

ㄴ. 영희의 믿음의 문턱이 고정되어 있을 경우, 내일 비가 온다는 명제에 대한 영희의 섬세한 믿음 태도가 변한다고 하더라도 그 명제에 대한 영희의 거친 믿음 태도는 변하지 않는 경우도 있다.

ㄷ. 철수와 영희가 동일한 수치의 믿음의 문턱을 가지고 있을 경우, 두 사람 모두 내일 비가 온다는 명제를 참이라고 믿고 있지 않다면 두 사람 모두 내일 비가 온다는 명제를 거짓이라고 믿고 있다.

① ㄱ   ② ㄴ

③ ㄱ, ㄷ   ④ ㄴ, ㄷ

⑤ ㄱ, ㄴ, ㄷ

정답 | ②

해설 | 지문에 등장하는 '믿음의 문턱'이라는 개념은, 어떤 가설의 확률이 고정되었더라도 그 수용 여부
는 각자의 주관적 기준에 따라 다를 수 있음을 보여준다.

ㄴ은 적절한 진술이다. 가령 영희의 믿음의 문턱이 0.7이고, 해당 명제에 대한 섬세한 믿음 태도
가 0.8에서 0.9로 바뀌더라도, 거친 믿음 태도인 '그 명제가 참이라고 믿는다.'는 바뀌지 않는다.

ㄱ은 명백히 적절하지 않다. 철수가 모든 명제에 대해서 그것이 참이라는 것도 거짓이라는 것도
0.5보다 작은 확률로 믿는다는 법은 없기 때문이다.

지문의 마지막 단락의 내용을 참조하여 ㄷ을 살펴보자. 철수와 영희의 공통된 믿음의 문턱을 0.8
이라고 하자. 철수와 영희 모두 해당 명제가 참이라는 것을 0.1만큼 믿고 있다고 하자. 반면에 해
당 명제가 거짓이라는 것을 철수는 0.9만큼 믿고 있지만 영희는 0.5만큼 믿고 있다고 하자. 이 경
우 철수는 해당 명제를 참이라고 믿지 않고 거짓이라고 믿고 있지만, 영희는 해당 명제가 참이라
고 믿지도 않고 거짓이라고 믿지도 않는다. 따라서 ㄷ은 적절하지 않은 진술이다.

💡 **2019년도 국가공무원 5급, 외교관후보자, 지역인재 7급**

다음 글에서 추론할 수 있는 것만을 〈보기〉에서 모두 고르면?

두 선택지 중 하나를 고르는 게임을 생각해 보자. 게임 A에서 철수는 선
택1을 선호한다.

〈게임 A〉 선택1: 100만원이 들어 있는 봉투 100장 중에서 봉투 하나를
　　　　　　　　무작위로 선택한다.

　　　　　　선택2: 200만원이 들어 있는 봉투 10장, 100만원이 들어 있
　　　　　　　　는 봉투 89장, 빈 봉투 1장 중에서 봉투 하나를 무작
　　　　　　　　위로 선택한다.

한편 그는 게임 B에서는 선택4를 선호한다.

〈게임 B〉 선택3: 100만원이 들어 있는 봉투 11장, 빈 봉투 89장 중에서
　　　　　　　　봉투 하나를 무작위로 선택한다.

선택4: 200만원이 들어 있는 봉투 10장, 빈 봉투 90장 중에서 봉투 하나를 무작위로 선택한다.

그런데 선호와 관련한 원리 K를 생각해 보자. 이는 "기댓값을 계산해 그 값이 더 큰 것을 선호하라."는 것을 말한다. 이 원리를 받아들인다면, 철수는 게임 A에서는 선택2를, 게임 B에서는 선택4를 선호해야 한다. 계산을 해보면 그 둘의 기댓값이 다른 것보다 더 크기 때문이다.

한편 선호와 관련해 또 다른 원리 P도 있다. 이는 "두 게임이 '동일한 구조'를 지닌다면, 두 게임의 선호는 바뀌지 말아야 한다."는 것을 말한다. 이때 두 게임의 선택에 나오는 '공통 요소'를 다른 것으로 대체한 것은 '동일한 구조'를 지닌다고 본다. 예를 들어보자. 먼저 선택1은 100만원이 들어 있는 봉투 11장, 100만원이 들어 있는 봉투 89장 중에서 봉투 하나를 무작위로 선택한다."와 같다는 사실에서 출발하자. 이렇게 볼 경우, 이제 선택1과 선택2는 '100만원이 들어 있는 봉투 89장'을 공통 요소로 포함하고 있으므로 이를 '빈 봉투 89장'으로 대체하자. 그러면 다음 두 선택으로 이루어진 게임도 앞의 게임 A와 동일한 구조를 지닌 것이 된다는 것이다.

선택1*: 100만원이 들어 있는 봉투 11장, 빈 봉투 89장 중에서 봉투 하나를 무작위로 선택한다.
선택2*: 200만원이 들어 있는 봉투 10장, 빈 봉투 90장 중에서 봉투 하나를 무작위로 선택한다.

원리 P는 선택1을 선택2보다 선호하는 사람이라면 동일한 구조를 지닌 이 게임에서도 선택1*을 선택2*보다 선호해야 한다는 것을 말해준다. 흥미로운 사실은 선택1*과 선택2*는 앞서 나온 게임 B의 선택3 및 선택4와 정확히 같다는 점이다. 그러므로 선택1을 선택2보다 선호하는 철수가 원리 P를 받아들인다면 선택3을 선택4보다 선호해야 한다.

• 보 기 •

ㄱ. 〈게임 A〉에서 선택1을, 〈게임 B〉에서 선택3을 선호하는 사람은 두 원리 가운데 적어도 하나는 거부해야 한다.

ㄴ. 〈게임 A〉에서 선택2를, 〈게임 B〉에서 선택3을 선호하는 사람은 두 원리 가운데 적어도 하나는 거부해야 한다.

ㄷ. 〈게임 A〉에서 선택2를, 〈게임 B〉에서 선택4를 선호하는 사람은 두 원리
가운데 적어도 하나는 거부해야 한다.

① ㄱ   ② ㄷ
③ ㄱ, ㄴ   ④ ㄴ, ㄷ
⑤ ㄱ, ㄴ, ㄷ

정답 ┃ ③

해설 ┃ 지문은 '알레 역설(Allais's Paradox)'을 소개한다. 알레의 실험은 대부분의 사람들이 게임 A에서의
철수의 선택과 같이 기댓값이 더 적음에도 불구하고 위험을 회피하는 선택을 하는 경향이 있음을
보여준다. 하지만 이러한 선택 자체를 불합리하다고 보기는 어렵다. 앞서 살펴본 것처럼, 귀납적
판단의 합리성은 각자의 가치관(안전이나 수익률 등)에 따라 달라질 수 있기 때문이다.
ㄱ과 ㄴ의 사람 둘 다 적어도 원리 K를 거부해야 한다는 것은 명백하다. 반면에 ㄷ의 사람은 두
게임 모두에서 원리 K를 따르고 있다. 그런데 게임 A와 B는 동일한 구조를 가지고 있으므로 이
사람은 원리 P도 따르고 있음을 알 수 있다. 따라서 ㄷ은 추론되지 않는다.

2017년도 국가공무원 5급 및 7급 민간경력자

다음 글의 장치 A에 대하여 바르게 판단한 것만을 〈보기〉에서 모두 고르면?

신용카드 거래가 사기 거래일 확률은 1,000분의 1이다. 신용카드 사기
를 감별하는 장치 A는 정당한 거래의 99%를 정당한 거래로 판정하지만
1%는 사기 거래로 오판한다. 또한 A는 사기 거래의 99%를 사기 거래로
판정하지만 1%는 정당한 거래로 오판한다. A가 어떤 거래를 사기 거래
라고 판단하면, 신용카드 회사는 해당 카드를 정지시켜 후속 거래를 막
는다. A에 의해 카드 사용이 정지된 사례가 오판에 의한 카드 정지 사례
일 확률이 50%보다 크면, A는 폐기되어야 한다.

───◆ 보 기 ◆───

ㄱ. A가 정당한 거래로 판정한 거래는 모두 정당한 거래이다.

ㄴ. 무작위로 10만 건의 거래를 검사했을 때, A가 사기 거래를 정당한 거래 라고 오판하는 건수는 정당한 거래를 사기 거래라고 오판하는 건수보다 적을 것이다.

ㄷ. A는 폐기되어야 한다.

① ㄱ

② ㄴ

③ ㄱ, ㄷ

④ ㄴ, ㄷ

⑤ ㄱ, ㄴ, ㄷ

정답 | ④

해설 | 귀납 논증을 평가할 때는 확률의 크기에 현혹되어서는 안 된다. A는 정상거래와 사기거래를 각각 99%의 확률로 정확하게 판별하지만, A는 폐기되어야 한다. 신용카드 거래 중 사기 거래는 1,000 건 중 1건이므로, 10만 건의 거래 중 정상거래는 99,900건이며 이 중 1%인 999건이 오판에 의 해 정지된다. 그리고 사기거래는 100건이며, 이 중 99%인 99건이 올바른 정지이다.

ㄱ. A가 사기거래 100건 가운데 1%인 1건을 정당한 거래로 오판하므로 틀린 진술이다.

ㄴ. A가 사기거래를 정당한 거래라고 오판하는 건수는 1건인 반면, 정당한 거래를 사기 거래라 고 오판하는 건수는 999건이다. 따라서 옳은 진술이다.

ㄷ. 지문에 의하면 전체 카드 정지 중 오판에 의한 정지가 더 많으면 A는 폐기되어야 한다. A에 의한 카드 정지 가운데 오판에 의한 정지가 999건, 올바른 정지가 99건이므로, 옳은 진술이다.

2018년도 국가공무원 5급, 외교관후보자, 지역인재 7급

다음 ㉠을 평가한 것으로 가장 적절한 것은?

일어나기 매우 어려운 사건이 일어났다고 매우 믿을 만한 사람이 증언했 을 때, 우리는 그 사건이 일어났다고 추론할 수 있는가? 증언하는 사람 이 거짓말을 자주 해서 믿을 만하지 않은 사람이거나 증언이 진기한 사 건에 관한 것이라면, 증언의 믿음직함은 떨어질 수밖에 없다. 흄은 증언 이 단순히 진기한 사건 정도가 아니라 기적 사건에 관한 것인 경우를 다 룬다. 기적이 일어났다고 누군가 증언했다고 생각해 보자. 흄의 이론에 따르면, 그 증언이 거짓일 확률과 그 기적이 실제로 일어날 확률을 비교해서, 후자가 더 낮다면 우리는 기적 사건이 일어나지 않았다고 생각하고, 전자가 더 낮다면 우리는 그 증언이 거짓이 아니라고 생각해야 한다. 한편 프라이스의 이론에 따르면, 그 증언이 참일 확률이 기적이 일어날 확률보다 훨씬 높으면, 우리는 그 증언으로부터 기적이 실제로 일어났으리라고 추론할 수 있다.

예컨대 가람은 ㉠ 거의 죽어가는 사람이 살아나는 기적이 일어났다고 증언했다. 그런 기적이 일어날 확률은 0.01%지만, 가람은 매우 믿을 만한 사람이어서 그의 증언이 거짓일 확률은 0.1%다. 의심 많은 나래는 가람보다 더 믿을 만한 증인이다. 나래도 그런 기적을 증언했는데 그의 증언이 거짓일 확률은 0.001%다.

① 흄의 이론에 따르면, 나래가 ㉠에 대해 거짓말했다고 생각해야 한다.
② 흄의 이론에 따르면, ㉠에 대한 가람의 증언이 받아들일 만하다고 생각해야 한다.
③ 프라이스의 이론에 따르면, 가람이 ㉠에 대해 거짓말했다고 생각해야 한다.
④ 흄의 이론에 따르든 프라이스의 이론에 따르든, 가람의 증언으로부터 ㉠이 실제로 일어났으리라고 추론할 수 있다.
⑤ 흄의 이론에 따르든 프라이스의 이론에 따르든, 나래의 증언으로부터 ㉠이 실제로 일어났으리라고 추론할 수 있다.

정답 | ⑤

해설 | 귀납 논증의 평가는 각 명제의 확률을 서로 비교하는 과정을 포함한다. 이 문제는 그에 관한 재미있는 사례이다.
흄의 이론은 다음과 같다.
1) 기적의 확률 〉 증언이 거짓일 확률 ⇒ 기적은 일어났다.
2) 기적의 확률 〈 증언이 거짓일 확률 ⇒ 기적은 일어나지 않았다.
반면에 프라이스의 이론은 다음과 같다.
기적의 확률 〈 증언이 참일 확률 ⇒ 기적은 일어났다.
그런데 프라이스의 이론에서 "증언이 참일 확률"을 "증언이 거짓일 확률"로 바꾸면 부등호의 방향이 거꾸로 바뀐다. 즉, 프라이스의 이론은 흄의 이론에서의 1)과 똑같은 내용을 가진다. 그리고 지문에서 주어진 조건은 다음과 같다.
기적의 확률 (0.01%) 〈 가람의 증언이 거짓일 확률 (0.1%)
기적의 확률 (0.01%) 〉 나래의 증언이 거짓일 확률 (0.001%)

①과 ②는 흄의 이론의 1)과 2)에 의해 잘못된 진술임을 쉽게 알 수 있다. ③도 잘못된 진술이다. 가람의 경우는 흄의 2)에 해당하지만 프라이스의 이론은 흄의 1)에만 해당하므로, 가람의 증언을 믿어야 하는지 믿지 않아야 하는지 아니면 보류해야 하는지에 대해 프라이스가 어떤 입장인지는 알 수 없기 때문이다. ④는 흄의 2)에 의해 잘못된 진술임을 알 수 있다. ⑤는 올바르다. 나래의 경우는 흄의 1)에 해당하며, 이 경우 흄과 프라이스의 이론은 공히 나래의 증언은 믿는 것이 합리적이라고 말한다.

2 ___ 귀납적 일반화

귀납적 일반화는 귀납 논증 가운데 가장 흔하면서도 친숙한 형태이다. 우리가 일상적으로 귀납 논증이라고 하면 보통은 일반화를 가리키는 경우가 많으며, 아리스토텔레스의 귀납 논증 정의도 귀납적 일반화에 대한 정의와 일치한다.

'일반화'란 개별적인 전제로부터 일반적인 결론으로 나아가는 추론을 가리킨다. 여기서 '일반적인 결론'이란 종(種)에 관한 주장을 말한다. 다음의 귀납적 일반화 논증의 결론은 '혈액형이 A형인 사람'이라는 종에 관한 주장을 하고 있다.

> 내 친구 갑돌이는 혈액형이 A형인데 소심하다.
> 직장 동료인 박과장도 혈액형이 A형인데 소심하다.
> 동생 을순이도 혈액형이 A형인데 소심하다.
> 따라서 혈액형이 A형인 사람들은 모두 소심하다.

귀납적 일반화가 나쁜 논증이 되는 대표적인 경우는 두 가지이다. 첫째는 너무 적은 표본으로부터 결론을 이끌어내어 나쁜 논증이 되는 경우로, 이를 "성급한 일반화의 오류"라고 부른다. 둘째는 실제로는 동질적이지 않은 집합을 동질적인 집합이라고 잘못 판단하는 오류로 이를 "편향된 일반화의 오류"라고 부른다. 확증 편향, 즉 특정한 가설에 유리한 증거만을 선별적으로 받아들이는 것이 편향된 일반화의 오류의 전형적인 사례 가운데 하나이다.

2016년 4월 13일 총선 직전, 거의 모든 여론조사 기관들은 여당의 승리를 예상했다. 그러나 실제 선거 결과는 야당의 승리였다. 문제는 여론조사 방식이었다. 여론조사 기관들은 집 전화를 대상으로 한 임의걸기(RDD)방식의 조사방식을 사용한다. 그러나 휴대전화 사용이 보편화되면서 집 전화를 비치하지 않는 가구가 전체의 30%에 달한다. 그래서 연령대가 젊은 단독 또는 2인 가구의 경우 조사대상에 포함되지 않고, 4인 이상 가구의 높은 연령층이 집 전화를 받게 되는 경우가 많다. 이것이 여론조사 표본의 쏠림을 초래했던 것이다.

생각해 볼 문제

친구와의 대화, 뉴스 보도, SNS의 글 등에서, 성급한 일반화의 오류나 편향된 자료의 오류를 만난 경험을 각자 이야기해 보자.

귀납적 일반화를 활용할 때 다음 몇 가지 사항을 염두에 둘 필요가 있다. 첫째, 귀납적 일반화는 표본이 속한 모집단이 이질적일수록 더 약한 귀납 논증이 되는 경향이 있다. "혈액형이 A형인 사람은 소심하다."가 나쁜 일반화인 이유는, 이 논증의 증거로 활용되는 표본의 모집단인 'A형 혈액형인 사람들의 집합'에 속한 사람들끼리 공통점이라고는 혈액형이 A형이라는 것 외에는 없기 때문이다. 반면에 자연종(natural kind)과 같이 극단적으로 동질적인 모집단에 대한 귀납적 일반화는 매우 강한 논증이 된다. 둘째, 편향되지 않은 표본을 마련하는 가장 손쉬운 방법은 표본을 무작위로 추출하는 것이지만, 표본이 무작위로 추출되었음이 그 표본의 비편향성을 반드시 보장하지는 않는다는 점에 유의해야 한다. 셋째, 개별적인 전제로부터 일반적인 결론을 이끌어내는 일반화 논증이 모두 귀납 논증은 아니다. 완전 매거 귀납은 일반화의 한 종류로, 전제에서 그 종에 속하는 모든 개체를 하나도 빠짐없이 모두 포함시키는 논증이다. 그래서 완전 매거 귀납은 개별적인 전제로부터 일반적인 결론을 이끌어낸다는 점에서 귀납적 일반화와 동일하지만, 귀납 논증이 아닌 연역 논증이다. 예를 들어 아래의 논증에서 만약 전제가 모두 참이고, 한국교통대학교 학생 전체가 전제에 빠짐없이 포함되어 있다면, 결론은 어떠한 경우에도 거짓일 수 없다. 그러므로 일반화 논증에는 연역 논증도 있고 귀납적 일반화도 있는 셈이다.

예 example

한국교통대학교 학생 1번은 성실하다.
한국교통대학교 학생 2번은 성실하다.
…
한국교통대학교 학생 가장 마지막 번은 성실하다.
따라서 모든 한국교통대학교 학생은 성실하다.

A의 계획에 대한 평가로 옳은 것만을 〈보기〉에서 있는 대로 고른 것은?

연구자 A는 우리나라 기독교인들의 특성을 알아보기 위해 설문조사를 시행하려고 한다. 이를 위해서는 우리나라 기독교인을 대표할 수 있는 표본을 뽑아야 한다. 이 표본으로부터 얻은 정보에서 모집단인 우리나라 전체 기독교인의 정보를 추론하려는 것이다. 이를 위해서는 A가 뽑은 표본의 총체적 특성이 모집단인 전체 기독교인의 총체적 특성에 거의 근접해야 하며, 이러한 표본을 대표성 있는 표본이라고 한다. 표본의 대표성을 확보하기 위해서는 전국의 모든 기독교인들이 표본으로 뽑힐 확률을 동일하게 해야 한다. 또한 표본의 대표성은 많은 수의 기독교인을 뽑을수록 높아질 것이다. 만약 우리나라 모든 기독교인의 명단이 있다면, 이로부터 충분히 많은 수의 교인을 무작위로 뽑으면 된다. 하지만 그러한 명단은 존재하지 않는다. 대신 초대형교회부터 소형교회까지 전국의 모든 교회를 포함하는 교회 명단은 존재하므로, A는 이 명단으로부터 일정 수의 교회를 무작위로 뽑기로 하였다. 다음 단계로 이 교회들의 교인 명단을 확보하여 이 명단으로부터 각 교회 당 신도 일정 명씩을 무작위로 뽑기로 하였다. 이렇게 하여 A는 1,000명의 표본을 대상으로 설문조사를 실시하려고 계획한다. 여기서 고려할 점은 집단의 구성원들이 동질적일수록 그 집단으로부터 뽑은 표본은 그 집단을 더 잘 대표할 것이며, 교회처럼 자연스럽게 형성된 집단에 속한 사람들은 전체 모집단에 속한 사람들과 비교할 때 일반적으로 더 동질적이라는 사실이다.

◆ 보 기 ◆

ㄱ. 이 표본은 전국의 모든 기독교인들이 뽑힐 확률을 동일하게 하였으므로 대표성이 높다.
ㄴ. 뽑을 교회의 수를 늘리고 각 교회에서 뽑을 신도의 수를 줄이는 것보다, 뽑을 교회의 수를 줄이고 각 교회에서 뽑을 신도의 수를 늘리는 것이 표본의 대표성을 더 높인다.
ㄷ. 표본의 대표성을 높이기 위해서는 교회가 뽑힐 확률을 교인 수에 비례하여 정해야 한다.

① ㄱ   ② ㄷ

③ ㄱ, ㄴ   ④ ㄴ, ㄷ

⑤ ㄱ, ㄴ, ㄷ

정답 | ②

해설 | 연구자 A의 추론은 일정한 방식으로 추출한 표본을 증거로 하여 '우리나라 기독교인'이라는 모집단에 관한 가설을 입증하는 귀납적 일반화 논증이다. 우리나라 기독교인 전체라는 거대한 모집단은 이질적인 즉 개체들의 속성이 다양한 집합이기 때문에, 그 추출된 표본이 전체 모집단의 총체적 특성을 얼마나 잘 반영하는가가 연구자 A의 일반화의 성패를 좌우한다.

ㄱ은 잘못되었다. 이 1,000명의 표본은 일차적으로 교회를 무작위로 뽑은 후, 뽑힌 교회 별로 일정 수의 교인을 다시 무작위로 뽑는 방법으로 만들어졌다. 그러므로 초대형교회에 속한 교인에 비해 소형교회에 속한 교인이 표본에 뽑힐 확률이 더 높을 것이다. ㄴ도 잘못되었다. 지문의 앞부분을 보면, 표본의 대표성은 표본이 모집단의 총체적 특성에 근접할 때 확보된다. 그리고 지문의 마지막 부분을 통해서, 전체 기독교인보다 한 교회의 교인들이 동질성이 더 높다는 것을 알 수 있다. 그러므로 ㄴ은 "더 높인다."를 "더 낮춘다."로 바꾸어야 옳은 서술이 된다. 왜냐하면 각각의 교회들은 동질적인 집단이지만, 그 교회들끼리 비교하면 서로 이질적일 것이기 때문이다. 즉 소수의 동질적인 집단만을 고를수록, 전체 모집단의 총체적 특성으로부터는 더 멀어지게 된다. ㄷ은 적절하다. 만약 ㄷ처럼 1,000명의 표본을 구성한다면, 전국의 모든 기독교인이 뽑힐 확률은 동일한 수치에 근접할 것이므로 표본의 대표성도 높아질 것이다.

3 ___ 통계적 삼단논법

통계적 삼단논법에 대해 이해하려면 먼저 다음의 몇 가지 예비적인 지식을 알아야 한다.

1) 내포와 외연 사이의 관계

우리는 앞서 내포와 외연이 무엇인지 알아보았다. 내포는 그 표현이 적용되는 대상들의 집합의 원소가 되기 위한 조건으로, 외연은 그 원소들을 모아놓은 집합으로 이해할 수 있다. 그런데 내포와 외연은 서로 반비례한다. 즉 내포와 외연 중 어느 하나가 증가하면 다른 하나는 감소한다.

집합	내포	외연의 크기
S1	인간임	약 70억
S2	인간임, 한국 국적임	약 4,800만
S3	인간임, 한국 국적임, 대학생임	약 200만
S4	인간임, 한국 국적임, 대학생임, 여성임	약 130만
...	...	...

　집합 S1에서 S4 방향으로 갈수록 내포가 증가하는 반면 외연은 감소하고 있다. 이렇게 내포가 증가하고 외연이 감소할수록 그 집합은 더욱 구체적인 집합이 된다. 즉, 그 집합의 원소가 되기 위한 조건이 더 많은 정보를 담게 된다. 그에 따라서 집합 S1에서 S4 방향으로 갈수록 더욱 동질적인 집합이 된다.

2) 삼단논법

　삼단논법은 아리스토텔레스가 분류한 타당한 연역 논증의 형식의 한 종류이다. 삼단논법은 다시 몇 가지 종류로 세분화되지만, 모든 삼단논법은 다음과 같은 공통점을 가진다. 삼단논법은 두 개의 전제와 하나의 결론을 지니고 있다. 그리고 두 개의 전제는 중명사(middle term)를 공유한다. 이 중명사가 두 개의 전제를 연결하는 고리 역할을 함으로써 결론을 타당하게 도출하게 된다.

박철수는 뉴욕 양키스 선수이다.

뉴욕 양키스 선수들은 모두 면도를 깨끗이 한다.

따라서 박철수도 면도를 깨끗이 했을 것이다.

위 논증에서 중명사는 두 전제 모두에 등장하는 "뉴욕 양키스 선수"이다. 그리고 이 논증은 전제가 모두 참이라면 결론이 반드시 참이므로 연역 논증에 해당한다.

그에 반해 통계적 삼단논법은 귀납 논증이다. 통계적 삼단논법은 삼단논법과 달리, 전제에서 중명사에 해당하는 집합의 일부에 대해 언급하기 때문이다. 이를 좀 더 자세히 살펴보자.

3) 통계적 삼단논법의 형식

통계적 삼단논법은 "a는 F이다."와 같은 주어−술어 구조의 명제를 외연적으로 읽는다. 다시 말해, 통계적 삼단논법에서 위와 같은 명제는 "대상 a는 집합 F의 원소이다."로 읽는다. 통계적 삼단논법의 형식은 아래와 같다.

집합 F의 x%는 집합 G이다.

a는 집합 F의 원소이다.

따라서 a는 집합 G의 원소일 것이다.

여기서 집합 F를 준거집합, 집합 G를 귀속집합이라고 한다. 준거집합이란, 두 전제에 동시에 등장하며 삼단논법의 중명사와 같은 역할을 하는 집합이다. 이 논증에서 우리가 관심을 가지는 결론의 주어인 대상 a가 준거집합에 속한다는 것은 전제에서 참으로 받아들여진다. 귀속집합이란, 전제와 결론에 함께 등장하는 집합으로서, 결론에서 a가 속한다고 궁극적으로 주장되는 집합이다.

> ◀ **예 example**
>
> 하루 나트륨 섭취량이 2,000mg을 넘는 사람의 60%가 고혈압이 발병한다.
> 철수의 하루 나트륨 섭취량은 2,000mg을 넘는다.
> 따라서 철수는 고혈압이 발병할 것이다.
>
> 좌타자의 상당수가 좌완투수가 던지는 몸 쪽 빠른 공에 약하다.
> 갑돌이는 좌타자이다.
> 따라서 갑돌이도 좌완투수가 던지는 몸 쪽 빠른 공에 약할 것이다.

너 이거 알아? : 귀속(attribution)

문제의 사건이나 대상이 실제로 그러한 속성 혹은 내용을 가지고 있다는 보장은 없지만, 주어진 증거에 기초하여 그러한 속성 혹은 내용을 그 사건이나 대상 등에 부여하는 것을 귀속이라고 한다. (심리학 용어로는 귀인이라고도 한다.) 예를 들어 어떤 사람이 얼굴이 붉고 식은땀을 흘리고 있는 것을 보고서, 우리는 "아, 저 사람이 지금 긴장하고 있구나."라고 판단한다. 이처럼 우리는 '긴장함'을 '저 사람'에게 부여할 수 있다. 이것이 귀속이다.

4) 강한 논증이 되려면?

통계적 삼단논법에서 전제가 모두 참일 때 결론이 참일 확률은 일차적으로는 x의 값에 좌우된다. x의 수치가 높을수록 통계적 삼단논법은 강한 귀납 논증이 된다. 그렇다면 어떤 조건에서 x의 수치가 높아질까?

답은 통계적 삼단논법은 준거집합이 귀속집합에 유관하게 동질적 (homogeneous)일수록 더욱 강한 귀납 논증이 된다는 것이다. 우리는 앞서 내포와 외연의 반비례 관계를 살펴보았다. 준거집합의 내포가 증가하고 외연이 감소할수록, 준거집합은 더욱 구체적이게 되고, 따라서 동질적인 집합이 되어 x의 값도 높아지게 된다. 단, 이 모두는 '귀속집합에 유관하게'라는 조건 하에서의 이야기임을 잊지 말자. 다음의 예를 보자.

🔊 **예** example

집합 S의 x%는 폐암에 걸린다.
갑돌이는 집합 S의 원소이다.
따라서 갑돌이는 폐암에 걸릴 것이다.

여기서 준거집합 S는 다음의 S1에서 S3로 갈수록 귀속집합에 유관하게 더욱 동질적인 집합이 되며, 따라서 전제가 참일 때 결론이 참일 개연성, 즉 x의 값도 올라가게 된다.

S1: 하루에 한 갑 이상 담배를 피움
S2: 하루에 한 갑 이상 담배를 피움 & 스트레스 지수가 높음
S3: 하루에 한 갑 이상 담배를 피움 & 스트레스 지수가 높음 & 암 가족력이 있음

그러므로 우리가 통계적 삼단논법으로 재구성될 수 있는 귀납 논증을 만났을 때, 그 논증이 강한지 약한지를 평가하는 첫 번째 기준은 준거집합이 귀속집합에 포함되는 퍼센트 수치를 보는 것이며, 그

다음으로 고려해야 할 두 번째 기준은 준거집합이 귀속집합에 유관하게 충분히 동질적인가의 여부를 살펴보는 것이다. 만약 준거집합이 충분히 동질적이지 않다면, 준거집합이 귀속집합에 포함되는 퍼센트 수치가 높다 하더라도 그 논증의 결론의 수용가능성은 의심스러워진다.

생각해 볼 문제

다음의 통계적 삼단논법에서 준거집합은 무엇인가? 이 준거집합은 귀속집합에 유관하게 충분히 동질적인가? 각자의 의견을 나누어 보자.

통계에 의하면 이혼한 여성들의 약 80%가 이혼한지 5년 이내에 재혼을 한다.
순이는 지난주에 남편과 이혼했다.
따라서 순이는 앞으로 5년 이내에 재혼을 할 것이다.

그리고 유관성과 관련하여 주의해야 할 사항이 있다. 앞서 준거집합이 귀속집합에 유관하게 동질적이면 통계적 삼단논법은 강한 귀납논증이 된다고 정리했는데, 이 유관성의 방향은 일방향이다. 귀납 논증에서 유관성은 언제나 준거집합에서 귀속집합 방향으로 성립해야한다. 그 역방향으로 유관하다면 좋은 귀납 논증이 될 수 없다.

생각해 볼 문제

다음의 통계적 삼단논법을 평가해 보자.

하루 두 갑 이상 담배를 10년 이상 피운 사람들 중 70%가 폐암이 발병한다.
돌이는 폐암이 발병하였다.
따라서 돌이는 하루 두 갑 이상 담배를 10년 이상 피워왔을 것이다.

5) 결론의 강도: 내포와 외연

다음은 통계적 삼단논법에만 국한되지 않고 귀납 논증 전체에 걸쳐 적용되는 사항이다.

귀납 논증은 주장하는 결론의 강도가 약할수록 더 강한 귀납 논증이 된다. 여기서 결론의 강도가 약하다는 것은, 그 결론이 말하는 대상의 외연이 늘어나고 내포가 줄어든다는 것을 의미한다. 약한 결론은 참일 확률이 높기 때문에, 약한 결론을 포함하는 귀납 논증의 강도는 높아진다. 따라서 귀납 논증을 제시할 때 결론이 거짓일 위험을 감소시키려면 결론을 약화시키는 것이 효과적이다. 하지만 약한 결론을 가지는 논증은 안전한 반면에, 반면 결론에서 전달하는 정보의 양이 적으므로 논증의 값어치는 더 낮아지는 단점이 있다. 따라서 우리는 논증의 강도와 결론의 강도 사이의 균형을 적절하게 맞출 필요가 있다. 다음의 두 논증의 강도와 결론의 정보량을 비교해 보면, 강도는 위 논증이, 결론의 정보량은 아래 논중이 더 높다.

> **예** example
>
> 서울 암사동 신석기시대 선사 유적지에서 탄화미가 발견되었다.
> 따라서 신석기시대 서울 지역에는 벼가 자라고 있었을 것이다.
>
> 서울 암사동 신석기시대 선사 유적지에서 탄화미가 발견되었다.
> 따라서 신석기시대부터 서울 지역에서는 자포니카 종의 쌀이 재배되고 있었을 것이다.

6) 귀납 논증과 정보

지금까지 우리가 살펴본 귀납 논증들을 돌아보면, 귀납 논증에서 증거(전제)와 가설(결론) 사이의 유관성(혹은 증거의 가설에로의 유관성)이 매우 중요함을 알 수 있다. 3장에서 살펴본 것처럼 귀납 논증은 비-단조적이기 때문에 새로운 증거가 추가됨에 따라서 논증의 강도는 바뀔 수 있으며, 심지어 결론 자체가 뒤바뀌기도 한다.

여기서 우리는 귀납 논증의 평가에서 정보가 지니는 중요성을 확인하게 된다. 물론 아무 정보나 중요한 것은 아니고 가설에 유관한 정보가 중요하다. 그래서 귀납 논증에서는 결론에 유관한 증거들이 가능한 한 모두 누락 없이 확보되었는가가, 논증의 평가에서 필수적이다. 또한 논증을 제시하는 쪽에서 자신들에게 불리하다는 이유로 유관한 정보를 의도적으로 은폐하거나 누락시키지는 않았는지도 꼼꼼히 확인해야 한다. 귀납 추론을 둘러싼 토론에서, 결론에 유관한 정보를 어느 한 쪽이 독점하고 있다면 그 토론은 공정하게 진행될 수 없을 것이다.

다음 글에서 ㉠의 물음이 생기는 이유로 가장 적절한 것은?

서울에 거주하는 초등학생 중에서 휴대전화를 가지고 있는 학생들은 얼마나 될까? 서울에 거주하는 초등학생 중에서 일부를 표본으로 삼아 조사해보니 이 중 60%가 휴대전화를 갖고 있다는 자료가 나왔다고 하자. 이 경우에 '서울에 거주하는 초등학생'을 이 표본 조사의 '준거집합'이라고 한다. 철수는 서울에 거주하는 초등학생이다. 이 경우에 철수가 휴대전화를 갖고 있을 확률을 묻는다면, 우리는 60%라고 해야 할 것이다. 그런데 서울에 거주하는 초등학생이면서 차상위계층의 자녀 중에서는 얼마나 많은 학생들이 휴대전화를 갖고 있을까? 이 경우에 준거집합은 '서울에 거주하는 초등학생이면서 차상위계층의 자녀'가 될 것이다. 앞서 삼은 표본 조사에서 차상위계층의 자녀만을 추려서 살펴보니 이 중 50%의 학생들이 휴대전화를 갖고 있다는 결과가 나왔다. 철수는 서울에 거주하는 초등학생일 뿐만 아니라 그의 가족은 차상위계층에 속한다. 이 경우 철수가 휴대전화를 갖고 있을 확률을 묻는다면, 우리는 50%라고 해야 할 것 같다. 마지막으로, 같은 표본 조사에서 이번에는 서울 거주 초등학생이면서 외동아이인 아이들의 집합에 대해서 조사해 보았는데, 70%가 휴대전화를 갖고 있었다는 결과가 나왔다. 철수는 서울 거주 초등학생이면서 외동아이이다. 이 경우에 철수가 휴대전화를 갖고 있을 확률을 우리는 70%라고 해야 할 것이다.

철수는 서울에 거주하는 초등학생이면서 차상위계층의 자녀이고 또한 외동아이인 것으로 확인되었다. 그렇다면 ㉠ 철수가 휴대전화를 갖고 있을 확률은 얼마라고 해야 하는가?

① 한 사람이 다양한 준거집합에 속할 수 있기 때문이다.
② 준거집합이 클수록 표본 조사의 결과를 더 신뢰할 수 있기 때문이다.
③ 준거집합이 작을수록 표본 조사의 결과를 더 신뢰할 수 있기 때문이다.
④ 표본의 크기가 준거집합의 크기에 따라 달라지기 때문이다.
⑤ 표본을 추출하는 방법이 얼마나 무작위적인가에 따라서 표본 조사의 결과가 변화하기 때문이다.

정답 | ①

해설 | 살펴본 것처럼 ③은 그 자체로는 옳은 진술이다. 하지만 ③이 밑줄 친 ㉠의 질문이 발생하는 이유는 아니다.

지문을 보면, 철수가 속한 준거집합을 어떻게 잡느냐에 따라서 귀납 논증의 강도가 달라지고 있음을 알 수 있다. 이것이 ㉠과 같은 질문이 발생하는 이유이다. 철수라는 동일한 인물이 다양한 준거집합에 속할 수 있기 때문에, 준거집합이 새롭게 규정되면 확률 값을 새롭게 물어보아야 하는 것이다. 따라서 답은 ①이다.

4 __ 유비 논증

1) 유비 논증의 구조

유비 논증은 다음의 형식을 지닌다.

> 대상 a와 b는 서로 유사하다.
> a는 Z이다.
> 그러므로 b도 Z일 것이다.

앞서의 통계적 삼단논법에서 "a는 Z이다."와 같은 주어-술어 구조의 명제는 외연적으로 읽었는데, 유비 논증에서는 내포적으로 읽는 편이 이해에 도움이 된다. 즉, "a는 Z이다."는 "대상 a는 Z라는 속성을 지닌다."로 읽는다. 그렇다면 a와 b가 서로 유사하다는 것은, 두 대상이 같은 속성을 많이 공유한다는 것으로 읽힐 것이다. 따라서 위의 형식은 다음과 같이 풀어 쓸 수 있다.

> 대상 a는 속성 F, G, H를 가진다.
> 대상 b도 속성 F, G, H를 가진다.
> 그런데 a는 속성 Z를 가진다.
> 따라서 b도 속성 Z를 가질 것이다.

통계적 삼단논법에서와 비슷하게, 결론에서 주장되는 내용의 주어가 가리키는 대상인 b가 지니고 있다고 전제에서 받아들여지는 속성을 준거 속성이라고 한다. 위에서는 F, G, H가 준거 속성이다. 그리고 결론에서 b가 가질 것이라고 주장되는 속성인 Z는 귀속 속성이다. 그리고 통계적 삼단논법에서와 마찬가지로, 좋은 귀납 논증이 되려면 준거속성은 귀속속성에 유관해야 한다.

동물실험은 우리가 가장 흔하게 접하는 유비논증이다.

> 인간과 흰쥐는 유사하다.
> 탈리도마이드는 흰쥐에게서 입덧 치료 효능이 있었으며 어떠한 부작용도 없었다.
> 따라서 탈리도마이드는 인간에게도 입덧 치료 효능이 있고 어떠한 부작용도 없을 것이다.

2) 유비 논증: 논리와 수사

논리적인 시각에서 보면 유비 논증은 좋은 논증이 되기 어렵다. 그 이유는 위 형식의 첫 번째 전제인 "a와 b가 서로 유사하다."가 실제로 거짓이 될 가능성이 높기 때문이다. 만약 두 대상이 동일하다면, 그 두 대상은 모든 속성에서 일치할 것이다. 하지만 유비 논증에서 비교되는 두 대상은 동일한 대상이 아니라 서로 다른 대상이다. 일상 생활에서 우리가 흔히 접하는 서로 다른 대상들은 보통은 공통점보다는 차이점이 훨씬 더 많다. 그러므로 서로 다른 대상인 a와 b을 비교할 때 어떤 속성을 의도적으로 선별하여 강조할 것인가에 따라 두 대상은 서로 닮았다고 말할 수도 그렇지 않다고 말할 수도 있다.

이를 잘 보여주는 사례가 동물실험이다. 인간과 실험동물은 입덧에 유관한 준거속성 즉 생리적 과정 등에 관한 속성에서는 얼마간 유사한 면이 있을지도 모른다. 그러나 앞서의 예에 나오는 탈리도마이드 사건(이 사건에 관해 각자 조사해 보자)의 비극적 결과가 잘 보여주듯이, 인간과 실험동물 사이에는 공통점보다는 차이점이 훨씬 더 많다. 즉, "a와 b가 서로 유사하다."는 첫 번째 전제는 실제로는 참이 되기 어렵다.

그러므로 유비 논증을 반박하는 가장 간단한 방법은 첫 번째 전제가 실제로 거짓임을 지적하는 것이다. 즉, 비교되고 있는 대상들 사이의 비유사성을 부각시키면 유비 논증을 반박할 수 있다.

이처럼 논리에서의 한계가 있지만, 유비 논증은 수사적으로는 효과가 크다. 논리는 말과 말 사이의 관계에 관한 것인 반면, 수사는 말하는 사람과 듣는 사람 사이의 관계에 관한 것이다. 유비 논증은 비유적 화법과 비슷한 힘을 지니기 때문에 논증을 듣는 사람을 설득시키는 심리적 효과가 크다.

예 example

김영삼 정부 시절에 삼풍백화점 붕괴사고, 성수대교 붕괴사고 등 불행한 재해가 많이 일어났다. 이에 당시 정권의 관계자는 '마치 부실기업을 인수받은 기분'이라고 말했다. 지금의 정권이 잘못해서 사고가 일어나는 것이 아니라 이전 정권이 잘못한 탓이라는 것이다. 이에 당시 제1야당의 대변인이었던 P씨는 다음과 같이 공격했다.

"현 정권의 사람들은 만일 경복궁이 무너지면 대원군을 탓할 사람들이다."

그러나 P 대변인의 말에 모 교수는 다음과 같이 반박했다.

"P 대변인은 골동품과 불량품을 혼동하고 있다. 골동품이 망가지면 소유자에게 책임이 있지만, 불량품에 대해서는 제작자에게 그 책임을 묻는 것이 일반적이다."

3) 유비 논증의 강도

유비 논증이 강한 귀납 논증이 되는 조건은 다음과 같다.

① 비교되는 대상의 수가 증가할 때
② 비교되는 대상의 종류의 수가 증가할 때
③ 비교되는 대상들이 공유하는 속성의 수가 증가할 때

잠을 적게 자는 것이 사람에게 비만을 유발한다는 가설이 옳은지 알아보기 위해 다음의 동물 실험을 실시하였다. 실험용 흰 쥐 60마리를 30마리씩 실험군과 대조군으로 나누어, 다른 조건은 모두 동일하지만 실험군의 쥐들은 대조군의 실험쥐들보다 매일 2시간씩 덜 자게 하였다. 실험군의 쥐들은 대조군의 쥐들보다 훨씬 더 많은 먹이를 섭취하는 모습을 보였다. 2주일 후 쥐들의 몸무게를 측정해 보니 실험군의 쥐들이 대조군의 쥐들보다 평균 15% 가량 체중이 더 무거웠다.

①은 실험에 사용된 흰 쥐의 수로 이해하면 쉽다. 만약 위 실험에서 흰 쥐를 60마리가 아닌 120마리로 실험해서 같은 결과를 얻었다면 실험의 가설이 참이 될 확률은 더욱 올라갈 것이다.
②는 실험에 사용된 실험동물의 종류의 수에 해당한다. 만약 같은 실험을 흰 쥐 뿐 아니라 토끼, 돼지, 기니피그 등에 대해 다양하게 실시하여 비슷한 결과를 얻었다면, 역시 가설이 참일 확률은 상승한다.
③은 실험에 사용된 동물과 인간 사이의 유사성의 정도가 올라갈수록 더욱 강한 귀납 논증이 된다는 뜻이다. 가령 위 실험을 흰 쥐가 아닌 원숭이를 대상으로 실시하여 비슷한 결과를 얻었다면 논증의 강도는 올라갈 것이다.

 2018년도 국가공무원 5급 및 7급 민간경력자

다음 글의 '나'의 견해와 부합하는 것만을 〈보기〉에서 모두 고르면?

이제 '나'는 사람들이 동물실험의 모순적 상황을 직시하기를 바랍니다. 생리에 대한 실험이건, 심리에 대한 실험이건, 동물을 대상으로 하는 실험은 동물이 어떤 자극에 대해 반응하고 행동하는 양상이 인간과 유사하다는 것을 전제합니다. 동물실험을 옹호하는 측에서는 인간과 동물이 유사하기 때문에 실험결과에 실효성이 있다고 주장합니다. 그런데 설령 동물실험을 통해 아무리 큰 성과를 얻을지라도 동물실험 옹호론자들은 중

대한 모순을 피할 수 없습니다. 그들은 인간과 동물이 다르다는 것을 실험에서 동물을 이용해도 된다는 이유로 제시하고 있기 때문입니다. 이것은 명백히 모순적인 상황이 아닐 수 없습니다.

이러한 모순적 상황은 영장류의 심리를 연구할 때 확연히 드러납니다. 최근 어느 실험에서 심리 연구를 위해 아기 원숭이를 장기간 어미 원숭이와 떼어놓아 정서적으로 고립시켰습니다. 사람들은 이 실험이 우울증과 같은 인간의 심리적 질환을 이해하기 위한 연구라는 구실을 앞세워 이 잔인한 행위를 합리화하고자 했습니다. 즉 이 실험은 원숭이가 인간과 유사하게 고통과 우울을 느끼는 존재라는 사실을 가정하고 있습니다. 인간과 동물이 심리적으로 유사하다는 사실을 인정하면서도 사람에게는 차마 하지 못할 잔인한 행동을 동물에게 하고 있는 것입니다.

또 동물의 피부나 혈액을 이용해서 제품을 실험할 때, 동물실험 옹호론자들은 이 실험이 오로지 인간과 동물 사이의 '생리적 유사성'에만 바탕을 두고 있을 뿐이라고 변명합니다. 이처럼 인간과 동물이 오로지 '생리적'으로만 유사할 뿐이라고 생각한다면, 이는 동물실험의 모순적 상황을 외면하는 것입니다.

─◆ 보 기 ◆─

ㄱ. 동물실험은 동물이 인간과 유사하면서도 유사하지 않다고 가정하는 모순적 상황에 놓여 있다.

ㄴ. 인간과 동물 간 생리적 유사성에도 불구하고 심리적 유사성이 불확실하기 때문에 동물실험은 모순적 상황에 있다.

ㄷ. 인간과 원숭이 간에 심리적 유사성이 존재하기 때문에 인간의 우울증 연구를 위해 아기 원숭이를 정서적으로 고립시키는 실험은 윤리적으로 정당화된다.

① ㄱ   ② ㄴ
③ ㄱ, ㄷ   ④ ㄴ, ㄷ
⑤ ㄱ, ㄴ, ㄷ

정답 ┃ ①

해설 ┃ 이 글의 화자인 '나'는 윤리학자 피터 싱어(Peter Singer)이다. 동물실험이 처한 딜레마는, "실험동물이 인간과 유사하다."라는 가정을 받아들이면 윤리적 문제가, 이 가정을 거부하면 논리적 문제가 발생한다는 것이다. 이 딜레마를 요약한 진술이 ㄱ이다. ㄴ과 ㄷ이 적절하지 않은 이유는 지문 내용으로부터 쉽게 찾을 수 있다.

2018학년도 법학적성시험

㉠과 ㉡에 대한 평가로 옳은 것만을 〈보기〉에서 있는 대로 고른 것은?

많은 사람들은 ㉠ 동물에게도 도덕적 지위를 인정해야 한다고 주장한다. 어떤 대상에게 도덕적 지위를 부여하려면 적어도 그것이 쾌락과 고통의 감각 능력뿐만 아니라 주체적으로 지각하고 판단할 수 있는 능력까지 갖고 있어야 할 것이다. 사람들은 많은 고등 동물들이 이 두 가지 능력을 갖추었다고 판단한다. 물론 개나 고양이의 지각 · 판단 능력은 인간에 비해 열등하지만, 그렇다고 동물들이 주체적이지 않다고 하기는 어렵다. 단지 인간 수준에 못 미치는 것이 이유라면, 혹시라도 인간보다 훨씬 우월한 외계 종족 앞에서 우리가 주체적이지 않은 존재로 무시될 가능성이 있다. 그런 가능성이 우려된다면, 우리도 개나 고양이의 주체적 지각 · 판단 능력을 인정하는 편이 낫다.

로봇의 경우는 어떤가? 일반적으로 로봇의 핵심 특성으로 간주되는 지각, 정보처리, 행동출력의 세 요소는 동물의 주요 특징이기도 하다. 게다가 외부 자극을 수용하고 그 정보를 처리하여 적절한 반응을 출력하는 능력을 인정한다면, 쾌락과 고통의 감각 능력도 함께 인정하는 것이 자연스럽다. 이를테면, 로봇의 팔을 송곳으로 찔렀을 때 팔을 움츠리며 "아야!"한다면 지금 고통을 느끼고 있다고 판단할 수 있다는 것이다. 또한 로봇을 금속이나 플라스틱이 아니라 동물의 신체와 동질적인 유기물 재료로 구성하는 일도 얼마든지 가능하다. 그렇게 보면 아마도 로봇과 동물의 차이가 분명해지는 측면은 양자의 발생적 맥락뿐일 것이다. 이렇듯 동물과 로봇의 유사성이 충분히 인정되는 상황에서, 적어도 동물에게 도덕적 지위를 부여할 수 있다고 생각하는 사람이라면, 심지어 지각 및 정보처리 능력에서 인간 수준에 필적해 있는 ㉡ 로봇에게 도덕적 지위를 부여하지 못할 이유는 없을 것 같다.

ㄱ. 동물과 로봇의 발생적 이력 차이가 쾌락 및 고통의 감각 능력을 평가하는 데 매우 중요한 요소로 밝혀진다면, ⊙에는 영향이 없고 ⓒ은 약화된다.

ㄴ. 동물과 로봇의 구성 소재 차이가 극복할 수 없는 것으로 밝혀진다면, ⊙은 강화되지만 ⓒ은 약화된다.

ㄷ. 인간보다 우월한 지각 및 판단 능력을 가진 대상이 존재하지 않는다면, ⊙은 약화되지만 ⓒ은 강화된다.

① ㄱ   ② ㄴ
③ ㄱ, ㄷ   ④ ㄴ, ㄷ
⑤ ㄱ, ㄴ, ㄷ

정답 | ①

해설 | ㄱ은 적절한 진술이다. 만약 ㄱ에서 말하는 것과 같은 사실이 밝혀진다면 이는 동물과 로봇 사이의 비유사성을 증가시키므로 ⓒ을 결론으로 하는 지문 후반부의 유비논증을 반박할 것이다. ㄴ은 적절하지 않다. 지문의 두 번째 단락의 서술로부터 구성 소재 차이는 주장 ⓒ에 무관한 사항임을 알 수 있다. 그러므로 ⓒ을 강화도 약화도 하지 않는다. ㄷ도 적절하지 않다. ㄷ에서 제시된 내용이 ⊙을 약화하는 것은 맞지만, ⓒ으로 이어지는 동물과 로봇 사이의 유비논증과는 무관하다.

5 ___ 최선의 설명에 의한 논증

1) 최선의 설명에 의한 논증

최선의 설명에 의한 논증(inference to the best explaining: IBE)은 가설 추론이라는 이름으로도 불린다.

IBE의 형식은 다음과 같다.

현상 a가 실제로 일어났다.

가설 H는 현상 a를 가장 잘 설명한다.

따라서 가설 H는 참이다.

그러므로 IBE의 추론 과정은 다음의 두 단계로 나뉜다. 첫째, 그 현상이 왜 일어났는가를 설명할 수 있는 가설들을 창의적으로 찾아낸다. 둘째, 경쟁하는 여러 가설들 가운데 어느 가설이 최선의 설명을 제공하는지를 결정한다. 다음의 예를 보자.

예 example

내가 며칠간 집을 비웠다가 돌아와 보니 현관문은 강제로 열려 있고 유리창은 깨져 있으며 집안은 난장판이 되어 있었다.

이 현상은 어떻게 설명될 수 있을까? 다음의 네 가지 경쟁 가설들을 비교해보자.

H1: 우리 집에 차원의 통로가 열렸다.
H2: 폴터가이스트 현상이다.
H3: 우리 집에 괴물이 침입했다.
H4: 우리 집에 도둑이 들었다.

상식적으로 본다면, H4가 다른 경쟁 가설들에 비해 가장 좋은 설명을 제공하는 것으로 보인다. 이로부터 우리는 "H4는 참이다."라는 결론을 이끌어낼 수 있다.

 생**각해** 볼 문제

위의 H1~H4 외에 주어진 현상을 더 잘 설명할 수 있는 가설에는 어떤 것들이 있을까?

IBE는 연역적으로는 부당한 논증이다. 이는 IBE와 매우 가까운 귀추법(abduction) 추론을 살펴보면 좀 더 분명하게 드러난다. 귀추법은 미국의 철학자 퍼스(Charles Sanders Peirce, 1839~1914)에 의해 중요하게 연구되었던 추론 방식이다. 귀추법의 형식은 다음과 같다.

놀라운 현상 a가 일어났다.
만약 가설 H가 참이라면, 놀라운 현상 a는 당연한 현상이 될 것이다.
그러므로 H는 참이다.

그러나 위 형식은 연역적으로 부당한 조건문 추론 형식인 후건긍정의 오류에 해당한다. 따라서 전제가 참이라 하더라도 결론이 거짓인 것이 가능하다.

비록 IBE는 연역적으로는 부당하지만, 귀납적으로는 유용하게 활용되는 추론이다. 특히 과학적 탐구 영역에서 IBE의 유용성이 두드러진다.

과학은 경험적 학문으로서, 과학의 탐구는 실험과 관찰의 방법에 의해 수행되어야 한다. 그런데 과학의 탐구의 대상이 되는 현상들 가운데는 직접 실험하거나 관찰하는 것이 불가능한 현상도 있다. 예를 들어 장구한 세월에 걸쳐 서서히 진행되는 진화의 과정은 실험할 수도 직접 관찰할 수도 없다. 이런 경우 IBE는 이미 일어난 현상에 대한 관찰에 기초하여 진화의 과정을 경험적으로 탐구하는 것을 가능하게 해 준다.

예 example

갈라파고스 군도의 핀치새는 섬에 따라서 부리의 모양이 다르다.
자연 선택 가설, 즉 주어진 환경에서 생존과 번식에 성공한 변이들이 선택되어 후대까지 자손을 전한다는 가설은 그 현상을 잘 설명한다.
따라서 자연 선택 가설은 참이다.

진화 이외에도, 아주 오래전에 있었던 지질학적 현상의 흔적에 대한 설명이라든가, 우주의 탄생과 변화 등 모든 과정을 직접 실험하거나 관찰하기 어려운 과학 탐구의 영역에서 IBE는 유용한 추론 방법으로 활용된다.

다음 지문에서처럼 IBE는 자연과학 뿐 아니라 사회과학에서도 널리 활용된다. 특히 어떤 사회현상이 왜 발생했는가에 대한 인과적 과정을 규명하는데 IBE는 적절한 추론이다.

여성의 사회 활동이 활발한 편에 속하는 미국에서조차 공과대학에서 여학생이 차지하는 비율을 20%를 넘지 않는다. 독일 대학의 경우도 전기 공학이나 기계 공학 분야의 여학생 비율이 2.3%를 넘지 않는다. 우리나라 역시 공과대학의 여학생 비율은 15%를 밑돌고 있고, 여교수의 비율도 매우 낮다.

여성주의자들 중 A는 기술에 각인된 '남성성'을 강조함으로써 이 현상을 설명하려고 한다. 그에 따르면, 지금까지의 기술은 자연과 여성에 대한 지배와 통제를 끊임없이 추구해 온 남성들의 속성이 반영된, 본질적으로 남성적인 것이다. 이에 반해 여성은 타고난 출산 기능 때문에 자연에 적대적일 수 없고 자연과 조화를 추구한다고 한다. 남성성은 공격적인 태도로 자연을 지배하려 하지만, 여성성은 순응적인 태도로 자연과 조화를 이루려 한다. 때문에 여성성은 자연을 지배하는 기술과 대립할 수밖에 없다. 이에 따라 A는 여성성에 바탕을 둔 기술을 적극적으로 개발해야만 비로소 여성과 기술의 조화가 가능해진다고 주장한다.

다른 여성주의자 B는 여성성과 남성성 사이에 근본적인 차이가 존재하지 않는다고 주장한다. 그는 여성에게 주입된 성별 분업 이데올로기와 불평등한 사회 제도에 의해 여성의 능력이 억눌리고 있다고 생각한다. 그에 따르면, 여성은 '기술은 남성의 것'이라는 이데올로기를 어릴 적부터 주입받게 되어 결국 기술 분야 진출을 거의 고려하지 않게 된다. 설령 소수의 여성이 기술 분야에 어렵게 진출하더라도 남성에게 유리한 각종 제도의 벽에 부딪치면서 자신의 능력을 사장시키게 된다. 이에 따라 B는 여성과 기술의 관계에 대한 인식을 제고하는 교육을 강화하고 여성의 기술 분야 진출과 승진을 용이하게 하는 제도적 장치를 마련해야 한다고 주장한다. 그래야만 기술 분야에서 여성이 겪는 소외를 극복하고 여성이 자기 능력을 충분히 발휘할 수 있는 여건이 만들어질 수 있다고 보기 때문이다.

3) 좋은 설명이 되기 위한 기준

IBE가 좋은 귀납 논증인가의 여부는, 결론에서 참이라고 주장되는 가설이 다른 경쟁가설들에 비해 진정으로 최선의 설명을 제공하는가의 여부에 달려 있다. 따라서 IBE를 평가하기 위해서는 어떤 설명이 좋은 설명인가를 판단한 기준이 필요하다.

그러나 어떤 설명이 좋은 설명인가를 결정할 획일적인 기준은 없다. 왜냐하면 설명은 본질적으로 맥락 의존적이기 때문이다. 즉, 설명의 가치는 설명이 이루어지는 맥락, 설명의 목적, 설명을 듣는 청자가 누구인가 등에 따라서 다양하게 결정될 뿐만 아니라, 같은 질문이라도 질문을 하는 사람의 질문 의도에 따라서 무엇을 묻는 질문인지가 다르게 이해될 수 있다.

왜 **아담**이 사과를 먹었는가?
왜 아담이 **사과**를 먹었는가?
왜 아담이 사과를 **먹었는가?**

그러므로 여기서 제시되는 기준들은 좋은 설명이 되기 위한 대략적인 방향 정도로만 받아들여야 한다.

2장에서 언급한 것처럼 논증과 설명은 매우 유사하므로, 좋은 논증이 되기 위한 기준과 좋은 설명이 되기 위한 기준도 대체로 일치한다. 그 밖의 추가적인 기준은 다음과 같다.

① 설명항은 실제로 참이어야 한다.

설명은 논증과 유사할 뿐 아니라, 헴펠(Carl Hempel, 1905~1997)을 비롯한 일부 철학자들은 설명은 본질적으로 논증이라고 주장하기도 한다. 이처럼 논증에서 전제가 실제로 참이어야 하는 것과 마찬가지로, 설명에서도 설명항은 실제로 참이어야 한다. "왜 한국이 2002 월드

컵에서 4강까지 올랐는가?"라는 질문에 대해 "그 대회에서 손흥민이 대활약했기 때문이다."라는 대답은 좋은 설명이 될 수 없을 것이다.

② 설명은 설명을 받는 사람의 이해를 증진시켜야 한다.

그 현상이 왜 일어났는가에 대해 설명을 제공하기는 하지만 설명을 듣는 사람의 이해 증진에는 아무런 도움이 되지 않는 설명은 좋은 설명이 될 수 없다. '모든 것을 설명하는 설명'이 대표적인 예이다. "모든 일은 운명 때문에 일어난다.", "모든 것은 신의 뜻이다."등과 같은 설명은 세상에서 일어나는 모든 현상을 무차별적으로 설명할 수 있을지도 모르지만, 실제로 왜 그런 현상들이 일어났는가에 대한 우리의 이해는 전혀 증가하지 않는다. 우리의 이해는 설명항과 피설명항에 각각 해당하는 사건들 사이에 이어지는 특정한 인과적 연결을 보임으로써 증진되기 때문이다.

③ 설명항은 또 다른 설명항을 필요로 해서는 안 된다.

a. 무한 퇴행(infinite regress)

피설명항 ◀ 설명항 1 ◀ 설명항 2 ◀ 설명항 3 ◀ …

고대 인도인들은 우리가 사는 평평한 땅덩어리가 왜 고정되어 있는지 궁금해 했다. 그토록 크고 무거운 땅덩어리를 무언가가 받치고 있지 않다면 그것은 아래로 끝없이 떨어질 것이기 때문이다. 이에 대한 고대 인도인들의 설명은 세 마리 코끼리의 등 위에 우리가 사는 땅덩어리가 얹어져 있다는 것이었다. 하지만 그렇게 거대한 코끼리들은 또 어째서 아래로 꺼지지 않는 것일까? 그 이유는 거대한 거북이의 등딱지 위에 그 코끼리들이 서 있기 때문이라는 것이었다. 하지만 그 거북이는 또 무슨 이유로 아래로 꺼지지 않는가? 그 이유는 똬리를 틀고 있는 거대한 뱀 위에 거북이가 얹어져 있기 때문이다. 하지만 그 뱀은?
아무래도 이 설명은 영원히 끝날 것 같지 않다.

b. 순환적 설명

보물은 훔친 도둑들이 보물을 나누고 있었다. 훔친 보물 가운데 가장 값진 보물은 왕관이다. 도둑들 가운데 누가 왕관을 차지할 것인가를 놓고 서로 싸움이 붙었다. 그런데 한 도둑이 "이 왕관은 나의 것이다."라고 주장했다. 동료들이 그 이유를 설명하라고 하자, 그 도둑은 "왜냐하면 내가 두목이기 때문이다."라고 말했다. 의아한 동료들은 어째서 그가 자신들의 두목이냐고 다시 따져물었다. 그러자 그 도둑의 대답은 이러했다. "왜냐하면 내가 왕관을 가지고 있기 때문이다."

④ 배경 지식과 일관적이어야 한다.

양적으로 비교하면, 설명을 제공하는 가설보다는 우리가 기존에 가지고 있는 배경 지식의 양이 훨씬 더 많다. 따라서 설명을 위해 우리의 배경 지식 체계에 중대한 수정을 가하는 것은 합리적인 선택이 되지 못한다. 물론 우리의 배경 지식은 늘 변해 왔으며 미래에 거짓으로 밝혀질 가능성은 언제나 있다. 그렇다 하더라도 좋은 설명이 되려면 상식의 틀을 깨지 않는 것이 바람직하다.

생각해 볼 문제

다음의 설명이 왜 나쁜 설명인지 이유를 제시해 보자. 이유는 여러 개일 수도 있다.

"9.11 테러가 발생한 원인에 대해서, 어떤 사람들은 다음과 같이 설명한다. 부시 가문과 빈 라덴 가문은 과거부터 친밀한 관계였다. 그런데 조지 W 부시 대통령은 미국이 중동에서 새로운 전쟁을 벌일 필요가 있다고 생각했다. 그래서 전쟁을 벌일 구실을 만들기 위해 오사마 빈 라덴에게 미국 본토에서 거대한 테러를 일으켜 달라고 요청했다. 그 결과 9.11 테러가 발생했고, 미리 짜 놓은 시나리오에 따라 세계 무역센터는 폭파되었다. (비행기 충돌에 의해서 무너진 것이 아니다!) 이로서 미국은 중동에서 전쟁을 벌일 구실을 찾았다. 그 대가로 빈 라덴은 부시 가문이 제공한 미국 내 호화로운 비밀 저택에서 안락한 노후생활을 보내고 있는 중이다. 미군이 사살했다는 빈 라덴은 사실은 가짜이다. 미군이 사살 작전 직후에 황급히 바다에 시신을 수장시킨 것도 이를 은폐하기 위해서였다."

⑤ **되도록 넓은 범위의 현상들을 폭넓게 설명할 수 있어야 한다.**

특정한 현상만을 국소적으로 설명하는 설명보다는, 광범위한 영역에 걸친 여러 현상들을 두루 설명할 수 있는 설명이 더 나은 설명이다. 아리스토텔레스의 역학 이론은 천상계의 운동과 지상계의 운동을 각각 다른 원리에 의해 분리해서 설명하였다. 그에 반해 뉴턴의 물리학 이론은 행성의 운행에서부터 지상 위 물체의 운동에 이르는 폭넓은 물리적 현상들을 단일한 이론 체계로 설명해 내었다. 그 이후로 과학자들은 통합 과학(unified science) 즉 자연계의 모든 현상을 설명해낼 수 있는 단일한 이론을 찾아내겠다는 꿈을 지니게 되었다. 비록 통합 과학의 꿈은 실패했지만, 이는 좋은 설명의 기준 가운데 하나가 되도록 넓은 범위의 현상에 걸친 설명력의 발휘임을 보여준다.

⑥ **설명은 존재론적으로 검약해야 한다.**

이 원칙은 '오컴의 면도날(Ockham's razor)'이라는 이름으로도 알려져 있다. 설명력을 감소시키지 않는다면, 존재의 수를 불필요하게 늘이지 않는 설명이 좋은 설명이라는 원칙이다. 예를 들어, 크리스마스 아침에 일어나 보니 당신의 머리맡에 늘 가지고 싶었던 신형 휴대전화기가 놓여 있다고 하자. 이 현상을 가장 잘 설명하는 가설은 무엇인가? 아래의 두 가설을 비교해 보자.

H1: 어머니께서 나에게 크리스마스 선물로 사 주셨다.
H2: 산타 할아버지가 어제 밤에 들어와서 놓고 가셨다.

말할 것도 없이 H1이 H2보다 좋은 설명이다. H2는 산타클로스, 루돌프, 그리고 하늘을 나는 썰매 등, 실제로 존재하는지의 여부가 불분명한 많은 것들을 존재론적 목록 안에 끌어들여야 한다. 그에 비해 H1은 존재한다고 이미 받아들여지는 것들 이외의 존재를 불필요하게 증식시키지 않는다. 이처럼 설명에 필요한 '등장인물'의 수가 더 적은 쪽의 설명이 더 바람직한 설명이다.

4) 논리적 사고와 창의력

우리는 논리적 사고는 주어진 전제로부터 결론을 정확하게 도출해 내는 계산적 사고에만 국한될 것이라고 생각하기 쉽다. 그러나 IBE 는 논리적 사고의 범위 안에 창의적 사고 능력도 포함된다는 사실을 보여준다. 주어진 현상을 가장 잘 설명할 수 있는 가설을 찾아내기 위해서는 창의적인 사고가 반드시 동원되어야 하기 때문이다.

이러한 종류의 사고력은 주어진 문제에 대한 답을 찾아내는 방식의 교육에 익숙한 이공계 학생들에게 더욱 절실히 요구되는 종류의 사고이다. 문제의 정답을 찾아내는 과정에서도 물론 창의력은 필요하다. 그러나 그에 더해서, 문제로부터 한 걸음 떨어져서 문제 자체를 다시 한 번 조망하고 반성해 보는 사고력 역시 논리적 사고의 중요한 부분을 이루는 종류의 창의적 사고임을 잊지 말아야 한다.

 2018학년도 법학적성시험

다음 글에 나타난 견해를 비판하는 논거로 가장 적절한 것은?

> 음모론은 기존에 알려진 사실들을 그 이면에 숨겨진 원인으로 설명하는 데, 음모론에 등장하는 가설들은 상식에 비춰볼 때 너무 예외적이어서 많은 경우 터무니없다는 반응을 불러일으킨다. 그렇지만, 어떤 사람들은

음모론 속 가설들이 기존 사실들을 무척 잘 설명한다는 것을 근거로 그 가설이 참이라고 생각하기도 한다. 그럼, 그런 높은 설명력을 가진다는 것이 음모론에 등장하는 가설에 대한 과학적 근거라고 할 수 있는가? 사실, 과학적 추론들 중에도 가설의 뛰어난 설명력을 근거로 가설의 채택 여부를 결정하는 것이 있다. 그런 추론은 흔히 '최선의 설명으로의 추론'이라고 부른다. 이 추론은 기존 증거를 고려하여 가장 그럴듯한 가설, 즉 해당 증거에 대해서 가장 개연적인 설명을 제공하는 가설을 골라낸다. 이와 더불어 그 추론은 가설의 이론적 아름다움, 즉 단순성과 정합성 등을 파악하여 미래 증거에 대해서도 가장 좋은 설명을 제공할 것 같은 가설을 찾아낸다. 이렇듯 최선의 설명으로의 추론은 기존 증거와 미래 증거를 모두 고려하여 가장 그럴듯하면서도 아름다운 가설을 채택하는 과정이다.

이런 점을 생각해볼 때, 음모론 속 가설의 설명력이 그 가설에 대한 과학적 근거를 제공하지 못한다는 것은 분명하다. 왜냐하면 그런 가설들은 예외적인 원인을 이용하여 기존 증거에 대해서는 놀라운 설명을 제공하지만, 그 예외적인 원인의 뛰어난 설명력을 유지하기 위해서 복잡하고 비정합적일 수밖에 없게 되어 미래 증거에 대한 올바른 설명을 제공할 수 없기 때문이다.

① 기존 증거를 잘 설명하는 음모론의 가설들은 미래에 대한 예측의 부정확성이 높을 뿐 예측 자체를 못하는 것은 아니다.

② 과학사에 등장했던 이론적으로 아름다운 가설들은 대개 기존 증거들에 대해 충분히 개연적인 설명을 제공하는 가설들이었다.

③ 몇몇 놀라운 과학적 성취는 그 초기에 기존 증거들을 제대로 설명하지 못했지만 그것의 뛰어난 이론적 아름다움 때문에 일부 과학자들에게 채택되기도 했다.

④ 기존 증거들을 잘 설명하지만 복잡한 형태로 제시된 가설들이 후속 연구에 의해서 설명력을 훼손하지 않은 채 이론적으로 단순하고 아름다워지는 경우가 많다.

⑤ 음모론에 등장하는 가설에 대한 사람들의 믿음은 그 가설이 갖추고 있는 과학적 근거보다는 그것을 믿게 되었을 때 얻을 수 있는 정신적 혹은 사회적인 이익에 의해서 결정된다.

정답 | ④

해설 | 지문에 따르면 음모론은 특정한 현상은 국소적으로 잘 설명할 수 있을지는 몰라도 그 대가로 훨씬 넓은 범위의 현상 특히 미래 현상에 대한 설명력을 상실하기 때문에 나쁜 설명이다.

①은 지문을 비판하는 논거가 될 수 없다. 마지막 단락에서 드러나듯, 지문도 ①을 부정하지는 않는다. ②도 지문을 비판하지 않는다. 음모론의 설명은 복잡하고 비정합적이어서 아름다움을 상실한다는 점에서 ②는 오히려 지문의 논지를 지지한다. ③은 음모론과 무관하다. 음모론은 특정한 기존 증거를 잘 설명하는 이론이지만 ③에서 말하는 이론은 거꾸로 기존 증거를 잘 설명하지 못하는 사례이다. ⑤는 지문의 내용과 무관하다. 지문의 지적은, 음모론이 특정한 현상을 잘 설명한다는 것이 음모론을 뒷받침하는 과학적 근거가 될 수 없다는 것이다. 반면에 ⑤는 음모론에 대한 사람들의 믿음은 음모론의 과학적 근거에 의존하지 않는다는 주장이다.

정답은 ④이다. ④는 음모론과 비슷한 단점을 공유하는 과학 이론이 이후에 이론적으로 성공하는 경우도 있다는 지적으로서, 지문을 비판하는 논거가 될 수 있다.

다음 글의 논증을 약화하는 것만을 〈보기〉에서 모두 고르면?

> 나는 계통수 가설을 지지한다. 그것은 모든 유기체들이 같은 기원을 갖는다고 말한다. 지구상의 식물과 동물이 공통의 조상을 갖는다고 생각하는 이유는 무엇인가
>
> 이 물음에 답하는 데 사용되는 표준 증거는 유전 암호가 보편적이라는 점이다. DNA 암호를 전사받은 메신저 RNA는 뉴클레오타이드 3개가 코돈을 이루고 하나의 코돈이 하나의 아미노산의 유전 정보를 지정한다. 예를 들어 코돈 UUU는 페닐알라닌의 정보를, 코돈 AUA는 아이소류신의 정보를, 코돈 GCU는 알라닌의 정보를 지정한다. 각각의 아미노산의 정보를 지정하기 위해 사용되는 암호는 모든 생명체에서 동일하다. 이것은 모든 지상의 생명체가 연결되어 있다는 증거이다.
>
> 생물학자들은 유전 암호가 임의적이어서 어떤 코돈이 특정한 아미노산의 정보를 지정해야 할 기능적인 이유가 없다고 한다. 우리가 관찰하는 유전 암호가 가장 기능적으로 우수한 물리적 가능성을 갖는다면 모든 생물 종들이 각각 별도의 기원들은 갖고 있다고 하더라도 그 암호를 사용했으리라고 기대할 것이다. 그러나 유전 암호가 임의적인데도 그것이 보편적이

라는 사실은 모든 생명이 공통의 기원을 갖는다는 가설을 옹호한다.
왜 언어학자들은 상이한 인간 언어들이 서로 이어져 있다고 믿는지 생각
해 보자. 모든 언어가 수에 해당하는 단어를 포함한다는 사실은 그 언어
들이 공통의 기원을 갖는다는 증거가 될 수 없다. 숫자는 명백한 기능적
효용성을 갖기 때문이다. 반면에 몇 종류의 언어들이 수에 비슷한 이름
을 부여하고 있다는 사실은 놀라운 증거가 된다. 가령, 2를 의미하는 프
랑스어 단어는 'deux', 이탈리아어 단어는 'due', 스페인어 단어는 'dos'
로 유사하다. 수에 대한 이름들은 임의적으로 선택되기 때문에 이런 단
어들의 유사성은 이 언어들이 공통의 기원을 갖는다는 강력한 증거가 된
다. 이렇게 적응으로 생겨난 유사성과 달리 임의적 유사성은 생명체가
공통의 조상을 가지고 있다는 강력한 증거가 된다.

◆ 보 기 ◆

ㄱ. UUU가 페닐알라닌이 아닌 다른 아미노산의 정보를 지정하는 것이 기능
   적으로 불가능한 이유가 있다.
ㄴ. 사람은 유아기에 엄마가 꼭 필요하기 때문에 엄마를 의미하는 유아어가
   모든 언어에서 발견된다.
ㄷ. 코돈을 이루는 뉴클레오타이드가 4개인 것이 3개인 것보다 기능이 우수
   하다.

---

① ㄱ
② ㄴ
③ ㄱ, ㄷ
④ ㄴ, ㄷ
⑤ ㄱ, ㄴ, ㄷ

정답 | ①

해설 | 지문에서 설명하려는 현상은. 어떤 코돈이 특정한 유전 암호를 저장해야 할 기능적 효용성이 없
음에도 불구하고 모든 생명체에서 그 암호가 동일하게 나타난다는 것이다. 이 현상을 가장 잘 설
명하는 가설은 계통수 가설. 지구상의 모든 생명체가 공통의 기원을 가진다는 연결되어 있다는
가설이라고 지문은 주장한다. 이와 유사한 IBE가 지문의 후반부에 추가된다. 어떤 언어적 표현이
특정한 의미를 나타내야 할 기능적 효용성이 없음에도 불구하고 몇몇 언어에서 비슷한 표현이 비
슷한 의미를 나타내는 현상에 대해서. 그 언어들이 공통의 기원을 가진다는 가설이 이 현상을 가
장 잘 설명한다는 것이다.
ㄱ은 지문의 논증을 약화한다. 왜냐하면 ㄱ과 같이 어떤 코돈은 바로 그 유전 정보를 저장해야만

하는 기능적 효용성이 있다는 진술이 주어진다면, 모든 코돈이 특정한 유전 암호를 저장해야 할 기능적 효용성이 없다는 지문의 전제는 거짓이 되기 때문이다. ㄴ은 위 논증과 무관하다. 위 논증은 기능적 효용성이 없음에도 서로 일치하는 경우들을 설명하는 IBE이다. 반면에 ㄴ은 기능적 효용성이 있기 때문에 서로 일치하는 경우이다. ㄷ은 위 논증을 강화한다. 4개인 것이 3개인 것보다 기능적으로 더 우수하다면, 계통수 가설은 이 현상에 대한 더욱 그럴듯한 설명이 될 것이기 때문이다.

제**5**장

오류

1 　오류

　오류의 이름과 분류 자체는 그다지 중요하지 않다. PSAT나 LEET의 기출문제를 보면 같은 종류의 오류에 속하는 논증을 고르는 문제는 드물게 출제되지만 오류의 종류나 이름을 알아맞히기를 요구하는 문제는 거의 찾아보기 어렵다. 또한 논리적 사고에 관한 여러 책에서도 오류의 이름과 분류가 약간씩 다르게 기술되어 있음을 볼 수 있다. 이름은 붙이기 나름이고, 분류는 하기 나름이기 때문이다. 만약 오류의 종류가 무척 중요했더라면, 사람들은 그 종류와 명칭을 반드시 통일시켰을 것이다.

　오류는 나쁜 논증 혹은 나쁜 논증을 발생시키는 원인이다. 그러므로 각각의 오류의 사례에 해당하는 논증들이 왜 나쁜 논증이 되는가를 이해하는 것이 더 중요하다. 물론 오류의 이름을 알면, 가령 상대방과 논쟁을 벌이는 도중에 "당신은 지금 …의 오류를 범하고 있소." 와 같은 멋들어진 지적을 할 수는 있을 것이다. 하지만 논리적 사고를 위해 더 중요한 소양은 주어진 논증이 어떤 이유에서 좋은 논증이 되지 못하는가를 파악하는 능력이다.

　오류는 크게 형식적 오류와 비형식적 오류로 나뉜다. 형식적 오류는 논증의 형식에 결함이 있어서 연역적으로 부당한 논증이 되는 경우이고, 비형식적 오류는 논증의 형식이 아닌 다른 이유에서 나쁜 논증이 되는 경우이다. 형식적 오류에 관한 공부는 결국 부당한 연역 논증의 형식에 관한 공부와 같다. 그 내용은 연역 논증 관련 단원에서 다뤘으므로 이 단원에서는 비형식적 오류에 대해서만 살펴본다.

2 ___ 유관성의 오류 (Fallacies of Relevance)

유관성의 오류는 두 종류로 나누어진다. 하나는 결론과 무관한 논거를 통해 결론을 뒷받침하는 논증이다. 다른 하나는 동정심이나 공포심 등과 같은 심리적 요인을 통해 결론을 뒷받침하는 논증이다.

1) 연민에의 호소

상대방에게 동정심이나 측은한 감정을 불러일으킴으로써 결론을 뒷받침하는 오류

"교수님, 제 시험 점수를 조금만 올려 주십시오. 시험 점수를 올려주시지 않으면 저는 장학금을 받지 못하게 되어 학교를 휴학하거나 그만두어야 할 수도 있습니다. 저의 절박한 상황을 보아 제발 조금만 올려주세요. 간절히 부탁드립니다."

2) 힘에의 호소

상대방에게 강압에 의한 공포심과 불안감을 불러일으킴으로써 결론을 뒷받침하는 오류

2014년 당시 청와대 홍보수석이었던 이정현은 KBS 보도국장에게 전화를 걸어, 세월호 사고와 관련한 KBS의 보도에 대해 이야기했다. 그는 통화에서 "하필이면 (박근혜) 대통령이 오늘 KBS를 봤으니 내용을 바꿔 달라."고 주문했다. 그는 또 "이런 식으로 지금 국가가 어렵고 온 나라가 어려운데 (KBS가) 지금 그렇게 해경하고 정부를 두들겨 패야 하는게 맞느냐?"고도 말했다.

3) 사람에의 호소

① 인신공격의 오류

사람이 지닌 약점이나 단점을 근거로 해서 논증의 결론을 수용 혹은 반박하는 오류

> 나는 A 후보가 대통령이 되기에 적합하다고 생각하지 않는다. 왜냐하면 A 후보는 BBK 사건, 도곡동 땅 투기 등 수많은 의혹의 장본인이기 때문이다.

② 정황적 오류

사람이 처한 특수한 상황이나 조건, 정황 등을 근거로 해서 논증의 결론을 수용 혹은 반박하는 오류

> 나는 A 후보가 대통령이 되기에 적합하다고 생각하지 않는다. 왜냐하면 A 후보는 대한민국이 아닌 일본 오사카에서 일본식 네 글자 이름을 가지고 태어났기 때문이다.

③ 피장파장의 오류

어떤 주장을 하고 있는 사람이 그 주장에서 지적되는 것과 동일한 잘못을 했다는 이유만으로 그의 주장을 거부하는 오류

> 법관들조차 법을 지키지 않는데, 우리 시민들이 법을 지켜야 하는가?

인신공격의 오류와 정황적 오류는 실제로는 구별이 잘 되지 않는 경우가 많다. 왜냐하면 사람이 지닌 단점 혹은 약점과 그 사람이 처한 특수한 상황 사이의 구별이 모호하기 때문이다.

우리는 퀴어 문화 축제를 옹호하는 영화감독 김조광수의 주장을 거부해야 한다. 왜냐하면 김조광수 감독 자신이 동성 연인과 결혼한 사람이기 때문이다.

그리고 사람에의 호소가 모두 오류인 것은 아니다. 상대방의 약점이나 단점, 그가 처한 특수한 상황이 결론의 내용에 유관한 경우에는 사람에의 호소는 오류가 아닌 좋은 논증이 되는 경우도 많다. 다만, 사람은 논리보다 감정의 지배를 더 많이 받으므로 현실에서는 사람에의 호소를 사용하지 않는 편이 내 생각을 다른 사람들에게 설득시키는데 더 도움이 된다.

 생각해 볼 문제

다음의 논증은 좋은 논증일까, 나쁜 논증일까? 그 이유는 무엇일까? 자신의 의견을 이야기해 보자.

a. 줄기세포 분야에서 획기적인 연구 성과를 얻었다는 전직 교수 A씨의 주장은 신빙성이 떨어진다. 왜냐하면 그는 과거에 실험결과를 조작하다가 적발된 전력이 있기 때문이다.

b. 우리는 부자들에게서 세금을 많이 걷는 정책에 반대하는 B 의원의 논거를 의심의 눈초리로 바라볼 필요가 있다. 왜냐하면 B 의원 자신이 부유한 재산가이기 때문이다.

4) 무지에 호소하는 논증

① 명제 P가 참임이 알려지지 않았다.

∴ P는 거짓이다.

> 유전자조작 농산물이 인체에 유해하다는 어떠한 결정적인 과학적 입증도 아직까지는 없다. 그러므로 유전자조작 농산물이 인체에 유해하다는 것은 거짓이다.

② 명제 P가 거짓임이 알려지지 않았다.
　　∴ P는 참이다.

> 1950년 미 상원 회의에서 공화당 상원의원 J. R. 매카시는 국무성의 관리 중에 공산주의자라고 여겨지는 사람이 무려 205명이 있다고 주장했다. 그리고 그 중 40명에 대해서는 "그들이 공산주의자와 무관하다는 것을 보여줄 어떤 증거도 없다."고 말했다.

무지에 호소하는 논증도 내용에 따라서는 좋은 논증이 될 수도 있다. 예를 들어, 고조선에 여성 단군이 존재했다는 어떠한 증거도 지금까지 알려지지 않았다면, "고조선에는 여성 단군이 존재하지 않았다."라는 결론을 받아들이는 것이 합리적이다. 따라서 무지에 호소하는 논증을 형식만 보고 일률적으로 오류라고 생각해서는 곤란하다. 논증의 내용도 주의해서 고려해야 한다.

무지에 호소하는 논증이 무조건 좋은 논증으로 간주되는 경우도 있다. 형사재판에서 피고인에게 유리한 방향으로 적용되는 무지에 호소하는 논증이 그것이다. 피고의 인권보호 목적을 위해 "피고가 유죄라는 어떠한 증거도 없다. 따라서 피고는 무죄이다."라는 논증은 무조건적으로 좋은 논증으로 간주된다. 역시 인권보호를 위한 원칙인 '무죄추정의 원칙'도 무지에 호소하는 논증이 좋은 논증으로 간주되는 예이다.

다음 글에 제시된 논리적 오류의 사례로 적절하지 않은 것은?

흔히 주변에서 암 검진 결과 암의 징후가 없다는 판정을 받은 후 암이 발견되면 검진이 엉터리였다고 비난하는 것을 본다. 우리 몸의 세포들을 모두 살펴보지 않은 이상 암세포가 없다고 결론지을 수 없다는 것은 논리적으로 명확한데 말이다. 우리는 1,000마리의 까마귀를 관찰하여 모두 까맣다고 해서 까맣지 않은 까마귀가 없다고 단정할 수는 없다고 학교에서 배웠다. 하지만 교실에서 범하지 않는 논리적 오류를 실생활에서는 흔히 범하곤 한다. 예를 들어, 1960년대에 의사들은 모유가 분유에 비해 이점이 있다는 증거를 찾지 못하였다. 그러자 당시 의사들은 모유가 특별한 이점이 없다고 결론지었다. 그 결과, 많은 사람들이 대가를 치러야만 했다. 수십 년이 지난 후에, 유아기에 모유를 먹지 않은 사람들은 특정 암을 비롯하여 여러 가지 질병에 걸릴 위험성이 높다는 사실이 밝혀진 것이다. 이와 같이 우리는 '증거의 없음'을 '없음의 증거'로 오인하곤 한다.

① 다양한 물질의 전기 저항을 조사한 결과 전기 저항이 0인 경우는 없었다. 따라서 전기 저항이 0인 물질은 없다.
② 어떤 사람이 술과 담배를 즐겼지만 몸에 어떤 이상도 발견되지 않았다. 따라서 그 사람에게는 술과 담배가 무해하다.
③ 경찰은 어떤 피의자가 확실한 알리바이가 있다는 것을 확인했다. 따라서 그 피의자는 해당 범죄 현장에 있지 않았다.
④ 주변에서 빛을 내는 것을 조사해보니 열 발생이 동반되지 않는 것이 없었다. 그러므로 열을 내지 않는 발광체는 없다.
⑤ 현재까지 수많은 노력에도 불구하고 외계 지적 생명체는 발견되지 않았다. 그러므로 외계 지적 생명체는 존재하지 않는다

정답 | ③

해설 | 지문에서 소개하는 사례는 무지에 호소하는 논증이 오류가 되는 경우이다. 반면에 ③은 무지에

호소하는 논증이 아니라 확실한 증거에 호소하는 논증이다.

답지 ①, ②, ④, ⑤가 과연 '오류'인지 의문이 드는 독자도 있을 것이다. 본문에서 살펴본 것처럼 무지에 호소하는 논증은 내용에 따라서는 좋은 논증이 될 수도 있음을 이 문제를 통해 다시 확인하게 된다.

5) 군중에 호소하는 오류

① 속물논법
혼자 고립될지도 모른다는 불안감에 호소하는 오류

"이 논증의 결론을 거부하시다니, 특이한 분이시군요. 이 결론을 거부하는 사람은 아마 세상에 당신밖에 없을 겁니다. 길을 막고 물어보세요. 당신처럼 생각하는 사람이 이 세상에 한 명이라도 있는지."

② 숫자에의 호소
대다수의 사람들이 P라고 생각하므로 P는 참이라고 주장하는 오류

설문조사 결과, 70% 이상의 사람들이 사형 제도가 윤리적으로 문제되지 않는다고 응답했다. 따라서 사형 제도는 윤리적으로 문제가 없다.

 생각해 **볼** 문제

상업 광고에서는 은연중에 속물논법이 많이 활용된다. 현재 진행 중인 광고 가운데 속물논법의 사례를 찾아내어 발표해 보자.

6) 잘못된 권위에 호소하는 오류
논증에 적용하기에 적절하지 않은 권위에 호소하는 오류

에너지시스템 분야의 최고 권위자인 김동력 교수의 평가에 의하면, 소설 『내 여동생이 이렇게 귀여울리없어』 는 세계문학사에 한 획을 그은 위대한 리얼리즘 작품이다.

여기서 말하는 '권위'는 사회적 지위나 학식이 높거나 인품이 본받을 만 하다는 것을 의미하지 않는다. 권위는 특정한 정보에 대해 다른 사람들에 비해 더 잘 접근할 수 있는 위치에 있음을 의미한다. 그래서 아래 논증도 권위에 호소하는 논증이다.

예 example

10살 소녀 레이는 그 범행현장의 유일한 목격자이다.
레이는 A씨를 범인으로 지목했다.
따라서 A가 범인이다.

30년 넘게 소매치기를 해 온 전과 20범 B씨에 의하면, 지하철에서 소매치기를 하기 가장 알맞은 시간과 장소는 평일 오후 7시~8시, 2호선 잠실역에서 신도림역 사이의 구간이다.

권위에 호소하는 논증은 일반적으로 오류가 아님에 주의할 필요가 있다. 적절한 권위는 결론을 뒷받침하는 튼튼한 근거가 된다. 예컨대 아래와 같은 논증을 오류라고 하진 않는다.

예 example

항공기 추진기관 분야의 최고 권위자인 최항공 박사에 의하면, 현재 교통항공이 개발 중인 신형 제트여객기 SW-190 스페이스 울프의 엔진에는 심각한 결함이 있다. 따라서 SW-190 스페이스 울프의 개발을 잠정적으로 중단하고 엔진 부분에 대한 정밀한 검토를 진행해야 할 필요가 있다.

'잘못된 권위'가 되는 경우에는 다음의 네 가지가 있다.

a. 전문가가 아닌 사람에 호소하는 경우
b. 전문가이기는 하지만 해당 분야의 전문가는 아닌 사람에 호소
c. 해당 분야의 전문가들 사이에 아직 합의가 이루어지지 않은 상태에서, 어느 한 쪽의 전문가의 말만을 인용하는 경우
d. 해당 분야의 전문가로 알려져 있기는 하지만, 그 전문가는 우연히 혹은 운이 좋아서 성공적 결과들을 축적해 왔을 뿐, 미래의 성공을 반복할 지식과 능력을 갖추지는 못한 경우

7) 발생적 오류

① 주장의 기원과 정당성을 혼동하는 오류

화학자 프리드리히 케쿨레가 벤젠의 분자 구조를 발견하게 된 기원은 자기의 꼬리를 물고 있는 뱀의 꿈을 꿈으로써였다. 꿈에서 본 분자 구조라니… 벤젠의 분자 구조가 고리 모양이라는 그의 주장은 정당성이 없다.

② 대상의 기원과 본질을 혼동하는 오류

서울대학교의 기원은 경성제국대학이다. 따라서 서울대학교의 본질은 일제의 식민지 교육기관이다.

8) 논점일탈의 오류(red herring fallacy)

논증의 원래 쟁점과 관련이 없는 다른 쟁점을 가지고 와서, 상대방이 그 새로운 쟁점에 관심을 쏠리게 만듦으로써 자신이 내세우는 결론을 시나브로 받아들이게끔 오도하는 오류

환경을 보호해야 한다는 열광적인 움직임이 있다. 하지만 우리는 이 세계를 에덴동산처럼 만들 수는 없다. 세계가 에덴동산처럼 된다면 무슨 일이 벌어질지 상상해 보라! 아담과 이브는 에덴동산에서 싫증을 느낀 나머지 신의 지시를 어기지 않았던가? 우리가 같은 입장이 된다면 무슨 짓을 할지 예측할 수 있겠는가? 따라서 환경을 보호하자는 주장은 냉정하게 바라보아야 한다.

사람들은 종종 '논점일탈의 오류'라는 용어를, 원래 논의하고 있던 주제로부터 벗어나 완전히 다른 주제로 빠져 돌아오지 않는 경우를 가리키는데 쓰곤 한다. 속칭 '삼천포로 빠지기'가 그것이다. 그러나 논의의 주제가 영영 엉뚱한 방향으로 흘러가는 것은 논점일탈의 오류와는 다소 차이가 있다. 논점일탈의 오류는 원래의 주제로부터 사람들의 관심을 떼어놓을 '미끼'를 던져 그 쪽으로 관심을 쏠리게 함으로써 원래의 주제에 속한 결론을 어물쩍 받아들이게 만드는 나쁜 논증을 가리킨다.

9) 실용주의적 오류

P를 하는 것은 실용적으로 도움이 된다.
따라서 P를 하는 것이 옳다.

교실 안에서 교사가 학생을 구타하는 것은, 교실 내의 질서와 면학분위기를 유지하는데 실용적으로 도움이 된다.
따라서 교실 안에서 교사가 학생을 구타하는 것은 옳다.

위 형식의 모든 논증이 오류는 아니다. 오히려 일반적으로 말하면, P를 하는 것이 실용적으로 도움이 된다면, P를 하는 것이 실제로 옳은 경우가 훨씬 더 많다. 그러나 그 실용성이 결론의 쟁점과 직접적인 연관이 없는 경우에는 실용주의적 오류가 발생한다.

3 ＿ 애매성의 오류 (Fallacies of Ambiguity)

애매성의 오류는 이름 그대로 개념의 애매성 때문에 발생하는 오류이다. 좀 더 넓게는 언어의 의미에서 비롯되는 오류들이 모두 이 영역의 비형식적 오류에 해당한다.

1) 애매어의 오류

단어의 애매성에서 비롯되는 오류

> 리디아의 왕 크로이소스는 페르시아와의 전쟁을 앞두고 델피 신전에 신탁을 구했다. 신전의 신탁은 "크로이소스는 대국(大國)을 멸망시킬 것이다."였다. 신탁에 용기를 얻은 크로이소스는 페르시아와 전쟁을 벌였으나 패하고 그의 나라 리디아도 멸망했다. 크로이소스가 델피 신전을 다시 찾아가 항의하자 신관들은 다음과 같이 대답했다. "신탁은 적중했다. 당신은 큰 나라인 리디아를 멸망시키지 않았는가."

2) 애매문의 오류

문법적 구조 때문에 문장이 애매해지는 오류

> 철수는 예쁜 가방 공장을 운영한다.
> 우리 교통횟집은 일본산 수산물을 100% 취급하지 않습니다. (후쿠시마 원전 사고 직후에 어떤 횟집에 붙은 안내문)

3) 강조의 오류

　문장의 특정한 부분을 강조하여, 화자의 의도를 왜곡하거나 말의 뜻을 잘못 해석하는 오류

> 팀장 : "내일 회의는 꼭 늦지 말고 참석하기 바랍니다."
> 팀원 : "네, 알겠습니다. 그럼 다른 날의 회의는 모두 늦도록 하겠습니다."

　강조의 오류는 크게 보면 애매문의 오류의 한 종류라고 할 수 있다. 문장의 어느 부분을 강조해서 읽어야 그 문장을 말한 사람의 의도를 올바르게 반영하는 것인가는 문장의 문법 구조만으로는 드러나지 않는 경우가 많기 때문이다.

　따라서 강조의 오류를 피하려면 그 문장을 말한 사람의 의도를 정확히 파악할 필요가 있다. 그리고 의도는 보통은 대화의 맥락을 통해서 파악이 가능하다. 그러므로 우리는 대화 도중에 대화의 맥락을 놓치지 않도록 주의를 기울여야 한다.

4) 합성의 오류

　부분이 가지는 속성을 전체도 가질 것이라고 잘못 추론하는 오류

> 이 기계는 가벼운 부품들로 구성되어 있다. 따라서 이 기계는 가벼울 것이다.

5) 분할의 오류

　전체가 가지는 속성을 부분도 가질 것이라고 잘못 추론하는 오류

물은 마시면 갈증이 해소된다. 물은 수소와 산소로 이루어져 있다. 따라서 산소를 마시면 갈증이 해소될 것이다.

일반적으로 부분이 가지는 속성은 전체가 가지며, 전체가 가지는 속성은 부분도 가진다. 그래서 다음과 같이 부분(혹은 전체)이 가지는 속성을 전체(혹은 부분)도 가질 것이라고 생각하는 추론을 모두 오류로 간주해서는 안 된다. 합성의 오류와 분할의 오류는 전체와 부분 사이의 추론이 적절하지 않은 경우에만 발생한다.

"이 기계의 모든 부품은 금속이다. 따라서 그 기계는 금속이다."
"한국 축구 국가대표팀은 대한민국 팀이다. 따라서 대표팀 소속 선수들도 모두 대한민국 선수이다."

합성의 오류와 분할의 오류를 애매성의 오류로 분류하는 이유는, 이 오류들이 일반명사의 용법과 관련되기 때문이다. 일반명사의 용법에는 집합적 용법과 분배적 용법이 있다. 집합적 용법은 그 일반명사가 가리키는 종 전체에 대해 이야기하는 용법이다. 분배적 용법은 그 일반명사가 가리키는 종에 속한 개체들 각각에 대해 이야기하는 용법이다. 합성의 오류는 분배적 용법을 집합적 용법으로, 분할의 오류는 집합적 용법을 분배적 용법으로 착각하는 오류에 해당한다.

다음 글에 대한 분석으로 옳은 것만을 〈보기〉에서 있는 대로 고른 것은?

일반적으로 과학적 탐구는 관찰과 관찰한 것(자료)의 해석으로 압축된다. 특히 자료의 해석은 객관적이고 올바르며 엄밀해야 한다. 그런데 간혹 훈련받은 연구자들조차 사회 현상을 해석할 때 분석 단위를 혼동하거나 고정관념, 속단 등으로 인해 오류를 범하기도 한다. 예를 들어 집단, 무리, 체제 등 개인보다 큰 생태학적 단위의 속성에 대한 판단으로부터 그 단위를 구성하는 개인들의 속성에 대한 판단을 도출하는 경우(A 오류), 편견이나 선입견에 사로잡혀 특정 집단에 특정 성향을 섣불리 연결하는 경우(B 오류), 집단의 규모를 고려하지 않고, 어떤 집단이 다른 집단보다 특정 행위의 발생 건수가 많다는 점으로부터 그 집단은 다른 집단보다 그 행위 성향이 강할 것이라고 속단하는 경우(C 오류) 등이 이에 해당한다. 이와 같은 오류들로 인해 과학적 탐구 결과가 왜곡될 수 있으므로 주의가 필요하다.

◆ 보 기 ◆

ㄱ. 상대적으로 젊은 유권자가 많은 선거구가 나이 든 유권자가 많은 선거구보다 여성 후보에게 더 많은 비율로 투표했다는 사실로부터 젊은 사람이 나이 든 사람보다 여성 후보를 더 지지한다고 결론을 내린다면, A오류를 범하게 된다.

ㄴ. 외국인과 내국인 사이에 발생한 범죄가 증가하고 있다는 자료로부터 가해자가 외국인이고 피해자가 내국인인 범죄가 증가한다고 결론을 내린다면, B 오류를 범하게 된다.

ㄷ. 자살자 수가 가장 많은 연령대는 1,490명을 기록한 50~54세 라는 통계로부터 50~54세의 중년층은 다른 연령대보다 자살 위험성이 가장 크다고 결론을 내린다면, C오류를 범하게 된다.

① ㄴ   ② ㄷ   ③ ㄱ, ㄴ

④ ㄱ, ㄷ   ⑤ ㄱ, ㄴ, ㄷ

해설 | A 오류는 분할의 오류의 한 형태로 볼 수 있다. B는 뒤에서 살펴볼 오도된 생생함의 오류로 분석이 가능하다. 외국인과 내국인 사이에 발생한 범죄의 빈도가 증가한다는 일반화는 정당하지만, 외국인이 가해자와 피해자 중 어느 쪽에 더 많은가에 대한 내용은 그 일반화에 포함되지 않는다. 그럼에도 ㄴ은 외국인에 의한 특정 범죄 사례들에 대한 심리적 편향에 기인하여 이 일반화의 내용을 왜곡하고 있다. C는 성급한 일반화의 오류로 분석이 가능하다. ㄷ에서 증거가 되는 표본의 수는 1,490명으로, 50~54세 중년층 전체의 규모에 비해 너무 적다. 그러므로 이 증거로부터 집단 전체의 성향에 대한 일반화를 이끌어내는 것은 정당하지 않다.

6) 범주의 오류

범주(category)가 다른 대상들을 같은 범주에 속하는 것으로 착각하는 오류

> 야구 경기의 규칙을 배웠는데, 도저히 이해할 수 없는 부분이 하나 있다. 1루수는 1루를 맡는다. 2루수는 2루를 맡고, 외야수는 외야를 맡는다. 투수는 투구를 담당한다. 그런데 선수들 중에 그 누구도 투지를 담당하지 않는다. 도대체 야구에서 투지를 담당하는 포지션은 어디인가?

7) 미끄러운 비탈길(Slippery slope)

연쇄의 첫 번째 항이 성립하면 마침내 마지막 항도 성립하는데, 그 마지막 항은 바람직하지 않은 결과이므로, 그 결과를 방지하기 위해서 첫 번째 항의 성립을 금지해야 한다고 결론을 이끌어내는 논증

> 누구나 쉽게 진통제를 구입할 수 있게 된다면, 그 다음에는 모르핀의 자유로운 구입도 허용하게 될 것이다. 그 다음에는 아편, 마리화나, 헤로인, 코카인, 필로폰 등의 자유화가 그 뒤를 따르게 될 것이다. 이는 사회 전체의 파탄을 초래한다. 따라서 진통제의 구입을 전면 금지해야 한다.

미끄러운 비탈길 논증은 내용에 따라 오류가 아닌 정당한 귀납 논증의 하나로 간주될 수도 있다. 핵심은 미끄러운 비탈길이 얼마나 미끄럽냐이다. 만약 앞의 연쇄가 그 다음의 연쇄로 이어질 개연성이 높다면, 즉 비탈길이 미끄럽다면, 미끄러운 비탈길은 좋은 논증으로 간주된다. 반면에 앞의 연쇄가 다음 연쇄로 이어질 개연성이 낮다면 미끄러운 비탈길은 오류가 된다.

 생각해 볼 문제

2011년을 전후하여 국내에 수쿠크(이슬람채권)을 도입하자는 제안이 있었지만 많은 논란 끝에 결국 무산된 적이 있었다. 그 논란의 쟁점이 무엇이었는지 조사하고, 수쿠크 도입에 반대하는 측이 제시했던 미끄러운 비탈길 논증이 정당한지 오류인지 의견을 나누어 보자.

8) 잘못된 구체화

추상적인 것을 구체적인 대상인 것처럼 오도하는 오류

당나라의 절도사였던 안록산은 매우 뚱뚱하였다. 어느 날 당 현종이 안록산에게 "그대의 배 속에는 무엇이 들어있어서 그리 불룩한고?"라고 물었다. 안록산은 "폐하에 대한 충성이 가득 들어 있습니다."라고 대답했다.

A~C에 대한 평가로 옳은 것만을 〈보기〉에서 있는 대로 고른 것은?

우리는 나무나 별과 같은 물리적 대상이 존재한다는 점은 모두 인정한다. 수나 집합과 같은 수학적 대상도 마찬가지로 존재한다고 할 수 있을까? 물리적 대상은 특정 시점과 특정 장소에 존재한다고 말할 수 있지만, 수학적 대상은 그렇지 않다는 점에서 비시간적이고 비공간적인 대상으로 생각된다. 또한 나무나 별은 우리의 감각에 직간접으로 어떤 영향을 미친다는 점에서 인과적 대상인 반면, 수나 집합과 같은 수학적 대상은 인과적 영향을 전혀 미치지 않는다는 점에서 비인과적 대상으로 생각된다. 이처럼 비시간적이고 비공간적이고 비인과적인 대상을 '추상적' 대상이라 부르기도 한다.

A: "2는 소수이다."를 참으로 받아들이면서 2의 존재를 부정할 수는 없다. 이는 우리가 "저 나무는 파랗다."를 참으로 받아들이면서 저 나무의 존재를 부정할 수는 없는 이치와 같다. 따라서 수학적 대상은 추상적 대상일 뿐 존재한다는 점에서는 물리적 대상과 다르지 않다.

B: 수학적 대상은 추상적 대상이므로 그것은 비인과적 대상이다. 그러므로 그러한 대상이 있건 없건 우리의 구체적이고 물리적인 세계는 아무런 차이 없이 그대로 유지될 것이다. 따라서 수학적 대상이 존재한다고 볼 이유는 전혀 없는 것이고, 수학적 대상은 존재하지 않는다고 결론 내려야 한다.

C: 추상적 대상이 우리와 어떤 인과적 관계도 맺을 수 없다면, 우리는 그 대상이 어떤 성질을 가졌는지도 알 수 없다. 우리가 나무나 별에 대한 지식을 가질 수 있는 이유는 감각을 통해 그러한 대상과 인과적 관련을 맺을 수 있다는 사실에 근거하고 있기 때문이다. 그런데 우리가 많은 수학적 지식을 가지고 있다는 것은 틀림없는 사실이다. 그렇다면 도리어 수학적 대상은 추상적 대상이 아니라고 결론 내려야 한다.

ㄱ. A는 물리적 대상만 존재한다는 것을 부정하지만 B는 그것을 받아들인다.

ㄴ. B는 수학적 대상이 추상적 대상이라고 보는 반면 C는 이를 부정한다.

ㄷ. C는 우리가 인과적 대상에 대해서만 지식을 가질 수 있다고 전제하고 있다.

① ㄴ   ② ㄷ   ③ ㄱ, ㄴ

④ ㄱ, ㄷ   ⑤ ㄱ, ㄴ, ㄷ

정답 | ⑤

해설 | 잘못된 구체화에서 말하는 추상적 대상이란 무엇인지를 이 지문의 내용이 보여준다. 〈보기〉의 ㄱ, ㄴ, ㄷ 모두 세 사람의 입장을 올바르게 진술하고 있다는 것은 지문 내용을 통해 확인할 수 있다.

4 __ 과추정의 오류 (Fallacies of Presumption)

결론을 뒷받침하는 드러난 혹은 숨은 전제의 참이 보증되지 않았거나 전제들이 그럴듯하지 않은 논증이다.

넓게 보면 귀납 논증에서 발생하는 오류들인 성급한 일반화, 편향된 일반화의 오류, 잘못된 유비 추론의 오류 등도 과추정의 오류에 속한다. 통계적 삼단논법에서 준거집합이 과도하게 이질적이거나 광범위한 경우도 마찬가지이다.

1) 우연의 오류 (Accident)

일반적 원칙을 특수한 상황에 잘못 적용하여 발생하는 오류

대한민국은 자유 국가이다. 따라서 나는 도로에서 과속으로 달릴 자유가 있다.

> 네덜란드 여성 미프 히스는 『안네의 일기』로 유명한 안네 프랑크 가족의 친구이자 은
> 신처 삶을 도왔던 사람이다. '거짓말을 하면 안 된다.'는 일반적 원칙에도 불구하고
> 그녀는 독일 군인들에게 "이 집에 유태인은 없다."라고 거짓말을 했다.

당연한 말이지만, 일반적 원칙은 특수한 상황에 적용 가능하다. 자연과학의 법칙은 다른 조건이 같다면 특수한 상황에서 예외가 발생하지 않는다. 반면에 도덕 법칙에는 예외가 있는데, 우연의 오류는 그 예외를 무시하는 오류이다. 그래서 우연의 오류는 도덕 법칙과 연관해서 발생하는 오류이다.

2) 역-우연의 오류 (Reverse accident)

특수한 원칙을 일반적 상황에 잘못 적용하여 발생하는 오류

> 서울역 앞 노숙자들에게 돈을 주는 것은 그들에게 전혀 도움이 되지 않기 때문에
> 그들에게는 돈을 주지 않는 것이 바람직하다. 따라서 어렵고 힘든 모든 사람들에게
> 돈을 주지 않는 것이 바람직하다.

3) 자연주의적 오류

사실에 대한 전제로부터 규범('~이어야 한다', '~인 것이 당연하다', '~여도 된다', 등)에 대한 결론을 잘못 도출하는 오류

> 가장 약한 개체가 가장 먼저 잡아먹히는 것이 냉엄한 사실이다. 그러므로 약자부터
> 먼저 도태되어야 마땅하다.
>
> 백인의 소득수준이 흑인보다 더 높은 것이 사실이다. 따라서 백인이 흑인보다 소득
> 수준이 더 높은 것이 자연스럽다.

자연주의(naturalism)란, 물질적 세계와 그 세계를 지배하는 물질적 법칙 외에 다른 것은 존재하지 않으므로 가치의 문제와 같은 비물질적 사실도 물질적 사실로 환원될 수 있다는 철학적 견해이다. 자연주의 자체는 오류가 아니며, 자연주의적 오류는 그 견해로부터 이름만을 따온 것이다.

4) 인과적 오류

① 거짓 원인의 오류

a. A 사건이 B 사건보다 시간적으로 먼저 발생했기 때문에, A 사건이 B 사건의 원인이라고 추론하는 오류(烏飛梨落)

b. A사건이 발생할 때마다 언제나 B사건이 발생해 왔기 때문에, A가 B의 원인이라고 추론하는 오류

원시인들은 일식이 일어나면 사람을 죽여 태양신에게 제물로 바쳤다. 인신제물을 바칠 때마다 일식으로 사라져가던 태양은 언제나 원래대로 돌아왔기 때문이다. 그들은 자신들이 제물을 바친 것이 태양신이 원래대로 태양을 돌려준 원인이라고 믿었다.

② 본말 전도의 오류

실제로는 A 사건이 B 사건의 원인이지만, 거꾸로 B 사건이 A 사건의 원인이라고 추론하는 오류

헬스클럽에 갔더니 모두 뚱뚱한 사람뿐이다. 따라서 헬스클럽에 가는 것이 사람을 뚱뚱하게 만든다. (PSAT 기출)

③ 공통원인 무시의 오류

공통 원인인 C가 A 사건과 B 사건을 모두 인과적으로 야기했지만, A 사건이 B 사건의 원인이라고 추론하는 오류

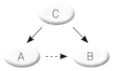

> 숯이 타서 빨갛게 되면 고기가 익는다. 따라서 숯의 빨간색이 고기를 익게 한다.
> (PSAT 기출)

————————► : 진정한 인과관계
------------► : 착각한 인과관계

인과적 오류를 피하는 한 가지 간단한 방법은 다음의 진술이 성립하는지의 여부를 검토하는 것이다. 만약 성립한다면 A를 B의 원인으로 보아도 좋지만, 그렇지 않다면 거짓 원인일 가능성이 높다.

"만약 A가 일어나지 않았더라면, B도 일어나지 않았을 것이다."

가령 원시인들이 어떤 이유에서 일식 때 인신제물을 바치지 않았다고 해 보자. 그럼에도 태양이 원래대로 돌아왔다면 인신제물을 바치는 것은 태양이 원래대로 돌아오는 원인이 될 수 없다.

특별히 본말전도의 오류와 관련하여, 원인은 결과보다 시간적으로 반드시 선행한다는 원칙을 기억할 필요가 있다. ②의 예에서 뚱뚱해 진 것이 헬스클럽에 등록한 것보다 시간적으로 더 먼저 일어난 일이다. 그러므로 전자가 원인이고 후자가 결과이다. 우리는 통계적으로 상관관계가 있는 두 현상 중에서 어느 쪽이 원인이고 어느 쪽이 결과인지 판단하기 어려울 때가 많이 있다. 그 때는 두 사건 가운

데 어느 쪽이 시간적으로 더 먼저 일어난 일인가를 생각해 보면 도움이 된다.

생각해 볼 문제

다음의 말들이 옳은지 혹은 그른지, 그 이유는 무엇인지 각자의 의견을 이야기 해 보자.

"소크라테스가 독배를 마시고 죽은 것은 크산티페가 과부가 된 원인이다."

"만약 내가 태어나지 않았더라면 나는 죽지도 않았을 것이다. 그러므로 내가 태어 난 것이 내 죽음의 원인이다."

2017학년도 법학적성시험

다음 논쟁에 대한 분석으로 옳은 것만을 〈보기〉에서 있는 대로 고른 것은?

설거지를 하던 철수는 수지로부터의 전화벨 소리에 깜짝 놀라고 접시를 깨뜨린다. 접시를 깬 이유가 무언지 생각해본 철수는 '수지가 자신에게 전화를 건 사건'이 '자신이 깜짝 놀란 사건'의 원인이며, '자신이 깜짝 놀란 사건'이 '자신이 접시를 깬 사건'의 원인이라고 추론한다. 왜냐하면 철수는 다음의 원리를 받아들이기 때문이다.

원리A: 임의의 사건 a, b에 대하여, a가 b의 원인이라는 것은 a가 발생하지 않았더라면 b가 발생하지 않았다는 것이다.

이어서 철수는 다음의 원리를 통해 '수지가 전화를 건 사건'이 '자신이 접시를 깬 사건'의 원인이라고 결론 내린다.

원리B : 임의의 사건 a, b, c에 대하여, a가 b의 원인이고 b가 c의 원인이라면, a는 c의 원인이다.

철수는 자신이 접시를 깬 것은 수지 때문이라며 수지를 원망한다. 이에 수지는 다음의 사례를 들어 반박한다. 사실 어젯밤 철수의 집에 누군가 몰래 침입하여 폭탄을 설치하였다. 오늘 아침 수지가 다행히 폭탄을 발견하였고 이를 제거하였다. 철수는 무사히 출근할 수 있었다. 수지는 다음과 같이 말한다.

"'만약 누군가가 폭탄을 설치하지 않았더라면, 내가 폭탄을 제거할 일이 없었을 것'이라는 점은 당연하지. 그렇다면 원리A에 의해 '누군가 폭탄을 설치한 사건'이 '내가 그 폭탄을 제거한 사건'의 원인이라 해야 할 거야. 마찬가지 방식으로 '내가 폭탄을 제거한 사건'이 '네가 출근한 사건'의 원인이라고 해야 하겠지. 그런데 원리B에 의하면, '누군가 폭탄을 설치한 사건'이 '네가 출근한 사건'의 원인이라고 말해야 할 거야. 누군가 폭탄을 설치했기 때문에 네가 출근할 수 있었다는 게 말이 된다고 생각하니?"

◆ 보 기 ◆

ㄱ. '철수가 접시를 구입하지 않았더라면, 철수는 접시를 깨지 않았을 것'이라는 것은 당연하다. 하지만 '철수가 접시를 구입한 것'이 '철수가 접시를 깬 사건'의 원인이라고 말하는 것은 부적절해 보인다. 그렇다면 이는 원리A를 약화한다.

ㄴ. 철수의 추론은 '수지가 자신에게 전화 걸지 않았더라면, 자신은 접시를 깨지 않았을 것'이라는 전제를 사용한다.

ㄷ. 수지의 추론은 '자신이 폭탄을 제거하지 않았더라면, 철수는 출근하지 못했을 것'이라는 전제를 사용한다.

---

① ㄱ   ② ㄴ   ③ ㄱ, ㄷ

④ ㄴ, ㄷ   ⑤ ㄱ, ㄴ, ㄷ

정답 | ③

해설 | ㄱ은 그 자체로 원리A의 반례이므로 옳은 진술이라는 것을 곧바로 알 수 있다. ㄴ은 적절하지 않다. 철수의 추론은, 수지가 자신에게 전화 걸지 않았더라면 자신은 놀라지 않았을 것이라는 전제와, 자신이 놀라지 않았더라면 접시를 깨지 않았을 것이라는 전제를 사용한다. 이 두 전제에 원리A와 B가 더해져서, 수지가 전화를 건 것이 자신이 접시를 깬 원인이라는 결론이 도출된다. ㄷ은 옳은 서술이다. 지문 마지막 단락의 "마찬가지 방식으로 …"가 바로 ㄷ이 말하는 전제로부터 도출된다.

다음 논쟁에 비추어 〈사례〉를 평가한 것으로 옳은 것만을 〈보기〉에서 있는 대로 고른 것은?

> 갑: 어떤 것이 없다거나 어떤 것을 행하지 않았다는 것은 원인이 될 수 없어. 예를 들어, 철수가 화초에 물을 주지 않았다는 것이 그 화초가 죽게 된 원인이라고는 할 수 없지. 다른 것의 원인이 되기 위해서는 일단 존재하는 것이어야 하니까. 만약 철수가 화초에 뜨거운 물을 주어 화초가 죽었다면, 철수가 준 뜨거운 물이 화초가 죽게 된 원인이라고 할 수 있지. 철수가 준 뜨거운 물은 존재하는 것이니까 말이야.
>
> 을: 원인이 되는 사건이 일어나지 않았더라면 결과도 일어나지 않았을 것이라고 판단할 수 있는지가 원인과 결과를 찾는데 중요해. 철수가 화초에 물을 주었더라면 화초가 죽는 사건은 일어나지 않았을 거야. 그런 점에서 철수가 화초에 물을 주지 않았다는 것이 화초가 죽게 된 원인이라고 해야겠지.
>
> 병: 이미 일어난 사건이 일어나지 않았을 상황을 상상하라는 것은 지나친 요구가 아닐까? 어떤 사건이 다른 사건의 원인인지 여부는 경험할 수 있는 것을 토대로 밝혀져야 한다고 생각해. 어떤 사건이 일어난 시점 이후에 다른 사건이 일어나는 경우에만 앞선 사건이 뒤이은 사건의 원인일 수 있어. 물론 그것만 가지고 그 사건을 원인이라고 단정할 수는 없지만 말이야.
>
> 〈사례〉
> 탐험가 A는 홀로 사막으로 탐험을 떠날 예정이다. 그런데 그의 목숨을 노리는 두 사람 B와 C가 있다. A는 사막에서 생존하는데 필수적인 물을 물통에 가득 담아 챙겨 두었다. B는 몰래 이 물통을 비우고 물 대신 소금을 넣었다. 이후 이를 모르는 C는 A가 탐험을 떠나기 직전 물통을 훔쳤다. 탐험을 떠난 A는 주변에 마실 물이 없었기 때문에 갈증 끝에 죽고 말았다.

───── ◆ 보 기 ◆ ─────

ㄱ. 갑은 A 주변에 오아시스가 없다는 것이 A가 사망한 사건의 원인이라고
   보지 않을 것이다.
ㄴ. 을은 B의 행위와 C의 행위가 각각 A가 사망한 사건의 원인이라고 볼 것
   이다.
ㄷ. 병은 B의 행위가 A가 사망한 사건의 원인이라고 볼 것이다.

① ㄱ   ② ㄴ   ③ ㄱ, ㄷ
④ ㄴ, ㄷ   ⑤ ㄱ, ㄴ, ㄷ

정답 | ①

해설 | 갑의 주장은 이른바 '부재에 의한 인과'는 진정한 인과 관계가 될 수 없다는 것이다. 을의 주장은
C와 E 사이의 인과 관계는 C가 일어나지 않았더라면 E가 일어나지 않았을 것이라는 관계로 분석
되어야 한다는 것이고, 병의 주장은, 결과보다 시간적으로 선행해서 실제로 일어난 사건만이 원
인이 될 수 있다는 것이다.

오아시스가 없다는 것은 부재 원인에 해당하므로 갑은 이를 원인으로 인정하지 않을 것이다. 따
라서 ㄱ은 옳다. ㄴ은 잘못된 서술이다. 〈사례〉에 의하면 "B의 행동이 없었더라면 A는 죽지 않았
을 것이다."와 "C의 행동이 없었더라면 A는 죽지 않았을 것이다."가 둘 다 거짓이 된다. 그러므로
을은 ㄴ과 같이 생각하지 않을 것이다. ㄷ도 잘못되었다. A가 소금이 채워진 물통을 가지고 사막
으로 떠난 일은 실제로 일어나지 않은 일이므로 병은 이를 원인으로 간주하지 않을 것이다.

2017학년도 법학적성시험

다음 글로부터 추론한 것으로 옳은 것만을 〈보기〉에서 있는 대로 고른 것은?

과학자들은 "속성 C는 속성 E를 야기한다."와 같은 인과 가설을 어떻
게 입증하는가? 다른 종류의 가설들과 마찬가지로 인과 가설 역시 다양
한 사례들에 의해 입증된다. 예를 들어 과학자들은 '폐암에 걸린 흡연자
의 사례'와 '폐암에 걸리지 않은 비흡연자의 사례'가 "흡연이 폐암을 야기
한다."는 인과 가설을 입증한다고 생각한다. 'C와 E를 모두 가진 사례'와
'C와 E를 모두 결여한 사례'가 "C가 E를 야기한다."를 입증한다는 것이

다. 여기서 문제의 두 사례들이 해당 인과 가설을 입증하기 위해서는 두 사례 중 하나는 다른 사례의 '대조 사례'여야 한다. 물론, C와 E를 모두 가진 사례와 C와 E를 모두 결여한 사례들이 언제나 서로에 대한 대조 사례가 되는 것은 아니며, 다음 조건들을 만족해야만 "C가 E를 야기한다." 를 입증하는 대조 사례라 할 수 있다.

- 두 사례는 속성 C의 존재 여부를 제외한 거의 모든 측면에서 유사하다.
- 속성 E를 가진다는 것을 설명할 때, 속성 C를 가진다는 것보다 더 잘 설명하는 다른 속성 P가 존재하지 않는다.
- 속성 E의 결여를 설명할 때, 속성 C의 결여보다 더 잘 설명하는 다른 속성 Q가 존재하지 않는다.

예를 들어, 오랫동안 흡연한 60대 폐암 환자 갑과 담배에 전혀 노출되지 않고 폐암에도 걸리지 않은 신생아 을은 "흡연이 폐암을 야기한다."를 입증하는 좋은 대조 사례가 아니다. 갑과 을은 흡연 이외에도 많은 차이가 있으며, 흡연을 하지 않았다는 것보다 신생아라는 것이 을이 폐암에 걸리지 않았다는 것을 보다 잘 설명하기 때문이다.

◆ 보 기 ◆

ㄱ. '전혀 다른 가정에 입양되어 자란 일란성 쌍둥이 갑과 을이 모두 조현병에 걸렸다면 갑과 을은 "유전자가 조현병을 야기한다."는 인과 가설을 입증하는 대조 사례이다.

ㄴ. β형 모기에 물린 이후 말라리아에 걸린 갑과 β형 모기에 물리지 않고 말라리아에 걸리지 않은 을이 "β형 모기에 물린 것이 말라리아를 야기한다."는 인과 가설을 입증하는 대조 사례가 되기 위해서는 적어도 말라리아에 대한 선천적 저항력과 관련해 갑과 을 사이에는 별 차이가 없다는 것이 밝혀져야 한다.

ㄷ. 총 식사량을 줄이면서 저탄수화물 식단을 시작한 이후 체중이 줄어든 갑과 총 식사량을 줄이지 않고 일반적인 식단을 유지하여 체중 변화가 없었던 을이 "저탄수화물 식단이 체중 감소를 야기한다."는 인과 가설을 입증하는 대조 사례가 되기 위해서는 적어도 갑의 체중 감소가 저탄수화물 식단보다 총 식사량의 감소에 의해서 더 잘 설명되지 않아야 한다.

① ㄱ　　　　　　　　② ㄴ　　　　　　　　③ ㄱ, ㄴ

④ ㄴ, ㄷ　　　　　　　⑤ ㄱ, ㄴ, ㄷ

해설 ┃ 과학자들은 인과적 오류를 피하기 위해 대조 사례를 활용한다. 지문은 대조 사례가 인과적 오류를 막으려면 어떤 조건을 충족해야 하는지를 소개한다.

ㄱ은 잘못된 서술이다. 적절한 대조 사례는 특정 유전자를 가지고 조현병이 발병하는 경우와 그 유전자가 없이 조현병이 발병하지 않는 경우이다. 하지만 갑과 을은 같은 유전자를 공유한다. ㄴ은 옳은 서술이다. 말라리아에 대한 선천적 저항력의 유무는 첫 번째 조건에서 말하는 유사성에 해당할 뿐만 아니라, 두 번째와 세 번째 조건의 '다른 속성' P, Q도 될 수 있기 때문이다. ㄷ은 두 번째 조건의 만족을 나타내는 진술이므로 역시 옳은 서술이다.

5) 복합질문의 오류

질문 안에 결론을 암묵적으로 포함시키는 오류

2018년 한 연구팀은 "통일문제와 경제문제 중 하나를 골라서 해결해야 한다면 경제문제를 선택하겠는가?"는 질문에 어느 정도 동의하는가를 조사했다. 조사에 의하면, 응답자의 77.1%가 그 질문에 동의한다고 응답했다. 따라서 국민 10명 중 8명 꼴로 통일보다는 경제를 더 중요하게 여긴다고 볼 수 있다.

6) 논점선취의 오류(Begging the Question)

① 동어반복

논증의 전제와 결론이 결국 같은 내용인 오류

포르노그래피는 부도덕하다. 왜냐하면 성적인 욕구를 일으킬 목적으로 노골적인 성적인 묘사를 동원하는 것은 윤리적인 규범에서 벗어나는 것이기 때문이다.

② 순환논증의 오류

논증의 전제가 결론을 뒷받침하지만, 다시 결론이 전제를 뒷받침하는 오류

> A국 국민들은 총기를 소지할 권리가 있다. 왜냐하면 A국에서 총기 소지는 법적으로 정당하기 때문이다. 그리고 A국에서 총기 소지가 법적으로 정당한 이유는, A국 국민들에게 총기를 소지할 권리가 있기 때문이다.

③ 선결문제 요구의 오류

전제가 결론을 뒷받침하고는 있지만, 바로 그 전제가 먼저 논증되어야 할 선결문제인 오류

> 1974년 유신반대 투쟁을 벌였던 민청학련(전국민주청년학생연맹)은 북한의 지령을 받은 남한 내 지하조직이다. 북한의 지령을 받은 인혁당 재건위 조직이 민청학련의 배후에서 학생시위를 조종하고 정부전복과 노동자, 농민에 의한 정부 수립을 기도했다. 그러므로 인혁당 재건위 관련자 8명에 대한 사형집행은 합당하다.

7) 흑백논리의 오류

반대관계를 모순관계로 착각하여 발생하는 오류

> 갑: "당신은 군가산점제도에 찬성하는가?"
> 을: "아니, 나는 그 정책을 지지하지 않는다."
> 갑: "그렇다면 당신은 남성 혐오주의자이다."

흑백논리의 오류는 '흑백사고의 오류', '잘못된 이분법', '잘못된 양도논법'등의 이름으로도 불린다. 공통적인 형식은 아래와 같다.

A 또는 B이고, 다른 선택지는 없다.

A가 아니다. (혹은 A이다.)

∴ B이다. (혹은 B가 아니다.)

이 논증이 오류인 이유는 첫 번째 전제의 "다른 선택지는 없다."가 실제로 거짓이기 때문이다. 즉, A와 B가 실제로는 반대관계이지만 첫 번째 전제는 A와 B가 모순관계라고 잘못 이야기하기 때문에 나쁜 논증이 된다.

모순관계와 반대관계는 두 명제 사이의 관계이다. 모순관계란 두 명제가 동시에 참일 수도 없으며 또한 동시에 거짓일 수도 없는 관계를 가리킨다. 그래서 두 명제가 모순관계라면, 어느 한 명제가 참이라면 다른 하나는 반드시 거짓이고 어느 하나가 거짓이라면 다른 하나는 반드시 참이다.

예 example

이 창은 이 방패를 뚫을 수 있다.
이 창은 이 방패를 뚫을 수 없다.

김태희의 키는 기껏해야 160센티미터를 넘지 않는다.
김태희의 키는 최소한 160센티미터보다는 크다.

반대관계란 두 명제가 동시에 참일 수 없지만 동시에 거짓일 수는 있는 관계를 가리킨다. 그래서 두 명제가 반대관계라면, 어느 한 명제가 참이면 다른 하나는 반드시 거짓이지만 어느 하나가 거짓이라고 해서 다른 하나가 반드시 참은 아니다.

은미는 빨간 구두를 신고 있다.
은미는 검정 구두를 신고 있다.

우리 반 학생들은 모두 곱슬머리이다.
우리 반 학생들 중 누구도 곱슬머리가 아니다.

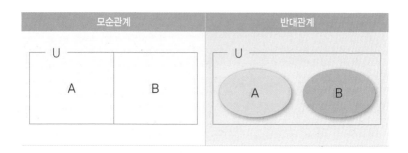

모순관계	반대관계

5 ___ 그 밖의 오류

1) 실천논증의 오류

A를 하면 B를 할 수 있다.
B를 원한다.
따라서 A를 해야 한다.

시험 중 부정행위를 하면 시험을 잘 볼 수 있다.
나는 시험을 잘 보기를 원한다.
따라서 나는 시험 중 부정행위를 해야 한다.

위 형식을 가진 논증이 모두 오류는 아님에 주의해야 한다. 실천논증의 오류가 나쁜 논증이 되는 이유는, A가 B의 충분조건이지만 필요조건은 아니면서, A보다 더 선호할 만한 다른 대안이 있기 때문이다. 가령 위의 예에서 '부정행위'의 자리에 '공부를 열심히 함'을 대체하면 오류가 아닌 좋은 논증이 된다.

즉 위와 같은 형식을 지녔더라도, A가 B의 필요조건이거나, 혹은 A가 B의 필요조건은 아니지만 B를 실현하기 위한 가장 선호할 만한 대안인 경우에는 실천논증의 오류는 발생하지 않는다. 아래의 예는 좋은 논증이 되는 경우이다.

> **예 example**
>
> 인공호흡을 하면 물에 빠진 사람의 생명을 구할 수 있다.
> 물에 빠진 사람의 생명을 구하기를 원한다.
> 따라서 인공호흡을 해야 한다.

2) 우물에 독 풀기

어떤 주장에 대한 논의 자체를 나쁜 행위로 규정함으로써 논의를 원천 봉쇄하는 오류

> 당 서기장 동지의 말씀에 이의를 제기하는 사람은 자신이 제국주의자들의 충견임을 스스로 증명하고 있다.

3) 은폐된 증거의 오류

귀납 논증에서 결론에 유관한 전제를 고의로 은폐하는 오류

이 집은 입지조건, 교육환경, 조망 등 조건이 매우 우수하다.

(이 집은 금이 가고 물이 샌다.)

그러므로 이 집은 고가의 가격에 매매되어야 한다.

물론 인간은 전지하지 않기 때문에 귀납 논증에 유관한 모든 증거를 전제에 담을 것을 기대할 수는 없다. 그러나 적어도 우리에게 활용 가능한 증거라면 전제에서 빠짐없이 제시해야 정직하다. 악의적으로 중요한 증거를 은폐한다면 그것은 사기 논증에 지나지 않는다.

4) 오도된 생생함의 오류

이미 정당화된 귀납적 일반화를 감정적인 이유로 거부하는 오류

지난 10년간 승용차, 고속버스, 기차, 비행기의 사고 수치 통계를 보면 비행기가 가장 안전하다. 그런데 나는 어제 저녁에 비행기 추락사고 뉴스를 TV에서 보고 공포심을 느꼈다. 비행기는 안전하지 않으므로 나는 앞으로 기차를 탈 것이다.

5) 허수아비 논증의 오류

상대방의 주장을 엉터리로 왜곡한 후, 원래의 주장이 아닌 그 왜곡된 주장(허수아비)을 공격하는 오류

여성주의는 남성은 오직 의무만을 여성은 오직 권리만을 가져야 마땅하다고 주장하는 이념이다. 그러므로 여성주의는 터무니없는 앙탈에 지나지 않는다.

성의학자인 파커 교수는 만 9세부터 성교육을 실시해야 한다고 주장한다. 우리 아이들이 9세 전후에 성생활을 시작해야 한다는 그의 주장을 받아들여서야 되겠는가?

6) 지향적 오류

모든 예술 작품은 작가의 예술적인 의도를 표현하고 있다고 전제하는 오류

> 마르셀 뒤샹의 「샘」, 앤디 워홀의 「캠벨 수프 깡통」, 트레이시 에민의 「나의 침대」 등은 예술 작품이다. 따라서 그 작품들은 작가의 예술적인 의도를 표현하고 있음에 틀림없다.

지향적 오류는 정확히 말하면 논리적 오류는 아니다. 현대 미술의 등장과 함께 "모든 예술 작품은 작가의 예술적인 의도를 표현하는가?"의 쟁점이 예술철학에서 중요한 문제로 떠올랐고, 이 질문에 대해 "그렇다."라고 대답해 온 전통적인 견해를 '지향적 오류'라 부르는 것뿐이다. 그 전통적인 견해가 옳은가 그른가의 대답은 열려 있다.

 2014학년도 법학적성시험

'도덕적으로 훌륭하지만 미적으로는 열등한 예술 작품이 있을 수 있다'는 주장에 동의할 사람만을 있는 대로 고른 것은?

갑: 예술 작품은 모두 도덕적 성질을 갖고 있을 뿐 아니라, 예술 작품의 미적 성질과 도덕적 성질 사이에는 내재적인 관계가 있다. 도덕적으로 나쁜 작품은 바로 그 이유 때문에 미적으로도 열등하며, 도덕적으로 훌륭한 작품은 바로 그 이유 때문에 미적으로 뛰어나다. 나아가 두 작품 중에서 도덕적으로 더 나쁜 작품은 바로 그 이유 때문에 다른 작품보다 미적으로 더 열등하다.

을: 예술 작품에 대해서 도덕적 평가를 할 수는 있지만 그 작품의 미적 성질은 도덕적 성질과 내재적인 관계를 갖지 않는다. 예를 들어, 수치심을 불러일으키기 때문에 어떤 작품을 도덕적으로 나쁘다고 평가

하는 것이 정당하더라도, 그런 도덕적 평가가 그 작품에 대한 미적 평가는 아니다.

병: 도덕적 평가를 내리는 것이 적절한 예술 작품들이 있고, 도덕적 평가를 내리는 것이 부적절한 예술 작품들이 있다. 순수한 형식미를 추구하는 음악을 듣고 도덕적 평가를 내리는 것은 적절치 않다. 도덕적 평가를 내리는 것이 적절한 예술 작품의 경우에도 도덕적 성질이 그 작품의 미적인 성질에 영향을 주는 경우는 부정적인 사례에만 국한된다. 즉 도덕적으로 나쁜 작품은 바로 그 이유 때문에 미적으로도 열등하다. 긍정적인 사례에는 이와 같은 영향 관계가 없다.

정: 도덕적으로 나쁜 작품이 있을 수 있을 뿐 아니라 도덕적으로 나쁘다는 점이 바로 미적 장점이 되는 예술 작품이 있다. 다시 말해서 어떤 작품의 경우, 그 작품이 도덕적으로 부정직인 성질을 갖는다는 것이 그 작품을 미적으로 뛰어나게 만들 수 있다. 반대로 도덕적으로 훌륭한 가치를 드러낸다는 점은 인정할 수 있지만 바로 그 도덕적 메시지 때문에 미적으로는 형편없게 되는 예술 작품도 있다.

① 갑, 을
② 갑, 병
③ 을, 정
④ 갑, 병, 정
⑤ 을, 병, 정

정답 | ⑤

해설 | 지향적 오류로부터 파생되는 또 다른 쟁점. 예술작품의 미적 가치를 평가하는 데 제작 의도의 도덕성을 포함시켜야 하는가이다. 지문은 이 쟁점에 관한 네 가지 입장을 보여준다.
갑은 도덕적 성질과 미적 성질이 내재적 관계를 지닌다고 보는 반면에, 을은 내재적 관계를 지니지 않는다고 본다. 병은 도덕적으로 열등한 작품은 미적으로도 열등하다는 입장이지만, "긍정적인 사례에는 이와 같은 영향관계가 없다."는 말을 통해서, 도덕적으로 훌륭하면서 미적으로 열등한 작품이 있을 가능성을 인정함을 알 수 있다. 문제의 질문에 대한 정의 답변은 지문의 마지막 문장에서 곧바로 확인된다. 따라서 답은 을, 병, 정이다.

이 장을 마치며 세 가지 사항을 덧붙인다. 첫째, 하나의 나쁜 논증이 반드시 하나의 오류에만 속한다고 생각할 필요는 없다. 한 논증은 둘 혹은 그 이상의 오류에 해당할 수도 있다. 가령 다음의 논증은 자연주의적 오류와 선결문제 요구의 오류 둘 다에 해당한다.

> **예** example
>
> 성 소수자들은 비정상이다.
> 따라서 성 소수자들을 정상인과 다르게 대하는 것이 당연하다.

둘째, 이 책에 있는 오류가 모든 종류의 오류는 아니다. 세상에 '나쁜 논증'은 헤아릴 수 없이 많고 그것들을 분류하고 이름을 붙이면 모두 오류의 종류가 된다. 어떤 책에서는 112개가 넘는 항목의 오류가 소개되기도 한다. 그러므로 이 책에 없는 종류의 나쁜 논증을 만나더라도 그것이 왜 나쁜 논증인지를 정확히 이해할 수 있다면 그것으로 충분하다.

셋째, 다른 논리적 사고 관련 서적을 찾아보는 독자들은, 그 책에 실린 "이 논증은 무슨 오류인가?"라는 문제의 해답이 자신의 풀이와 다른 경우를 자주 경험하게 된다. 그러나 앞서 말했듯이 오류의 종류와 분류는 하기 나름이다. 그 논증이 왜 나쁜 논증인가를 안다면, 자신의 풀이와 해답이 다르더라도 당황할 필요는 없다.

너 이거 알아? : 베이컨의 우상론

프랜시스 베이컨(Francis Bacon, 1561~1626)은 인간 이성을 미혹하는 다음의 네 가지 오류를 '우상'이라고 칭했다.

① 종족의 우상: 인간이라는 종족들에 공통된 폐단으로, 인간 감각의 불완전성과 한계에서 비롯된다.

② 동굴의 우상: 개인의 주관이나, 개인이 속한 환경 때문에 지니게 되는 편견이다.

③ 시장의 우상: 의사소통을 할 때에 사용하는 언어의 불안정함에서 발생하는 오류이다.

④ 극장의 우상: 독단적인 학문 체계나 그릇된 철학에 현혹되는 오류이다.

저자소개 · · · · · · · · · ·

김동현

고려대학교 철학과를 졸업하고 동 대학원에서 박사학위를 받았다. 성균관대학교 비판적 사고와 문화 연구소 연구원, 안양대학교 교양대학 강의교수, 세종대학교 교양학부 강의교수를 거쳐, 현재 한국교통대학교 교양학부 교수로 재직 중이다. 저서로는 『사고와 표현』(공저) 등이 있고 여러 편의 학술논문을 발표하였다.

논리적 사고
Logical Thinking

초판 1쇄 발행 2016년 8월 30일
2판 3쇄 발행 2022년 2월 10일

저 자 김 동 현
펴낸이 임 순 재
펴낸곳 (주)한올출판사
등 록 제11-403호
주 소 서울시 마포구 모래내로 83(성산동 한올빌딩 3층)
전 화 (02) 376-4298(대표)
팩 스 (02) 302-8073
홈페이지 www.hanol.co.kr
e-메일 hanol@hanol.co.kr
ISBN 979-11-5685-791-4